税务干部培训教学题例精解

税务稽查

中央财经大学税收教育研究所　编著

中国财经出版传媒集团
中国财政经济出版社

图书在版编目（CIP）数据

税务稽查／中央财经大学税收教育研究所编著．—北京：中国财政经济出版社，2019.4

（税务干部培训教学题例精解）

ISBN 978－7－5095－8905－2

Ⅰ．①税…　Ⅱ．①中…　Ⅲ．①税务稽查－中国－干部培训－教材 Ⅳ．①F812.423

中国版本图书馆 CIP 数据核字（2019）第 046279 号

责任编辑：郁东敏　　　　责任校对：黄亚青

封面设计：孙俪铭

中国财政经济出版社出版

URL：http：//www.cfeph.cn

E－mail：cfeph @ cfeph.cn

社址：北京市海淀区阜成路甲 28 号　邮政编码：100142

营销中心电话：010－88191537

北京时捷印刷有限公司印刷　各地新华书店经销

787×1092 毫米　16 开　18 印张　262 000 字

2019 年 5 月第 1 版　2019 年 5 月北京第 1 次印刷

定价：52.00 元

ISBN 978－7－5095－8905－2

（图书出现印装问题，本社负责调换）

本社质量投诉电话：010－88190744

打击盗版举报热线：010－88191661　QQ：2242791300

序

习近平总书记在第五批全国干部学习培训教材序言中指出：善于学习，就是善于进步。

成长为一个好干部，一靠自身努力，二靠组织培养。《2018—2022年全国干部教育培训规划》提出，引导和帮助干部丰富专业知识、提升专业能力、锤炼专业作风、培育专业精神，以新理论、新知识、新技术、新方法为主要内容，以高精尖缺和骨干专业技术人才为主要对象，加强专业技术人员培训。国家税务总局2019年全国税务工作会议明确要求，认真落实好《2018—2022年全国税务系统干部教育培训规划》，开展多层次、大范围税务干部培训。要以岗位胜任力为重点，实施干部专业化能力提升计划，特别是加强对新业务知识的培训。

全国税务教育培训多年实践发展的过程，实质也是鼓励新思路、新方法勇于实践探索的过程。中央财经大学税收教育研究所组织编写的“税务干部培训教学题例精解”系列丛书，可谓是税务教育培训方法实践探索长河中的一朵浪花。这套丛书以习近平新时代中国特色社会主义思想为指导，以高质量的税务培训教学为目的，以大量生动活泼、贴近税收工作实际的鲜活案例为基础，以对答案和相关要点进行释解为基本模式，以期提高税务干部适应税收新业务的能力、分析和解决现实问题的能力、思考感悟的能力和学习能力。

本套丛书首发《综合管理》《税收政策法规》《税务稽查》《纳税服务》四个分册，每册根据专业特点自成体系，其内容紧紧围绕相关应知应会知识，涵盖综合文秘、税收政策、纳税服务、税务稽查等方面，突出党建工作、减税降费、社保和非税收入等业务，着眼于不断增强税务干部队伍适应新时代党和国家税收事业发展要求的能力。

本套丛书依据最新的税收法律法规、政策制度和相关规定，关注税收征管改革和税收政策调整的最新动向，围绕税收工作重点、难点和热点问题，体现三个特点：一是专业性，在内容设计和知识点分布上围绕税收中心工作和重点工作，依据现行税收征管体制和征管方式，按税收工作岗位类别组织内容，专业性较强。二是实用性，大量使用税收实际工作中真实生动的案例和材料，尽量实现情景再现，还原实际工作场景，贴近税收工作，注重实用性。三是有效性，主要通过对案例和习题的释解，以问答或习题精解的方式帮助税务干部熟悉业务和相应的知识点，为税务干部业务学习和能力提升提供方法指导和参考资料；同时，本套丛书也可作为财经类院校税收专业学生的教学案例和实训素材。

是为序。

2019 年 4 月

编写说明

“税务干部培训教学题例精解”之一《税务稽查》以全面梳理税务稽查岗位需要掌握的税收政策要点、会计核算知识、检查方法、工作程序和常见问题定性为主要目标，以实际案例为背景进行编写，采用“习题+答案+解析”的模式，以对相应题例的政策依据、解题思路和案件检查方法进行全面说明为主要形式，对税务稽查岗位工作人员经常遇到的热点、难点、疑点进行了详细说明，达到帮助税务稽查岗位工作人员熟练掌握本岗位相关知识要点并提升对政策规定综合运用能力的工作目标。

本书以《税收征收管理法》及《税收征收管理法实施细则》和《税务稽查规程》相关内容为主要依据和业务线索，结合工作实际，融合税务检查、审理和行政复议等岗位日常业务办理当中需要重点掌握的核心内容，涉及截至2019年2月税务稽查工作人员经常遇到的税收政策、检查流程的规定，兼顾国税地税机构改革之后实施的各项税务稽查管理规定，对税务稽查岗位需要全面掌握的税收政策、会计知识和应熟练运用的管理规定进行了全面梳理。

编　者

2019年4月

目　　录

第一部分　单选题

1. 2018年5月张先生购买一辆2.0T中型轿车，汽车销售公司开具的机动车销售发票上注明的价税合计为16万元，国家税务总局核定该型车辆的车辆购置税最低价款为21万元，张先生提供合理解释，张先生应纳车辆购置税为（　　）元。

A. 16 000　　B. 13 793

C. 2 100　　D. 18 103

【参考答案】D

【答案解析】参见《中华人民共和国车辆购置税法》第六条、第七条的规定。

2. 某有限责任公司经批准整体改制为股份有限公司，原企业股东继续持有改制后有限责任公司80%的股权，剩余20%股份为改制后新增加的股东持有，改制后的股份有限公司承继原企业权利、义务，包括承受原企业价值8 000万元的房产所有权。当年以债权人身份接受某破产企业价值3 000万元的房产抵偿债务，随后将此房产投资于另一企业。有限责任公司上述业务应缴纳契税（　　）万元（契税税率3%）。

A. 30　　B. 9

C. 21　　D. 0

【参考答案】D

【答案解析】参见《关于继续支持企业事业单位改制重组有关契税政策的通知》（财税〔2018〕17号）第一条、第五条的规定。

3. 根据印花税的规定，下列各项凭证中，不属于权利、许可证照的是（　　）。

A. 房屋产权证　　　　B. 工商营业执照

C. 税务登记证　　　　D. 商标注册证政策

【参考答案】C

【答案解析】参见《中华人民共和国印花税暂行条例》。

4. 2018 年 10 月，甲企业和乙企业签订一份货物购销合同，合同注明甲向乙销售货物一批，货物价值为 300 000 元，当月已按规定贴花。2018 年 11 月甲企业实际向乙企业发出 500 000 元的货物，经双方协商，按实际发出货物金额将合同中金额进行了修改。已知购销合同印花税税率为 0.3‰，则甲企业 2018 年 11 月针对该合同应补缴印花税（　　）元。

A. 0　　　　B. 60

C. 150　　　　D. 240

【参考答案】B

【答案解析】依据《中华人民共和国印花税暂行条例》第九条，甲企业 2018 年 11 月应补缴印花税 =（500 000 − 300 000）×0.3‰ = 60（元）。

5. 2018 年 11 月，甲企业签订了两份加工承揽合同：一份是受托为乙企业加工一批产品，合同注明甲企业提供原材料 80 万元，并向乙企业收取加工费 20 万元；另一份是受托为丙企业加工一批料件，合同注明丙企业提供原材料 16 万元，甲企业提供辅料 4 万元，收取加工费 6 万元。已知购销合同印花税税率为 0.3‰，加工承揽合同印花税税率为 0.5‰。甲企业当月应缴纳印花税（　　）元。

A. 93　　　　B. 152

C. 160　　　　D. 390

【参考答案】D

【答案解析】根据《国家税务局关于印花税若干具体问题的规定》（国税地字〔1988〕第 25 号）第一条规定，甲企业应缴纳印花税 =（80 × 10 000 ×0.3‰ + 20 ×10 000 ×0.5‰）+（4 + 6）×10 000 ×0.5‰ = 340 + 50 = 390（元）。

6. 2016 年某企业购置一宗面积为 4 000 平方米的土地用于建造厂房，支付土地使用权价款 800 万元，办公楼建筑面积 1 600 平方米，企业固定资产科目账面所记载房产造价 2 000 万元（不含地价）。2018 年 5 月 1 日为该办公楼更换电梯，将原价值为 100 万元的旧电梯更换为价值 300 万元的新电梯，6 月 20 日更换完毕。当地省政府规定计算房产余值的减除比例为 30%，则该企业 2018 年度应缴纳房产税（　　）万元。

A. 26.78　　B. 25.34

C. 26.88　　D. 23.02

【参考答案】D

【答案解析】《国家税务总局关于进一步明确房屋附属设备和配套设施计征房产税有关问题的通知》（国税发〔2005〕173 号）第二条规定，对于更换房屋附属设备和配套设施的，在将其价值计入房产原值时，可扣减原来相应设备和设施的价值；对附属设备和配套设施中易损坏、需要经常更换的零配件，更新后不再计入房产原值。

《关于安置残疾人就业单位城镇土地使用税等政策的通知》（财税〔2010〕121 号）第三条规定，对按照房产原值计税的房产，无论会计上如何核算，房产原值均应包含地价，包括为取得土地使用权支付的价款、开发土地发生的成本费用等。宗地容积率低于 0.5 的，按房产建筑面积的 2 倍计算土地面积并据此确定计入房产原值的地价。该企业宗地容积率 = 1 600 ÷ 4 000 = 0.40 < 0.5，该企业每年应缴纳的房产税 = [（2 000 + 300 − 100）+ 1 600 × 2 × 800 ÷ 4 000）] ×（1 − 30%）× 1.2% × 50% +（2 000 + 1 600 × 2 × 800 ÷ 4 000）×（1 − 30%）× 1.2% × 50% = 23.02（万元）。

7. 甲企业使用 A、B 两栋办公楼。A 栋办公楼为甲企业所有，占地 5 200平方米，B 栋办公楼为甲企业与乙企业共同拥有，占用土地面积 6 000平方米，建筑面积 15 000 平方米，甲企业与乙企业占用比例为 2∶1。上述土地均在土地使用税征收范围，已知当地城镇土地使用税年税额为 10 元/平方米，则甲企业每年应缴纳城镇土地使用税（　　）元。

A. 52 000　　B. 92 000

C. 112 000　　D. 152 000

【参考答案】B

【答案解析】参见《关于土地使用税若干具体问题的解释和暂行规定》（国税地字〔1988〕第 15 号）第五条规定：《国家税务局关于印发〈关于土地使用税若干具体问题的补充规定〉的通知》（国税地字

〔1989〕第140号）第二条规定。土地使用权由几方共有的，由共有各方按照各自实际使用的土地面积占总面积的比例，分别计算缴纳城镇土地使用税。甲企业每年应缴纳城镇土地使用税 =5 200 × 10 + 6 000 × 2/3 × 10 =92 000（元）。

8. 某供热企业2018年度实际占用土地面积为8 000平方米，其中企业办子弟学校占地1 200平方米，厂房占地4 000平方米，行政办公楼占地1 800平方米，厂区内绿化占地1 000平方米。2018年该供热企业向居民供热取得收入3 000万元，向非居民供热取得收入5 000万元。上述土地均在土地使用税征收范围，已知当地城镇土地使用税年税额为5元/平方米，则该供热企业2018年应缴纳城镇土地使用税（　　）元。

A. 21 250　　B. 25 000

C. 26 500　　D. 27 850

【参考答案】C

供热企业2018年应缴纳城镇土地使用税 =4 000 ×5 ×5 000/(3 000 + 5 000) + (1 800 +1 000) ×5 =26 500（元）。

【答案解析】参见《关于教育税收政策的通知》（财税〔2004〕39号）第二条规定，《关于供热企业增值税 房产税 城镇土地使用税优惠政策的通知》（财税〔2016〕94号）第二条规定。

9. 某煤矿2018年10月开采原煤10 000吨，销售原煤1 200吨，取得价款351万元，其中开具增值税专用发票注明不含税金额300万元，销售洗选煤800吨，取得价款92.8万元。选煤折算率60%，资源税适用税率2%，该煤矿2018年10月应纳资源税（　　）万元。

A. 13.13　　B. 8.17

C. 7.15　　D. 7.18

【参考答案】A

该煤矿2018年10月应纳资源税 =300 ×2% +92.8 ÷ (1 +16%) × 60% ×2% =13.13（万元）

【答案解析】参见财政部、国家税务总局《关于实施煤炭资源税改革的通知》（财税〔2014〕72号）第三条规定、国家税务总局关于发布《资源税征收管理规程》（国家税务总局公告2018年第13号）第八条规定。

10. 某煤矿被认定为衰歇期煤矿，2018 年 10 月开采煤炭 9 000 吨，将其中 3 000 吨销售，取得不含税销售款 40 万元，将其中 4 000 吨用于连续加工洗选煤，销售洗选煤 1 200 吨，取得不含税销售收入 20 万元，选煤折算率 85%，资源税适用税率 8%，该煤矿 2018 年 10 月应纳资源税（　　）万元。

A. 2.88　　B. 8.17

C. 7.15　　D. 3.192

【参考答案】D

该煤矿 2018 年 10 月应纳资源税 =（40 + 20 × 85%）× 8% ×（1 − 30%）= 3.192 万元。

【答案解析】参见依据财政部、国家税务总局《关于实施煤炭资源税改革的通知》（财税〔2014〕72 号）第三条和第四条的规定。

11. 某钒土矿开采企业为一般纳税人，2016 年 10 月将部分钒土加工为精矿 5 万吨，全部销售，开具增值税专用发票金额 8 000 万元，其中含支付从洗选厂到车站不含增值税的运费 500 万元（已取得相应发票），资源税税率为 9.5%。该企业当月应纳的资源税（　　）万元。

A. 712.0　　B. 760.0

C. 712.5　　D. 760.5

【参考答案】C

【答案解析】参见财政部、国家税务总局《关于资源税改革具体政策问题的通知》（财税〔2016〕54 号）

该企业销售钒土精矿应纳的资源税 =（8 000 − 500）× 9.5% = 712.5（万元）。

12. 某企业 2018 年 9 月产生尾矿 1 200 吨，其中，综合利用尾矿 200 吨，符合国家和当地环保标准的设施储存 400 吨，尾矿使用的环保税适用税额为每吨 15 元，该企业当月尾矿应缴纳环境保护税为（　　）元。

A. 5 050　　B. 10 000

C. 12 000　　D. 9 000

【参考答案】D

【答案解析】参见《中华人民共和国环境保护税法实施条例》（国令第693号）第五条规定。

13. 用人单位未按时足额缴纳社会保险费的，由社会保险费征收机构责令限期缴纳或者补足，并自欠缴之日起，按日加收（　　）的滞纳金。

A. 千分之一　　B. 千分之三

C. 万分之三　　D. 万分之五

【参考答案】D

【答案解析】依据《中华人民共和国社会保险法》第八十六条，用人单位未按时足额缴纳社会保险费的，由社会保险费征收机构责令限期缴纳或者补足，并自欠缴之日起，按日加收万分之五的滞纳金；逾期仍不缴纳的，由有关行政部门处欠缴数额一倍以上三倍以下的罚款。

14. 下述（　　）不是基本养老保险基金的来源。

A. 单位缴费　　B. 个人缴费

C. 财政补贴　　D. 社会捐赠

【参考答案】D

【答案解析】依据《中华人民共和国社会保险法》第十一条第二款，基本养老保险基金由用人单位和个人缴费以及政府补贴等组成。

15. 社会保险费实行统一征收，实施步骤和具体办法由（　　）规定。

A. 省政府　　B. 国务院

C. 市政府　　D. 省人大党务委员会

【参考答案】B

【答案解析】依据《中华人民共和国社会保险法》第五十九条第二款，社会保险费实行统一征收，实施步骤和具体办法由国务院规定。

16. 职工发生工伤，依法承担工伤保险责任的是（　　）。

A. 原用人单位

B. 职工受到伤害时工作的单位

C. 原用人单位与职工受到伤害时工作的单位共同承担

D. 职工本人与职工受到伤害时工作的单位共同承担

【参考答案】B

【答案解析】依据《中华人民共和国社会保险法实施细则》第九条，职工发生工伤，由职工受到伤害时工作的单位依法承担工伤保险责任。

17. 失业人员应当持本单位为其出具的终止或解除劳动关系证明，及时到指定的公共就业服务机构办理的是（　　）。

A. 就业登记　　B. 失业登记

C. 养老登记　　D. 参保登记

【参考答案】B

【答案解析】依据《中华人民共和国社会保险法》第五十条第二款，失业人员应当持本单位为其出具的终止或者解除劳动关系的证明，及时到指定的公共就业服务机构办理失业登记。

18. 职业年金缴费基数与机关事业单位基本养老保险缴费基数一致，单位按（　　）%缴纳，个人按（　　）%缴纳。

A. 7；3　　B. 8；2

C. 7；5　　D. 8；4

【参考答案】D

【答案解析】参见国务院办公厅《关于印发机关事业单位职业年金办法的通知》（国办发〔2015〕18号）第四条。

19. 下列关于农民工参保缴费表述错误的是（　　）。

A. 农民工可参加城镇企业职工养老保险

B. 农民工本人不缴纳失业保险费

C. 非从事建筑、矿山等工伤风险较大行业的农民工可不参加工伤保险

D. 已参加企业养老保险的农民工不允许退保

【参考答案】C

【答案解析】依据《中华人民共和国社会保险法》第五十八条规定。

20. 企业根据国家有关政策，为在本企业任职或者受雇的全体员工支付的补充养老保险费、补充医疗保险费，企业所得税税前准予扣除限额为（　　）。

A. 分别不超过职工工资总额5%

B. 合计不超过职工工资总额 5%

C. 合计不超过职工工资总额 10%

D. 据实扣除

【参考答案】A

【答案解析】财政部、国家税务总局《关于补充养老保险费补充医疗保险费有关企业所得税政策问题的通知》（财税〔2009〕27 号）规定，自 2008 年 1 月 1 日起，企业根据国家有关政策规定，为在本企业任职或者受雇的全体员工支付的补充养老保险费、补充医疗保险费，分别在不超过职工工资总额 5% 标准内的部分，在计算应纳税所得额时准予扣除；超过的部分，不予扣除。

21. 关于房地产开发企业进行土地增值税清算时，下列表述正确的是（　　）。

A. 房地产开发企业的预提费用，准予扣除

B. 符合土地增值税清算条件的项目，纳税人应当在满足条件之日起 60 日内到主管税务机关办理清算手续

C. 在土地增值税清算中，计算扣除项目金额时，其实际发生的支出应当取得但未取得合法凭据的不得扣除

D. 房地产开发企业发生的临建营销设施装修费用计入开发费用在计算土地增值税时可以扣除

【参考答案】C

【答案解析】《国家税务总局关于房地产开发企业土地增值税清算管理有关问题的通知》（国税发〔2006〕187 号）第四项规定，房地产开发企业的预提费用，除另有规定外，不得扣除。

《国家税务总局关于房地产开发企业土地增值税清算管理有关问题的通知》（国税发〔2006〕187 号）第四项规定，房地产开发企业办理土地增值税清算时计算与清算项目有关的扣除项目金额，应根据《土地增值税暂行条例》第六条及其实施细则第七条的规定执行。除另有规定外，扣除取得土地使用权所支付的金额、房地产开发成本、费用及与转让房地产有关税金，须提供合法有效凭证；不能提供合法有效凭证的，不予扣除。

《国家税务总局关于房地产开发企业土地增值税清算管理有关问题的通知》（国税发〔2006〕187号）第四项规定，房地产开发企业销售已装修的房屋，其装修费用可以计入房地产开发成本。

《国家税务总局关于印发〈土地增值税清算管理规程〉的通知》（国税发〔2009〕91号）第十一条规定，对于符合该规程第九条规定，应进行土地增值税清算的项目，纳税人应当在满足条件之日起90日内到主管税务机关办理清算手续。对于符合该规程第十条规定税务机关可要求纳税人进行土地增值税清算的项目，由主管税务机关确定是否进行清算；对于确定需要进行清算的项目，由主管税务机关下达清算通知，纳税人应当在收到清算通知之日起90日内办理清算手续。

22. 房地产开发公司转让利用人防工程改造的地下车库20年的使用权，取得收入4 000万元。该地下车库的公允价值为7 000万元，账面价值为5 000万元。关于该项业务土地增值税的清算，下列说法中正确的是（　　）。

A. 应当确认清算收入4 000万元

B. 应当确认清算收入7 000万元

C. 应当确认清算成本5 000万元

D. 既不确认清算收入，也不确认清算成本

【参考答案】C

【答案解析】《国家税务总局关于土地增值税清算管理有关问题的通知》（国税发〔2006〕187号）第三条第二项规定，房地产开发企业将开发的部分房地产转为企业自用或用于出租等商业用途时，如果产权未发生转移，不征收土地增值税，在税款清算时不列收入，不扣除相应的成本和费用。在本例中，房地产开发公司转让车库的使用权，不征收土地增值税。但由于所转让车库是利用人防工程改造的，属于公共配套设施，其建造支出应当作为公共配套设施费在税前扣除。

23. 关于土地增值税清算时收入确认，以下说法错误的是（　　）。

A. 已全额开具商品房销售发票的，按照发票所载金额确认收入

B. 未开具发票或未全额开具发票的，以交易双方签订的销售合同所载的售房金额及其他收益确认收入

C. 按照纳税人账面记载的金额确认收入

D. 销售合同所载商品房面积与有关部门实际测量面积不一致，在清算前已发生补、退房款的，应在计算土地增值税时予以调整

【参考答案】C

【答案解析】《国家税务总局关于土地增值税清算有关问题的通知》（国税函〔2010〕220号）第一项（关于土地增值税清算时收入确认的问题）规定，土地增值税清算时，已全额开具商品房销售发票的，按照发票所载金额确认收入；未开具发票或未全额开具发票的，以交易双方签订的销售合同所载的售房金额及其他收益确认收入。销售合同所载商品房面积与有关部门实际测量面积不一致，在清算前已发生补、退房款的，应在计算土地增值税时予以调整。

24. 下面情形中，不属于主管税务机关可要求房地产开发企业进行土地增值税清算的是（　　）。

A. 取得销售（预售）许可证满3年仍未销售完毕的

B. 整体转让未竣工决算房地产开发项目的

C. 纳税人审批注销税务登记但未办理土地增值税清算手续的

D. 已竣工验收的房地产开发项目，已转让的房地产建筑面积占整个项目可售建筑面积的比例在85%以上，或该比例虽未超过85%，但剩余的可售建筑面积已经出租或自用；

【参考答案】B

【答案解析】《国家税务总局关于印发〈土地增值税清算管理规程〉的通知》（国税发〔2009〕91号）第十条规定，符合下列情形之一的，主管税务机关可要求纳税人进行土地增值税清算：（1）已竣工验收的房地产开发项目，已转让的房地产建筑面积占整个项目可售建筑面积的比例在85%以上，或该比例虽未超过85%，但剩余的可售建筑面积已经出租或自用；（2）取得销售（预售）许可证满3年仍未销售完毕的；（3）纳税人申请注销税务登记但未办理土地增值税清算手续的；（4）省税务机关规定的其他情况。

25. 某房地产开发公司“××家园工程”建安工程决算为13 000万元，实际支付施工单位工程款12 000万元，收到施工单位开具的建筑安

装发票金额为10 000万元，则土地增值税清算时可在税前扣除的建筑安装工程费是（　　）万元。

A. 13 000　　B. 12 000

C. 10 000　　D. 0

【参考答案】C

【答案解析】《国家税务总局关于土地增值税清算管理有关问题的通知》（国税发〔2006〕187号）第四条第一项规定，房地产开发企业办理土地增值税清算时计算与清算项目有关的扣除项目金额，应根据《土地增值税暂行条例》第六条及其实施细则第七条的规定执行。除另有规定外，扣除取得土地使用权所支付的金额、房地产开发成本、费用及与转让房地产有关税金，须提供合法有效凭证；不能提供合法有效凭证的，不予扣除。

26. 2018年3月13日第十三届全国人大一次会议关于国务院机构改革方案中明确指出，改革国税税务征管体制，将（　　）、国税务合并。

A. 国家级合并　　B. 地市级合并

C. 省及省以下　　D. 全部合并

【参考答案】C。

27. 税务、账务检查的方法按照查账的顺序分为（　　）。

A. 顺查法和逆查法　　B. 全查法和抽查法

C. 审阅法和核对法　　D. 审阅法和核查法

【参考答案】A

【答案解析】账务检查方法按照查账的顺序分为顺查法和逆查法。

28. 《税务行政处罚决定书》不应当包括的内容是（　　）。

A. 违法事实　　B. 处罚的依据

C. 处罚的决定　　D. 告知书面提请听证权

【参考答案】D

【答案解析】参见《税务稽查工作规程》第五十七条规定。

29. 2018年省及省以下国税务机构合并，具体承担所辖区内的（　　）征管等职能。

A. 所有税收　　B. 所有非税收入

C. 各项税收、非税收入　　　　D. 部分非税收入

【参考答案】C

30.《税务稽查报告》认定的税收违法事实清楚、证据充分，但适用法律、行政法规、规章及其他规范性文件错误，或者提出的税务处理、处罚建议错误或者不当的，审理部门应当（　　）。

A. 对提出的税务处理、处罚建议错误或者不当的，退回检查部门责令修改税务处理、处罚建议

B. 对提出的税务处理、处罚建议错误或者不当的，征得检查部门同意后另行提出税务处理、处罚意见

C. 另行提出税务处理、处罚意见

D. 对适用法律、行政法规、规章及其他规范性文件错误的，退回检查部门责令改正

【参考答案】C

【答案解析】参见《税务稽查工作规程》第四十九条规定。

31. 2016 年 5 月某稽查局对某公司（增值税一般纳税人）进行税务检查，发现该公司 2015 年 1 月购进一批原料，进项税是 60 000 元，在 2 月申报 1 月增值税时已全额抵扣，但在 3 月原料被盗，与被盗的原料对应的进项税是 10 000 元，则稽查局计算进项税额转出的时间是（　　）。

A. 2016 年 5 月　　　　B. 2015 年 1 月

C. 2015 年 2 月　　　　D. 2015 年 3 月

【参考答案】D

【答案解析】在 2015 年 2 月申报时抵扣的 600 000 元中，包含着不得抵扣的 100 000 元，所以在 3 月其他可以抵扣的进项税中，转出10 000元。

32. 检查人员核查销售货物收入实现时间时，以下说法错误的是(　　)。

A. 销售商品采用托收承付方式的，在办妥托收手续时确认收入

B. 销售商品采取预收款方式的，在发出商品时确认收入

C. 销售商品需要安装和检验的，在购买方接受商品以及安装和检验完毕时确认收入

D. 销售商品采用支付手续费方式委托代销的，在收到代销清单时确

认收入

【参考答案】C

【答案解析】对于销售商品需要安装的，在购买方接受商品以及安装和检验完毕时确认收入。如果安装程序比较简单，可在发出商品时确认收入。

33. 检查人员核查企业的视同销售业务时，以下不符合视同销售规定的是（　　）。

A. 将自产产品用于市场推广或销售

B. 将自产产品用于交际应酬

C. 将资产用于职工奖励或福利

D. 将资产用于生产、制造、加工另一产品

【参考答案】D

【答案解析】将资产用于生产、制造、加工另一产品，由于资产所有权属在形式和实质上均不发生改变，可作为内部处置资产，不视同销售确认收入，相关资产的计税基础延续计算。

34. 某检查组2018年6月15日检查某居民企业A的对外投资时发现，2016年6月企业以实物资产公允价值600万元直接投资于B居民企业，取得B企业30%的股权。2017年12月A企业将持有B企业的股权全部转让，取得收入7 000万元，转让时B企业在A企业投资期间形成的未分配利润为400万元关于A企业该项投资业务的说法正确的是（　　）。

A. A企业取得投资转让所得1 000 000元

B. A企业应确认投资的股息所得4 000 000元

C. A企业应确认的该项投资转让的损失为2 000 000元

D. A企业投资转让所得应缴纳企业所得税1 500 000元

【参考答案】A

【答案解析】企业在计算股权转让所得时，不得扣除被投资企业未分配利润等股东留存收益中按该项股权所可能分配的金额即：700万元－600万元＝100万元转让所得。

35. 国税务合并后，实行（　　）领导管理体制。

A. 国务院垂直领导

B. 省及省以下人民政府

C. 国家税务总局为主与省（区、市）人民政府双重

D. 市县垂直领导

【参考答案】C

36. 检查应当自实施检查之日起（　　）内完成；确需延长检查时间的，应当经稽查局局长批准。

A. 15　　B. 20

C. 30　　D. 60

【参考答案】D

37. 采取缩短折旧年限方法的，最低折旧年限不得低于条例规定折旧年限的（　　）。

A. 60%　　B. 50%

C. 40%　　D. 30%

【参考答案】A

38. 某工业企业支付非金融机构借款一年的利息 50 万元，年息 10%（银行同期同类贷款利率 6%），财务费用纳税调整额为（　　）万元。

A. 2　　B. 20

C. 50　　D. 3

【参考答案】B

39. 检查营业外支出时，以下不属于常见的涉税问题的是（　　）。

A. 不符合条件或超过标准的公益救济性捐赠未作纳税调整

B. 已作损失处理的资产，有部分或全部收回的，未作纳税调整

C. 非正常损失未扣除个人负担或保险公司的赔款

D. 违法经营的罚款、被没收财物的损失、各项税收的滞纳金、罚金和罚款及各种赞助支出、与收入无关的支出，未作纳税调整

【参考答案】C

40. 审阅法适用于以下（　　）情况。

A. 会计核算简单、核算对象比较单一的企业

B. 为了发现重大问题而进行的专案检查

C. 有数据逻辑关系和核对依据内容的企业检查

D. 在整个检查过程中对某些（某类）特定项目、事项所进行的检查

【参考答案】A

41. 税务稽查人员依法对某企业实施调账检查过程中，遇到企业多人阻拦，不让带走涉税资料，双方还发生了轻微身体接触。对此，税务机关联系公安机关介入最恰当的理由是（　　）。

A. 联系公安机关介入，因企业涉嫌抗税

B. 联系公安机关介入，因企业涉嫌妨碍公务

C. 联系公安机关提前介入，因企业涉嫌逃税

D. 联系公安机关提前介入，因企业涉嫌聚众闹事

【参考答案】B

42. 实际工作中，常常有一些公安机关要求稽查局对纳税人的犯罪行为出具鉴定（鉴别）意见。对于公安机关的要求，稽查局应当依法回应，不能简单地按要求出具意见。下列做法中，正确的是（　　）。

A. 出具逃税鉴定意见

B. 出具抗税所涉税款数额鉴定意见

C. 出具虚开发票鉴别意见

D. 出具发票真伪鉴别意见

【参考答案】D

43. M 公司从 C 公司购入甲材料 5 000 千克，每千克 60 元，取得增值税专用发票，买价 300 000 元，增值税进项税额 51 000 元，购入过程中支付运杂费 5 000 元。运杂费已经用库存现金支付，货款和税金尚未支付，材料尚未入库。正确的会计处理是（　　）。

A. 借：原材料——甲材料　　305 000
　　应交税费——应交增值税（进项税额）　　51 000
　　贷：应付账款——C 公司　　351 000
　　　　库存现金　　5 000

B. 借：在途物资——甲材料　　305 000
　　应交税费——应交增值税（进项税额）　　51 000
　　贷：应付账款——C 公司　　351 000
　　　　库存现金　　5 000

C. 借：在途物资——甲材料 356 000
贷：应付账款——C 公司 351 000
库存现金 5 000

D. 借：在途物资——甲材料 305 000
应交税费——应交增值税（进项税额） 51 000
贷：应付账款——C 公司 356 000

【参考答案】B

44. 当事人对税务机关的行政处罚决定逾期不申请复议也不向人民法院起诉、又不履行的，作出处罚决定的税务机关（ ）。

A. 只能申请人民法院强制执行

B. 可依法采取强制执行措施，也可申请人民法院强制执

C. 可依法采取税收保全措施

D. 应移送公安机关处理

【参考答案】B

45. 当事人对税务机关下列具体行政行为不服，必须先依照税务机关的纳税决定，缴纳或者解缴税款及滞纳金，或者提供相应的担保，然后可以依法申请行政复议的是（ ）。

A. 征税行为

B. 行政许可、审批行为

C. 税收保全措施、强制执行措施

D. 行政处罚行为

【参考答案】A

46. 下列各项证据，不能作为税务行政诉讼案件证据的是（ ）。

A. 税务机关作出行政处罚前对案件证人所做的询问笔录

B. 税务机关作出行政处罚前对企业法定代表人所做的询问笔录

C. 人民法院立案后税务机关自行向证人取证所做的笔录

D. 行政处罚听证记录

【参考答案】C

47. 纳税人欠缴税款，同时又被行政机关决定处以罚款、没收违法所得的，则下列表述正确的是（ ）。

A. 税收优先于罚款、没收违法所得

B. 罚款优先于税收、没收违法所得

C. 没收违法所得优先于税收、罚款

D. 罚款、没收违法所得优先于税收

【参考答案】A

48. 欠缴税款的纳税人有下列（　　）行为，对国家税收造成损失的，税务机关可以行使代位权。

A. 怠于行使到期债权

B. 放弃到期债权

C. 无偿转让财产

D. 以明显不合理的低价转让财产而受让人知道该情形

【参考答案】A

49. 某市国税稽查局对 KY 企业检查完毕，《税务稽查报告》中描述发现的问题为：KY 公司在没有真实货物交易的情况下，通过虚构销售合同、虚假资金支付的手段，接受 ZW 企业开具的增值税专用发票 57 份，造成少缴税款 93 040.78 元。《税务稽查报告》中的处理建议为：由于公司法人认错态度良好，建议对少缴的税款，责令限期补缴，按日加收滞纳金，免于行政处罚。针对上述情况，稽查局审理部门应当（　　）。

A. 将《税务稽查报告》及有关资料退回检查部门补正

B. 将《税务稽查报告》及有关资料退回检查部门补充调查

C. 责令检查部门限期改正

D. 另行提出税务处理、处罚意见

【参考答案】D

50. 稽查人员检查“库存商品”“原材料”等存货类账户明细账的贷方发生额，对应账户是“原材料”“工程物资”等账户的，可能存在的涉税问题是（　　）。

A. 以物易物不按规定确认收入、少缴税款

B. 用货物抵偿债务，不按规定计提销项税额

C. 销售货物直接冲减“生产成本”或“库存商品”

D. 收取返利未按规定冲减进项税额

【参考答案】A

51. 稽查人员在对某电视机厂 2016 年增值税纳税情况进行检查时，发现该厂 6 月某记账凭证的内容如下：

借：在建工程　　　　200 000

　　贷：原材料　　　　200 000

则该笔业务可能存在的增值税涉税问题是（　　）。

A. 外购原材料用于非增值税应税项目未转出进项税额

B. 未按规定计算增值税收入，少计销项税额

C. 外购原材料取得增值税普通发票仍然抵扣进项税额

D. 外购原材料非法抵扣进项税额

【参考答案】A

52. 在税务稽查过程中，对可能存在账外经营、隐匿销售收入的纳税人，稽查人员要在第一时间尽可能多地获取纳税人的涉税资料，收集有效的税收违法行为证据宜采取的检查方法是（　　）。

A. 异常情况分析法　　B. 复核分析法

C. 突击检查法　　D. 逻辑分析法

【参考答案】C

53. 下列各项关于纳税人虚开增值税专用发票有关政策的表述中错误的是（　　）。

A. 对纳税人虚开的增值税专用发票，一律按票面所列货物的适用税率全额征补税款

B. 纳税人销售货物“票、货、款”一致，但发票开具时间上存在先开具销售货物的增值税专用发票，后取得购进货物的增值税专用发票，此种情况不能认定为虚开增值税专用发票

C. 李某挂靠在 A 运输公司从事运输营运，使用 A 公司从税务机关领用的增值税专用发票，并以 A 公司名义为运输服务接收方如实开具发票，运输收入也全部计入 A 公司账户。此种行为不能认定李某和 A 公司存在虚开增值税专用发票问题

D. 某一正常经营的研发企业，与客户签订了研发合同，收取了研发费用，开具了专用发票，但研发服务还没有发生，此种情况，不能认定

该研发企业虚开增值税专用发票

【参考答案】A

54. 甲公司（一般纳税人）2018 年 8 月 1 日采取分期收款方式向乙公司销售一批货物，价税合计585 万元，合同约定分三次等额支付，收到货款后开具增值税专用发票，付款日期分别为 8 月 31 日、9 月 30 日和 10 月 30 日。乙公司因资金紧张于2018 年 10 月 4 日才支付了第一笔款项 195 万元（含税）。甲公司 2016 年 8 月应确认的增值税销项税额为（　　）万元。

A. 85　　B. 0

C. 28. 33　　D. 56. 66

【参考答案】C

55. 某地板厂生产各种实木地板，2016 年 3 月领用上月外购的地板继续加工成豪华实木地板，本月销售豪华实木地板开具的增值税专用发票注明的销售额400 万元；已知上月外购实木地板取得增值税专用发票注明的价款 300 万元，本月生产领用 80%。实木地板消费税税率 5%。该地板厂 2016 年 3 月应缴纳的消费税为（　　）万元。

A. 8　　B. 20

C. 4. 5　　D. 5

【参考答案】A

56. 根据现行出口退（免）税政策规定，生产企业（一般纳税人）出口自产产品所耗用的原材料、零部件、燃料、动力等所含的进项税额（　　）。

A. 可直接办理退税

B. 不予退税

C. 抵顶内销货物的销项税额，抵顶不完的予以退税

D. 不得抵顶内销货物的销项税额，应作进项税额转出

【参考答案】C

57. 甲企业 2016 年 5 月购买一台节能节水专用设备，取得增值税普通发票注明的金额为 117 万元，发生设备安装费 1 万元，2016 年已投入使用并已享受专用设备投资抵免的税收优惠。2016 年 7 月税务稽查局在

检查中发现甲企业已将此设备出租给乙公司，收取租金 5 万元（含税），且租金未申报缴纳企业所得税。甲企业应查补企业所得税（　　）万元。

A. 12.77　　B. 12.95

C. 11.7　　D. 1.07

【参考答案】A

58. 税务稽查人员在对境内某居民企业进行检查时发现，2018 年度该企业境内会计利润为 350 万元，直接对农村义务教育捐款 50 万元。其在甲国的分支机构分回税后利润 80 万元，甲国适用的企业所得税税率为 20%；在乙国的分支机构分回税后利润 70 万元，乙国适用的企业所得税税率为 30%；在丙国的分支机构发生亏损 100 万元。该企业适用 25% 的企业所得税税率，假设不考虑其他纳税事项，2018 年应在我国缴纳企业所得税是（　　）万元。

A. 100　　B. 105

C. 75　　D. 90

【参考答案】B

59. 2018 年 3 月，尤某收到公司给付当月工资 2 500 元、上年度一次性奖金 30 000 元，不考虑“五险一金”；为一家民营企业开发一项技术，取得收入 30 000 元，通过政府部门向某地农村义务教育捐款 8 000 元，取得了相关捐赠证明；出版一部长篇小说，取得稿酬 10 000 元，同月该小说在一家晚报连载 10 次，每次稿酬 200 元。尤某 3 月应纳个人所得税税款是（　　）元。

A. 7 283　　B. 7 339

C. 7 383　　D. 7 439

【参考答案】A

60. A 公司总部位于上海市，分别在南京、成都、杭州有三个分公司，A 公司适用总分公司汇总纳税政策。2015 年度财务报告中，成都分公司占三个分公司资产总额、营业收入、职工薪酬的比例分别为 50%、20%、40%。成都分公司适用西部大开发 15% 税率优惠政策，总机构和其他分支机构税率均为 25%。假设 2016 年 A 公司应纳税所得额为 2 亿元，成都分公司应分摊的企业所得税款是（　　）万元。

A. 835.2　　B. 540

C. 547.5　　D. 845.89

【参考答案】A

61. 稽查局在拟定案件处理意见，正式作出税务行政处罚决定之前，必须向当事人送达（　　）。

A.《税务审理报告》

B.《税务稽查结论》

C.《税务行政处罚事项告知书》

D.《税务处理决定书》

【参考答案】C

【答案解析】参见《税务稽查工作规程》（国税发〔2009〕157号）第五十一条。

62. 重大案件以及稽查局难以确定的疑难案件由（　　）审定。

A. 稽查局长　　B. 稽查局集体

C. 稽查局提请所属税务局集体　　D. 审理部门

【参考答案】C

【答案解析】参见《税务稽查工作规程》（国税发〔2009〕157号）第四十六条。

63. 审理部门接到检查部门移交的《税务稽查报告》及有关资料后，应当在（　　）日内提出审理意见。

A. 7日　　B. 15日

C. 10日　　D. 30日

【参考答案】B

【答案解析】参见《税务稽查工作规程》（国税发〔2009〕157号）第五十条。

64. 按照现行法律法规规定，税务机关在对公民拟作出（　　）元（含本数）以上罚款、对法人或者其他组织作出1万元（含本数）以上罚款的行政处罚决定之前，应告知当事人有申请听证的权利，如果当事人申请，税务机关应当组织听证。

A. 1 000　　B. 2 000

C. 50　　D. 5 000

【参考答案】B

【答案解析】参见《行政处罚法》第四十二条规定。

65.《税务稽查报告》认定的税收违法事实清楚、证据充分，但适用法律、行政法规、规章及其他规范性文件错误，或者提出的税务处理、处罚建议错误或者不当的，审理部门应当（　　）。

A. 将《税务稽查报告》及有关资料退回检查部门补正

B. 将《税务稽查报告》及有关资料退回检查部门补充调查

C. 责令检查部门限期改正

D. 另行提出税务处理、处罚意见

【参考答案】D

【答案解析】参见《税务稽查工作规程》（国税发〔2009〕157号）第四十九条。

66.《税务处理决定书》《税务行政处罚决定书》《不予行政处罚决定书》《税务稽查结论》执行完毕，或者依照《税务稽查工作规程》第四十五条进行终结检查或者依照第七十一条终结执行的，审理部门应当在（　　）日内收集稽查各环节与案件有关的全部资料，整理成税务稽查案卷，归档保管。

A. 30　　B. 60

C. 90　　D. 15

【参考答案】B

【答案解析】参见《税务稽查工作规程》第七十二条规定。

67. 直接送达税务处理文书的，以（　　）在送达回证上注明的收件日期为送达日期。

A. 送达人　　B. 受托人

C. 签收人　　D. 见证人

【参考答案】C

【答案解析】参见《税收征收管理法实施细则》第一百零五条“直接或者委托送达税务文书的，以签收人或者见证人在送达回证上的签收或者注明的收件日期为送达日期”；以及《税务稽查管理》第六章，“直接送达税务处理文书的，以签收人在送达回证上注明的收件日期为送达日期”的规定。

68.《〈税收征收管理法〉实施细则》第八十八条规定，依照《税收征收管理法》第五十五条规定，税务机关采取税收保全措施的期限一般不得超过（　　）个月。

A. 1　　B. 3

C. 6　　D. 12

【参考答案】C

【答案解析】参见《中华人民共和国税收征收管理法实施细则》第八十八条。

69. 纳税人、扣缴义务人的开户银行或者其他金融机构拒绝接受税务机关依法检查纳税人、扣缴义务人存款账户，或者拒绝执行税务机关作出的冻结存款或者扣缴税款的决定，或者在接到税务机关的书面通知后帮助纳税人、扣缴义务人转移存款，造成税款流失的，由税务机关处（　　）万元以上 50 万元以下的罚款。

A. 3　　B. 5

C. 10　　D. 15

【参考答案】C

【答案解析】《税收征收管理法》第七十三条规定，纳税人、扣缴义务人的开户银行或者其他金融机构拒绝接受税务机关依法检查纳税人、扣缴义务人存款账户，或者拒绝执行税务机关作出的冻结存款或者扣缴税款的决定，或者在接到税务机关的书面通知后帮助纳税人、扣缴义务人转移存款，造成税款流失的，由税务机关处 10 万元以上 50 万元以下的罚款，对直接负责的主管人员和其他直接责任人员处 1 000 元以上 10 000 元以下的罚款，应选 C。

70. 居民企业跨地区设立的下列不具有法人资格的分支机构，需要就地预缴所得税的有（　　）。

A. 某公司新设立的二级分支机构

B. 某银行股份有限公司安庆支行

C. 某建筑企业的二级分支机构

D. 某公司在中国境外设立的二级营业机构

【参考答案】C

【答案解析】参见《国家税务总局关于印发跨地区经营汇总纳税企业所得税征收管理办法的公告》（国家税务总局公告 2012 年第 57 号）。

71. 以下应税范围，说法正确的是（　　）。

A. 远洋运输的程租、期租业务，属于水路运输服务

B. 远洋运输的程租、光租业务，属于水路运输服务

C. 远洋运输的光租、航空运输的湿租业务，属于有形动产经营性租赁

D. 远洋运输的期租、航空运输的干租业务，属于有形动产经营性租赁

【参考答案】A

【答案解析】参见《关于在全国开展交通运输业和部分现代服务业营业税改征增值税试点税收政策的通知》（财税〔2013〕37 号）。

72. 居民企业跨地区设立的下列不具有法人资格的分支机构，需要就地预缴所得税的有（　　）。

A. ××公司新设立的二级分支机构

B. ××银行股份有限公司安庆支行

C. ××建筑企业的二级分支机构

D. ××公司在中国境外设立的二级营业机构

【参考答案】C

【答案解析】参见《国家税务总局关于印发跨地区经营汇总纳税企业所得税征收管理办法的公告》（国家税务总局公告 2012 年第 57 号）。

73. 甲企业收购乙企业的 90% 实质经营性资产，该批资产公允价值为 300 万元，原有计税基础为 180 万元。甲企业支付的对价为本企业股权 270 万元和银行存款 30 万元。如当事各方选择特殊性税务处理，则乙企业取得资产的计税基础应确定为（　　）万元。

A. 180　　B. 192

C. 270　　D. 300

【参考答案】B

【答案解析】参见《财政部 国家税务总局关于企业重组业务企业所得税处理若干问题的通知》（财税〔2009〕59号）。

74. 某公司主营业务收入4 000万元，主营业务成本3 000万元。受托利用鲜叶加工绿茶（原料由委托方提供），收取加工费300万元，单独核算的加工成本及费用120万元。另发生期间费用合计100万元。假设无其他涉税事项，该公司年度应纳企业所得税（　　）万元。

A. 205　　B. 225

C. 245　　D. 275

【参考答案】B

【答案解析】参见《国家税务总局关于实施农林牧渔业项目企业所得税优惠问题的公告》（国家税务总局公告2011年第48号）。

75. 某超市采用加权平均法，2015年12月的期初存货成本100 000元，售价总额125 000元，本期购货成本450 000元，售价总额675 000元，本期销售收入640 000元，该企业期末存货成本为（　　）元。

A. 105 000　　B. 110 000

C. 111 200　　D. 120 000

【参考答案】B

【答案解析】参见《企业会计准则》存货的相关规定。

76. 2018年12月，新华公司将2017年12月购入的一台机器设备（已抵扣进项税额）投资天明公司（居民企业），取得天明公司10%的股权，股权转让各项手续于当月完成。该台机器设备原值为1 200万元，无残值，税法和会计的折旧年限和方法一致，该设备可使用10年，采用直线法折旧。经评估，该台机器设备公允价值为1 500万元。新华公司选择将机器设备转让所得在5年内平均计入相应年度的应纳税所得额。请问该笔业务应纳税调减（　　）万元。

A. 0　　B. 132

C. 165　　D. 301.05

【参考答案】B

【答案解析】会计分录：

借：固定资产清理　　10 800 000

累计折旧　　　　　　　　　　　　　　　　1 200 000
　　贷：固定资产　　　　　　　　　　　　　　　12 000 000
借：长期股权投资　　　　　　　　　　　　15 000 000
　　贷：固定资产清理　　　　　　　　　　　　　10 800 000
　　　　应交税费——应交增值税（销项）　　　　　2 550 000
　　　　营业外收入　　　　　　　　　　　　　　　165 000

因此纳税调减额 = 165 000 × 4/5 = 1 320 000（元）

77. 白酒生产企业将自产或委托加工收回的白酒销售给销售单位，消费税计税价格低于销售单位对外销售价格（　　）以下的，税务机关应核定消费税最低计税价格。

A. 50%　　B. 60%

C. 70%　　D. 100%

【参考答案】C

【答案解析】参见《白酒消费税最低计税价格核定管理办法（试行）》。

78. 某企业 2016 年度所得税申报亏损 55 万元。2017 年度弥补上年亏损后应纳税所得额为 40 万元，已按规定申报缴纳企业所得税。2018 年 7 月，稽查局查实该企业 2016 年实际亏损 15 万元。正确的处理是(　　)。

A. 企业 2016 年度隐瞒应纳税所得额，应当对其按偷税实施税务行政处罚

B. 企业 2016 年度编造虚假计税依据，应当对其实施税务行政处罚

C. 企业 2017 年度少缴所得税，应补缴，加收滞纳金，不予税务行政处罚

D. 企业 2017 年度少缴所得税，应补缴，加收滞纳金，并按偷税实施税务行政处罚

【参考答案】D

【答案解析】调整 2016 年度亏损额，同时 2017 年能够弥补的亏损减少，所以需补缴税款。

79. 2018 年某居民企业主营业务收入 5 000 万元、营业外收入 80 万元，与收入配比的成本 4 100 万元，全年发生管理费用、销售费用和财务

费用共计700万元，营业外支出60万元（其中符合规定的公益性捐赠支出50万元），2017年度经核定结转的亏损额30万元。则2018年度该企业应缴纳企业所得税（　　）万元。

A. 47.5　　B. 53.4

C. 53.6　　D. 54.3

【参考答案】B

【答案解析】当年会计利润 = 5 000万元 + 80万元 − 4 100万元 − 700万元 − 60万元 = 220万元

可扣除捐赠限额 = 220万元 × 12% = 26.4万元

应缴企业所得税 =（220万元 + 50万元 − 26.4万元 − 30万元）× 25% = 53.4（万元）

80. 以下说法正确的有（　　）。

A. 自2015年1月1日起，对电池、涂料征收消费税

B. 自2015年9月1日起，对化肥恢复征收增值税

C. 自2015年7月1日起，对纳税人销售风力生产的电力产品，免征增值税

D. 自2015年10月1日起至2017年12月31日止，对购置1.6升及以下排量乘用车减按5%的税率征收车辆购置税

【参考答案】B

【答案解析】自2015年2月1日起，对电池、涂料征收消费税；自2015年7月1日起，对纳税人销售风力生产的电力产品增值税即征即退50%；自2015年10月1日起至2016年12月31日止，对购置1.6升及以下排量乘用车减按5%的税率征收车辆购置税。

81. 某生产型出口企业为增值税一般纳税人，适用增值税税率为17%，退税率为13%。2018年11月发生如下经济业务：购进一批原材料，增值税专用发票上注明的价款为1 000万元，增值税税额为170万元；本月内销货物不含税销售额为200万元；本月出口货物销售额2 000万元。本月单证、信息齐全出口销售额1 000万元；上月期末留抵税额10万元。该企业当期免抵税额为（　　）万元。

A. 66　　B. 24

C. 106　　D. 64

【参考答案】B

【答案解析】依据《国家税务总局公告2013年第61号》，计算如下

本期免抵退税额=1 000万元×13%=130（万元）

本期免抵退税不得免征和抵扣税额=1 000万元×（17%-13%）=40（万元）

本期应纳增值税额=200万元×17%-（170万元-40万元）-10万元=-106（万元），即留抵税额106万元。

当期应退税额106万元，免抵税额24万元。

82. 某广告公司为增值税一般纳税人，2015年2月提供广告服务取得不含税收入50 000元，当月购进广告牌取得的增值税专用发票上注明价款10 000元。该公司当月应纳文化事业建设费（　　）元。

A. 1 200　　B. 1 500

C. 1 539　　D. 1 590

【参考答案】B

【答案解析】依据《财政部关于营业税改征增值税试点有关文化事业建设费征收管理问题的通知》（财综〔2013〕88号）：

应纳文化事业建设费=50 000×1.06×3%=1 590（元）

83. A公司2017年以1 000万元投资M公司，占M公司30%股份。公司章程规定，A公司分红比例为40%。2019年1月年经股东会决议，同意A公司抽回其投资，A公司分得现金2 500万元。截至2018年年底，M公司共有未分配利润和盈余公积3 000万元。以下计算正确的是(　　)。

A. 企业取得投资转让所得600万元

B. A企业应确认投资转让所得300万元

C. A企业应确认的应纳税所得额为320万元

D. A企业投资转让所得应缴纳企业所得税35万元

【参考答案】A

【答案解析】参见《国家税务总局关于企业所得税若干问题的公告》（国家税务总局公告2011年第34号）。

84. 某工艺品厂为增值税一般纳税人，2018 年 12 月 2 日销售给甲企业 200 套工艺品，每套不含税价格 600 元。由于部分工艺品存在瑕疵，该工艺品厂给予甲企业 15% 的销售折让，已开具红字专用发票。为了鼓励甲企业及时付款，该工艺品厂提出“2/20，n/30”的付款条件，甲企业于当月 15 日付款。该工艺品厂此项业务的销项税额为（　　）元。

A. 16 993.2　　B. 17 340

C. 19 992　　D. 20 400

【参考答案】B

【答案解析】依据《中华人民共和国增值税暂行条例实施细则》：

销项税额 =200 ×600 ×（1 –15%）×17% =17 340（元）

85. 根据会计准则规定，企业收到与资产相关的政府补助，应当(　　)。

A. 直接计入营业外收入

B. 直接计入资本公积

C. 确认为递延收益，并 5 年内平均分配，计入营业外收入

D. 确认为递延收益，并在相关资产的使用寿命内平均分配，计入营业外收入

【参考答案】D

【答案解析】参见《企业会计准则》政府补助会计处理规定。

86. 下列符合现行海关进口增值税专用缴款书抵扣管理办法规定的是(　　)。

A. 先抵扣后比对　　B. 先比对后抵扣

C. 先认证后抵扣　　D. 先抵扣后认证

【参考答案】B

【答案解析】参见《关于实行海关进口增值税专用缴款书“先比对后抵扣”管理办法有关问题的公告》(国家税务总局 海关总署公告 2013 年第 31 号)。

87. 一般纳税人因进货退出而收回的增值税税额，应从发生进货退出的当期进项税额中扣减。如不按规定扣减，造成虚增进项税额，不纳或少纳增值税的，稽查处理方法是（　　）。

A. 属欠税行为，补缴税款

B. 属偷税行为，按偷税处罚

C. 进项税额转出，不收取滞纳金

D. 进项税额转出，以后年度补缴

【参考答案】B

【答案解析】发生退货应开具红字专票，进项转出，企业故意不进项转出，造成实际少缴税款的，应按偷税处理处罚。

88. 根据现行《企业所得税法》规定，下列属于企业所得税纳税义务人规定中所称“居民企业”的是（　　）。

A. 依照外国法律成立且实际管理机构在中国境外的企业

B. 依照外国法律成立且实际管理机构在中国境内的企业

C. 依照外国法律成立且实际管理机构不在中国境内，但在中国境内设立机构、场所的企业

D. 在中国境内未设立机构、场所但有来源于中国境内所得的企业

【参考答案】B

【答案解析】参见《企业所得税法》第一条。

89. 纳税人未按规定的期限办理纳税申报和报送纳税资料，情节严重的，税务机关除责令改正外，可以处（　　）的罚款。

A. 2 000 元以下

B. 2 000 元以上 5 000 元以下

C. 2 000 元以上 10 000 元以下

D. 10 000 元以上

【参考答案】C

【答案解析】参见《税收征收管理法》第六十二条。

90. 某单位在进行纳税申报时，编造了虚假的计税依据，但未造成偷税后果，对此，税务机关应当（　　）。

A. 责令限期改正，不得实施行政处罚

B. 责令限期改正，并处 2 000 元以下罚款

C. 责令限期改正，并处 10 000 元以下罚款

D. 责令限期改正，并处 50 000 元以下罚款

【参考答案】D

【答案解析】参见《税收征收管理法》第六十四条。

91. 某生产企业属增值税小规模纳税人，2019 年 1 月对部分资产盘点后进行处理：销售边角料，开具普通发票取得含税收入 8 万元；销售使用过的小汽车 1 辆，取得含税收入 5.2 万元（原值为 4 万元）。该企业上述业务应缴纳增值税（　　）万元。

A. 0.32　　B. 0.33

C. 0.34　　D. 0.35

【参考答案】B

【答案解析】小规模纳税人（除其他个人外）销售自己使用过的固定资产，减按 2% 征收率征收增值税。小规模纳税人销售自己使用过的除固定资产以外的物品，应按 3% 的征收率征收增值税。

本题应纳增值税 $=8$ 万元 $\div(1+3\%)\times3\%+5.2$ 万元 $\div(1+3\%)\times2\%=0.33$（万元）

92. 下列收入属于企业所得税不征税收入的有（　　）。

A. 转让财产收入　　B. 财政拨款收入

C. 国债利息收入　　D. 居民企业之间的股息收入

【参考答案】B

【答案解析】参见《企业所得税法》第七条。

93. 对纳税人为销售货物而出租出借包装物收取的押金，下列增值税处理正确的是（　　）。

A. 押金单独记账核算的，一律不并入销售额征税；对逾期收取的包装物押金，均并入销售额征税

B. 酒类包装物押金，一律并入销售额计税；其他货物押金，单独记账核算的，不并入销售额征税

C. 无论会计如何核算，均并入销售额计算缴纳增值税

D. 对销售除啤酒、黄酒外的其他酒类产品收取的包装物押金，均应并入当期销售额征税；其他货物的包装物押金，单独记账且未逾期的，不计算缴纳增值税

【参考答案】D

【答案解析】参见《国家税务总局关于印发〈增值税若干具体问题的规定〉的通知》（国税发〔1993〕154号）第二条第一款、《国家税务总局关于取消包装物押金逾期期限审批后有关问题的通知》（国税函〔2004〕827号）、《国家税务总局关于加强增值税征收管理若干问题的通知》（国税发〔1995〕192号）、《国家税务总局关于增值税若干征管问题的通知》（国税发〔1996〕155号）。

94. 某家具厂2018年10月收回委托加工的实木地板，价值20万元，已由受托方代扣代缴消费税1万元，当月以26万元价格出售，则该笔业务，企业应纳消费税（　　）万元（实木地板消费税税率为5%）。

A. 0　　B. 0.3

C. 1.3　　D. 1.6

【参考答案】B

【答案解析】应缴消费税＝26万元×5%－1＝0.3（万元）

95. 甲有限责任公司于2012年2月成立，2012年3月13日，经当税务机关批准，认定为增值税一般纳税人。3月14日，甲公司初次购买金税卡、IC卡、读卡器或金税盘和报税盘等，共支付各种增值税税控系统专用设备价税合计11 700元，销售方已按规定开具了增值税专用发票。同时，甲公司支付了以后期间的技术维护费，也按规定从服务方取得了增值税专用发票，价税合计3 510元。2012年3月，甲公司销项税额100 000元，除税控装置和技术维护费外进项税额50 000元，本月应纳增值税额（　　）元。

A. 50 000　　B. 34 790

C. 38 300　　D. 47 790

【参考答案】B

【答案解析】参见《关于增值税税控系统专用设备和技术维护费用抵减增值税税额有关政策的通知》（财税〔2012〕15号）。

96. 某公司2018年7月1日从二级市场购买2017年1月1日发行的5年期国债（年利率6%），面值100万元，购买价110万元，2018年12月31日将上述国债全部转让，转让收入115万元，该项业务应交企业所得税（　　）万元。

A. 0　　　　B. 0. 5

C. 1. 25　　　　D. 3. 75

【参考答案】B

【答案解析】依据《国家税务总局关于企业国债投资业务企业所得税处理问题的公告》（2011 年第36 号），转让收入减去成本，减去持有期间利息为转让损益，即：

应税所得额 = 115 万元 - 110 万元 - 100 万元 × 6% /2 = 2（万元）

应纳所得税 = 2 万元 × 0. 25 = 0. 5（万元）

97. 关于小企业会计准则规定，提取盈余公积，下列说法错误的是（　　）。

A. 盈余公积是指小企业按照法律规定在税后利润中提取的法定公积金和任意公积金

B. 小企业（外商投资）按照法律规定在税后利润中提取储备基金、企业发展基金和职工奖励及福利基金通过盈余公积科目核算

C. 小企业用盈余公积弥补亏损或者转增资本，应当冲减盈余公积

D. 小企业的盈余公积可以用于扩大生产经营

【参考答案】B

【答案解析】参见《小企业会计准则》的相关规定。

98. 甲乙企业均为一般纳税人，2012 年 10 月甲企业委托乙企业加工实木地板一批，乙企业自产产品中无同类产品。甲企业提供原料 30 万元，取得增值税专用发票注明加工费 4. 2 万元，当月办理认证抵扣。地板生产完成后甲企业将该批地板全部收回后销售给某个体地板经营店，开具普通发票金额 46. 8 万元。则该笔业务下列表述正确的有（　　）。

A. 乙企业应代扣代缴消费税 18 000 元，甲企业再销售该批地板时无须缴纳消费税，当月应缴纳增值税 72 420 元

B. 乙企业应代扣代缴消费税 18 000 元，甲企业再销售该批地板时无须缴纳消费税，当月应缴纳增值税 60 860 元

C. 乙企业应代扣代缴消费税 18 000 元，甲企业再销售该批地板时应缴纳消费税 5 400 元，当月应缴纳增值税 72 420 元

D. 乙企业应代扣代缴消费税 18 000 元，甲企业再销售该批地板时应

缴纳消费税 2 000 元，当月应缴纳增值税 60 860 元

【参考答案】D

【答案解析】依据《财政部　国家税务总局关于〈中华人民共和国消费税暂行条例实施细则〉有关条款解释的通知》，乙企业应代扣代缴消费税 18 000 元，甲企业再销售该批地板时应缴纳消费税 2 000 元，当月应缴纳增值税 60 860 元（依据财法〔2012〕8 号）。

99. 对适用先征后返政策，经税务检查查补的税款，应按照（　　）政策执行。

A. 增值税按 25% 返还

B. 增值税返还，企业所得税不退

C. 增值税不返还，企业所得税退还

D. 增值税、企业所得税不返、不退

【参考答案】D

【答案解析】根据《财政部　国家税务总局关于明确对查补税款不得享受先征后退政策的批复》（财政部〔1998〕80 号）。

100. 某汽车配件商店（小规模纳税人）2018 年 4 月购进零配件 15 000元，支付电费 500 元；当月销售汽车配件取得零售收入 18 000 元，收取包装费 2 000 元；采取以旧换新方式销售新电器，取得实收价款 20 000元，旧电器折价 3 400 元；因顾客退货支付货款 1 000 元并开具了红字发票。则该商店当月应纳增值税（　　）元。

A. 1 220　　B. 1 234. 95

C. 1 378. 66　　D. 1 630. 77

【参考答案】B

【答案解析】该商店应纳增值税 =（18 000 + 2 000 + 23 400 − 1 000）÷（1 + 3%）× 3% = 1 234. 95（元）

101. 商贸企业 2018 年 8 月进口机器一台，关税完税价格为 200 万元，假设进口关税税率为 20%，支付国内运输企业的不含税运输费用 0. 2 万元（取得运输企业开具的货物运输业增值税专用发票）；本月售出，取得不含税销售额 350 万元，则本月应纳增值税额（　　）万元。

A. 28. 5　　B. 40. 8

C. 18. 678　　D. 18. 7

【参考答案】C

【答案解析】进口关税 =200 万元 ×20% =40（万元）

进口环节增值税 =(200 +40) ×17% =40. 8（万元）

本月应纳增值税 =350 ×17% -40. 8 -0. 2 ×11%

=59. 5 -40. 8 -0. 022 =18. 678（万元）

102. 某药店（一般纳税人）2018 年 6 月向患者销售药品及医疗器械取得含税收入 36 800 元，向外地某药店批发药品（非免税药品），增值税专用发票上注明的价款为 50 000 元，向消费者个人销售免税药品和其他用具取得含税收入 15 800 元（无法分开核算），药店请专家为顾客提供医疗服务，取得收入 6 800 元（单独核算）；本月购进药品允许抵扣的进项税额为 9 450 元。该药店本月应纳的增值税为（　　）元。

A. 5 239. 75　　B. 6 227. 78

C. 4 397. 01　　D. 6 692. 74

【参考答案】D

【答案解析】提供医疗服务，属于营业税的征税范围，收入单独核算，不缴纳增值税。纳税人免税项目收入和非免税项目收入应分开核算；否则，免税项目不得享受免征增值税的优惠政策

应纳税额 =[36 800 ÷(1 +17%) +50 000 +15 800 ÷(1 +17%)]

×17% -9 450 =6 692. 74（元）

103. 下列有关增值税纳税期限的表述中，错误的是（　　）。

A. 纳税人进口货物，应当自海关填发海关进口增值税专用缴款书之日起 15 日内缴纳税款

B. 增值税的纳税期限规定为 1 日、3 日、5 日、10 日、15 日或者 1 个月

C. 纳税人的具体期限，由主管税务机关根据纳税人应纳税额的大小分别核定；不能按照固定期限纳税的，可以按次纳税

D. 纳税人以 1 个月或者 1 个季度为纳税期的，自期满之日起 15 日内申报纳税

【参考答案】B

【答案解析】增值税的纳税期限规定为1日、3日、5日、10日、15日、1个月或者1个季度，以1个季度为纳税期限的规定仅适用于小规模纳税人。

104. 下列出口货物，可适用增值税“免税并退税”政策的是(　　)。

A. 加工企业来料加工复出口的货物

B. 非列名生产企业出口的非视同自产货物

C. 出口企业销售给特殊区域内的生活消费用品

D. 出口企业销售给特殊区域内生产企业生产耗用且不向海关报关而输入特殊区域的电力

【参考答案】D

【答案解析】选项A、B，适用“免税不退税”政策；选项C，适用“不免税也不退税”政策。

105. 某化妆品制造厂为增值税一般纳税人，2018年4月发生如下业务：购进一批原材料取得增值税专用发票，注明价款200 000元；经主管税务机关核准，于本月初次购进税控系统专用设备一台，取得增值税专用发票注明不含税价款3 000元，增值税税款510元；本月销售化妆品取得含税价款280 000元；提供商品推广服务，取得收入30 000元。本期应纳增值税为（　　）元。

A. 6 173. 76　　B. 3 173. 76

C. 6 683. 76　　D. 3 683. 76

【参考答案】B

【答案解析】增值税纳税人2011年12月1日以后初次购买增值税税控系统专用设备（包括分开票机）支付的费用，可凭购买增值税税控系统专用设备取得的增值税专用发票，在增值税应纳税额中全额抵减（抵减额为价税合计额）。

$$应纳增值税 = 280\ 000 \div (1 + 17\%) \times 17\% - 200\ 000 \times 17\% - (3\ 000 + 510) = 3\ 173.76（元）$$

106. 某一般纳税人企业2018年6月取得产品销售收入80万元，当月购进货物取得增值税专用发票注明价款40万元；因管理不善造成上个月购入的原材料发生霉变，已经不能使用，已知这部分原材料成本为2万元；另外，当月还销售一套2007年购入的固定资产，取得销售价款8.32万元。则该纳税人6月应缴纳的增值税为（　　）元。

A. 69 600　　B. 73 000

C. 71 400　　D. 83 489

【参考答案】B

【答案解析】销项税 = 800 000 × 17% = 136 000（元）。因管理不善造成上个月购入的原材料发生霉变，上月已经抵扣的进项税应做转出处理，进项税转出 = 20 000 × 17% = 3 400（元）；转让未抵扣进项税的旧的固定资产，按3%减按2%征收应纳的增值税，转让固定资产应纳增值税 = 83 200 ÷ (1 + 3%) × 2% = 1 615.53（元）；该纳税人当月共应缴纳增值税 = 136 000 − (400 000 × 17% − 3 400) + 1 615.53 = 73 015.53（元）。

107. 某大型超市为一般纳税人，主要批发零售各种食品，2018年5月发生如下业务：销售蔬菜取得收入3万元；销售方便面取得不含税收入8万元；当月向方便面生产企业采购方便面，取得的增值税专用发票上注明价款为2万元，因此发生不含税运费2 000元，取得承运企业开具的货运增值税专用发票。另外，该超市还按销售额的一定比例从方便面生产企业取得返还收入，金额为1 170元。则该大型超市就上述业务应缴纳增值税（　　）元。

A. 16 730　　B. 14 130

C. 10 060　　D. 10 150

【参考答案】D

【答案解析】自2012年1月1日起，免征蔬菜流通环节的增值税；与商品销售量、销售额挂钩的各种返还收入，应按照平销返利的规定冲减当期增值税进项税金。

应纳增值税 = 80 000 × 17% − [20 000 × 17% + 2 000 × 11% − 1 170/(1 + 17%) × 17%] = 10 150（元）

108. 下列关于增值税纳税人的说法中，表述错误的是（　　）。

A. 境外的单位和个人在境内销售应税劳务而境内未设有经营机构的，其应纳税款以代理人为扣缴义务人

B. 非企业型单位可以选择按小规模纳税人纳税

C. 小规模纳税人实行简易办法征收增值税

D. 纳税人的年应税销售额，是指纳税人在连续不超过12个月的经营期内累计应征增值税销售额，不包括免税销售额

【参考答案】D

【答案解析】纳税人的年应税销售额，是指纳税人在连续不超过12个月的经营期内累计应征增值税销售额，包括免税销售额。

109. 税务机关对单价（　　）元以下的其他生活用品，不采取税收保全措施和强制执行措施。

A. 3 000　　B. 5 000

C. 8 000　　D. 10 000

【参考答案】B

【答案解析】根据《税收征收管理法实施细则》第五十九条第三款规定，税务机关对单价5 000元以下的其他生活用品，不采取税收保全措施和强制执行措施，应选B。

110. 从事生产、经营的纳税人、扣缴义务人未按照规定的期限缴纳或者解缴税款的，纳税担保人未按照规定的期限缴纳所担保的税款的，由税务机关发出限期缴纳税款通知书，责令缴纳或者解缴税款的最长期限不得超过（　　）日。

A. 30　　B. 15

C. 10　　D. 20

【参考答案】B

【答案解析】《税收征收管理法实施细则》第七十三条规定，从事生产、经营的纳税人、扣缴义务人未按照规定的期限缴纳或者解缴税款的，纳税担保人未按照规定的期限缴纳所担保的税款的，由税务机关发出限期缴纳税款通知书，责令缴纳或者解缴税款的最长期限不得超过15日。应选B。

111. 纳税人欠缴税款，同时又被行政机关决定处以罚款、没收违法所得的（　　）。

A. 税收优先于罚款、没收违法所得

B. 罚款优先于税收、没收违法所得

C. 没收违法所得优先于税收、罚款

D. 罚款、没收违法所得优先于税收

【参考答案】A

【答案解析】《税收征收管理法》第四十五条规定，税务机关征收税款，税收优先于无担保债权，法律另有规定的除外；纳税人欠缴的税款发生在纳税人以其财产设定抵押、质押或者纳税人的财产被留置之前的，税收应当先于抵押权、质权、留置权执行。纳税人欠缴税款，同时又被行政机关决定处以罚款、没收违法所得的，税收优先于罚款、没收违法所得。税务机关应当对纳税人欠缴税款的情况定期予以公告，应选 A。

112. 拍卖或变卖所得抵缴税款、滞纳金、罚款以及扣押、查封、保管、拍卖或变卖等费用后，剩余部分应当在（　　）日内退还被执行人。

A. 1　　B. 3

C. 5　　D. 7

【参考答案】B

【答案解析】《税收征收管理法实施细则》第六十九条第二款规定，拍卖或者变卖所得抵缴税款、滞纳金、罚款以及扣押、查封、保管、拍卖、变卖等费用后，剩余部分应当在 3 日内退还被执行人，应选 B。

113. 纳税人、扣缴义务人拒不接受稽查局依法作出的税务处理决定或税务行政处罚决定时，由（　　）收缴其发票。

A. 稽查局的本案实施人员

B. 稽查局的本案审理人员

C. 稽查局的本案执行人员

D. 由纳税人、扣缴义务人的主管税务机关

【参考答案】D

【答案解析】《税收征收管理法》第七十二条规定，从事生产、经营的纳税人、扣缴义务人有本法规定的税收违法行为，拒不接受税务机关处理的，税务机关可以收缴其发票或者停止向其发售发票，应选 D。

114. 税收代位权的行使条件是指因欠缴税款的纳税人（　　），而对国家税收造成损害。

A. 放弃到期债权

B. 无偿转让财产

C. 以明显不合理的低价转让财产

D. 怠于行使到期债权

【参考答案】D

【答案解析】根据《税收征收管理法》第五十条及《税务稽查管理》第六章第三节的规定，代位权是指因债务人怠于行使其到期债权，对债权人造成损害的，债权人可以向人民法院请求以自己的名义代位行使债务人的债权，应选 D。

115. 税务机关扣押商品、货物或者其他财产时，必须开付（　　）。

A. 清单　　B. 收据

C. 清单和收据　　D. 发票

【参考答案】B

【答案解析】《税收征收管理法》第四十七条规定，税务机关扣押商品、货物或者其他财产时，必须开付收据；查封商品、货物或者其他财产时，必须开付清单，应选 B。

116. 税务案件处理决定受送达人是公民的，应当由本人直接签收；本人不在的，交（　　）签收。

A. 其邻居　　B. 其单位领导

C. 其单位收发　　D. 其同住成年家属

【参考答案】D

【答案解析】《税收征收管理法实施细则》第一百零一条规定，税务机关送达税务文书，应当直接送交受送达人。受送达人是公民的，应当由本人直接签收；本人不在的，交其同住成年家属签收，应选 D。

117. 税务案件处理决定采用留置送达方式，送达人应当在送达回证上记明拒收理由和日期，并由（　　）签名或者盖章。

A. 送达人　　B. 见证人

C. 受送达人　　D. 送达人和见证人

【参考答案】D

【答案解析】《税收征收管理法实施细则》第一百零三条规定，受送达人或者本细则规定的其他签收人拒绝签收税务文书的，送达人应当在送达回证上记明拒收理由和日期，并由送达人和见证人签名或者盖章，将税务文书留在受送达人处，即视为送达，应选 D。

118. 税务案件处理决定采取公告送达的，自公告之日起满（　　），即视为送达。

A. 1 个月　　B. 7 天

C. 15 天　　D. 30 天

【参考答案】D

【答案解析】《税收征收管理法实施细则》第一百零六条规定，有下列情形之一的，税务机关可以公告送达税务文书，自公告之日起满 30 日，即视为送达：（1）同一送达事项的受送达人众多；（2）采用本章规定的其他送达方式无法送达，应选 D。

119. 关于税务文书送达，下列说法正确的是（　　）。

A. 税务机关送达税务文书，必须直接送交受送达人

B. 税务机关将税务文书留在受送达人处，即视为送达

C. 受送达人是法人或者其他组织的，应当由法人的法定代表人或其他组织的主要负责人签收

D. 受送达人有代理人的可以送交其代理人签收

【参考答案】D

【答案解析】送达税务文书除直接送达外，还可以采取留置送达、委托送达、邮寄送达、公告送达等方式，A 错误；留置送达的，送达人应当在送达回证上记明拒收理由和日期，并由送达人和见证人签名或者盖章，将税务文书留在受送达人处，即视为送达，B 错误；直接送达，受送达人是法人或者其他组织的，应当由法人的法定代表人、其他组织的主要负责人或者该法人、组织的财务负责人、负责收件的人签收。受送达人有代理人的，可以送交其代理人签收。C 错误，D 正确，故应选 D。

120. 从事生产、经营的纳税人、扣缴义务人未按照规定的期限缴纳或者解缴税款，纳税担保人未按照规定的期限缴纳所担保的税款，由税务机关责令限期缴纳，逾期仍未缴纳的，经县以上税务局（分局）局长批准，税务机关可以采取（　　）措施。

A. 强制执行　　　　B. 税收保全

C. 刑事拘留　　　　D. 没收财产

【参考答案】A

【答案解析】《税收征收管理法》第四十条规定，从事生产、经营的纳税人、扣缴义务人未按照规定的期限缴纳或者解缴税款，纳税担保人未按照规定的期限缴纳所担保的税款，由税务机关责令限期缴纳，逾期仍未缴纳的，经县以上税务局（分局）局长批准，税务机关可以采取强制执行措施，应选A。

121. 税务机关采取税收强制执行措施，须经（　　）批准。

A. 税务所长　　　　B. 县以上税务局（分局）局长

C. 市以上税务局局长　　　　D. 省以上税务局局长

【参考答案】B

【答案解析】《税收征收管理法》第四十条规定，从事生产、经营的纳税人、扣缴义务人未按照规定的期限缴纳或者解缴税款，纳税担保人未按照规定的期限缴纳所担保的税款，由税务机关责令限期缴纳，逾期仍未缴纳的，经县以上税务局（分局）局长批准，税务机关可以采取下列强制执行措施：（1）书面通知其开户银行或者其他金融机构从其存款中扣缴税款；（2）扣押、查封、依法拍卖或者变卖其价值相当于应纳税款的商品、货物或者其他财产，以拍卖或者变卖所得抵缴税款，应选B。

122. 纳税人欠缴的税款发生在纳税人以其财产设定抵押、质押或者纳税人的财产被留置之前的，（　　）。

A. 抵押权应当先于税收、质权、留置权执行

B. 税收应当先于抵押权、质权、留置权执行

C. 质权应当先于抵押权、税收、留置权执行

D. 留置权应当先于抵押权、质权、税收执行

【参考答案】B

【答案解析】《税收征收管理法》第四十五条规定，税务机关征收税款，税收优先于无担保债权，法律另有规定的除外；纳税人欠缴的税款发生在纳税人以其财产设定抵押、质押或者纳税人的财产被留置之前的，税收应当先于抵押权、质权、留置权执行，应选B。

123. 当事人对税务机关的行政处罚决定逾期不申请复议也不向人民法院起诉、又不履行的，税务机关（　　）。

A. 只能申请人民法院强制执行

B. 可依法采取强制执行措施，也可申请人民法院强制执行

C. 可依法采取税收保全措施

D. 应移送公安机关处理

【参考答案】B

【答案解析】《税收征收管理法实施细则》第八十八条规定，当事人对税务机关的处罚决定逾期不申请行政复议也不向人民法院起诉、又不履行的，作出处罚决定的税务机关可以采取本法第四十条规定的强制执行措施，或者申请人民法院强制执行，应选 B。

124. 除法律另有规定的外，税务机关征收税款，税收优先于（　　）。

A. 无担保债权　　B. 抵押权

C. 质权　　D. 留置权

【参考答案】A

【答案解析】《税收征收管理法》第四十五条规定，税务机关征收税款，税收优先于无担保债权，法律另有规定的除外；纳税人欠缴的税款发生在纳税人以其财产设定抵押、质押或者纳税人的财产被留置之前的，税收应当先于抵押权、质权、留置权执行。纳税人欠缴税款，同时又被行政机关决定处以罚款、没收违法所得的，税收优先于罚款、没收违法所得，应选 A。

125. 采取税收保全和税收强制执行措施，下列说法正确的是（　　）。

A. 应该由法定的税务机关行使

B. 可以由法定的税务机关行使

C. 只能由法定的税务机关行使

D. 需要由法定的税务机关行使

【参考答案】C

【答案解析】《税收征收管理法》第四十一条规定，本法第三十七条、

第三十八条、第四十条规定的采取税收保全措施、强制执行措施的权力，不得由法定的税务机关以外的单位和个人行使，故应选 C。

126. 税务机关执行扣押、查封商品、货物或者其他财产时，下列说法正确的是（　　）。

A. 应当由两名以上税务人员执行

B. 不必通知被执行人

C. 被执行人是自然人的，应当通知被执行人本人到场

D. 被执行人是法人或者其他组织的，应当通知其法定代表人或者主要负责人到场；拒不到场的，采取税收强制执行措施

【参考答案】A

【答案解析】《税收征收管理法实施细则》第六十三条规定，税务机关执行扣押、查封商品、货物或者其他财产时，应当由两名以上税务人员执行，并通知被执行人。被执行人是自然人的，应当通知被执行人本人或者其成年家属到场；被执行人是法人或者其他组织的，应当通知其法定代表人或者主要负责人到场；拒不到场的，不影响执行，应选 A。

127. 关于税收保全和强制执行，下列说法正确的是（　　）。

A. 税务机关扣押、查封纳税人的商品、货物或者其他财产时，按照同类商品的市场价计算

B. 税务机关确定应扣押、查封的商品、货物或者其他财产的价值时，扣押、查封的商品、货物和其他财产的价值不能超过应纳税款、滞纳金

C. 对价值超过应纳税额且不可分割的商品、货物或者其他财产，税务机关在纳税人、扣缴义务人或者纳税担保人无其他可供强制执行的财产的情况下，可以整体扣押、查封、拍卖

D. 税务机关可以以拍卖所得抵缴税款、滞纳金，不能抵缴罚款

【参考答案】C

【答案解析】《税收征收管理法实施细则》第六十四条规定，税务机关执行《税收征收管理法》第三十七条、第三十八条、第四十条的规定，扣押、查封价值相当于应纳税款的商品、货物或者其他财产时，参照同类商品的市场价、出厂价或者评估价估算。税务机关按照前款方法确定应扣押、查封的商品、货物或者其他财产的价值时，还应当包括滞纳金

和扣押、查封、保管、拍卖、变卖所发生的费用。第六十五条规定，对价值超过应纳税额且不可分割的商品、货物或者其他财产，税务机关在纳税人、扣缴义务人或者纳税担保人无其他可供强制执行的财产的情况下，可以整体扣押、查封、拍卖，以拍卖所得抵缴税款、滞纳金、罚款以及扣押、查封、保管、拍卖等费用，应选 C。

128. 税务机关执行《税收征收管理法》第三十七条、第三十八条、第四十条的规定，实施扣押、查封时，对有产权证件的动产或者不动产（　　）。

A. 税务机关可以责令当事人将产权证件交办理产权证的机关保管

B. 税务机关可以责令当事人将产权证件交税务机关保管，同时可以向有关机关发出协助执行通知书，有关机关在扣押、查封期间不再办理该动产或者不动产的过户手续

C. 有关机关在扣押、查封期间可以办理该动产或者不动产的过户手续

D. 税务机关在扣押、查封期间不再办理该动产或者不动产的过户手续。

【参考答案】B

【答案解析】《税收征收管理法实施细则》第六十六条规定，税务机关执行《税收征收管理法》第三十七条、第三十八条、第四十条的规定，实施扣押、查封时，对有产权证件的动产或者不动产，税务机关可以责令当事人将产权证件交税务机关保管，同时可以向有关机关发出协助执行通知书，有关机关在扣押、查封期间不再办理该动产或者不动产的过户手续，应选 B。

129. 对查封的商品、货物或者其他财产（　　）。

A. 税务机关可以指令被执行人负责保管，保管责任由税务机关承担

B. 继续使用被查封的财产不会减少其价值的，扣押、查封期间也不可以继续使用

C. 继续使用被查封的财产不会减少其价值的，税务机关可以允许被执行人继续使用

D. 因保管或使用的过程中造成的损失，由税务机关承担

【参考答案】C

【答案解析】《税收征收管理法实施细则》第六十七条规定，对查封的商品、货物或者其他财产，税务机关可以指令被执行人负责保管，保管责任由被执行人承担。继续使用被查封的财产不会减少其价值的，税务机关可以允许被执行人继续使用；因被执行人保管或者使用的过错造成的损失，由被执行人承担，应选 C。

130. 被查对象或者其他涉税当事人要求听证的，应当依法组织听证。听证主持人由（　　）担任。

A. 所属税务局法规部门人员　B. 审理人员

C. 所属税务局征管科人员　　D. 稽查局长

【参考答案】B

【答案解析】参见《税务稽查工作规程》（国税发〔2009〕157 号）第五十三条。

131.《税务处理决定书》《税务行政处罚决定书》《不予税务行政处罚决定书》《税务稽查结论》引用的（　　），应当注明文件全称、文号和有关条款。

A. 法律法规

B. 法律、行政法规、规章

C. 法律、行政法规、规章及其他规范性文件

D. 税收相关法律

【参考答案】C

【答案解析】参见《税务稽查工作规程》（国税发〔2009〕157 号）第五十五条。

132. 税收违法行为涉嫌犯罪的，由稽查局审理部门填制《涉嫌犯罪案件移送书》，经（　　）批准后，依法移送公安机关。

A. 所属设区的市、自治州以上税务局局长

B. 县以上税务局（分局）局长批准

C. 稽查局局长

D. 所属税务局局长

【参考答案】D

【答案解析】参见《税务稽查工作规程》（国税发〔2009〕157 号）第六十条。

133. 税务稽查案卷应当在立卷次年 6 月 30 日前移交所属税务局档案管理部门保管；稽查局与所属税务局异址办公的，可以适当延迟移交，但延迟时间最多不超过（　　）年。

A. 次年 12 月 31 日　　B. 1 年

C. 2 年　　D. 6 个月

【参考答案】C

【答案解析】参见《税务稽查工作规程》（国税发〔2009〕157 号）第七十七条。

134.《税务处理决定书》等决定性文书执行完毕，或者终结检查或者终结执行的，审理部门应当在（　　）日内收集稽查各环节与案件有关的全部资料，整理成税务稽查案卷，归档保管。

A. 30　　B. 45

C. 60　　D. 半年

【参考答案】C

【答案解析】参见《税务稽查工作规程》（国税发〔2009〕157 号）第七十二条。

135. 税务机关应当在收到当事人听证要求后（　　）内举行听证，并在举行听证的（　　）前将《税务行政处罚听证通知书》送达当事人，通知当事人举行听证的时间，地点，听证主持人的姓名及有关事项。（　　）

A. 15 日；3 日　　B. 3 日；7 日

C. 15 日；7 日　　D. 7 日；3 日

【参考答案】C

【答案解析】参见《行政处罚法》第四十二条。

136.《税务稽查报告》适用法律法规错误或者提出处理处罚意见不当的，审理部门应当（　　）。

A. 退回案卷

B. 要求检查人员更改《税务稽查报告》

C. 书面告知检查人员，并向局领导汇报

D. 另行提出税务处理、处罚意见

【参考答案】D

【答案解析】参见《税务稽查工作规程》（国税发〔2009〕157 号）第四十九条。

137. 按照《国家税务总局大案要案报告制度》的规定，以下案件属于应向总局报告的大要案件的是（　　）。

A. 经查处某单位偷税数额 150 万元的

B. 某外贸企业骗取出口退税款 500 万元的

C. 某企业虚开增值税专用发票涉及税款数额 100 万元的

D. 某个体工商户逃避追缴欠税数额 5 万元的

【参考答案】B

【答案解析】参见《国家税务总局大案要案报告制度》第四条。

138. 税务行政复议的申请人可以在知道税务机关作出具体行政行为之日起（　　）内提出行政复议申请。

A. 15 日　　B. 30 日

C. 60 日　　D. 3 个月

【参考答案】C

【答案解析】参见《税务行政复议规则》（国家税务总局令第 21 号）第三十二条。

139. 在税务行政诉讼中，被告税务机关应当在收到起诉状副本之日起（　　）内向法院提交作出具体行政行为的证据、依据，否则将被视为所作出的具体行政行为没有证据和依据。

A. 3 日　　B. 5 日

C. 7 日　　D. 10 日

【参考答案】D

【答案解析】《行政诉讼法》第四十三条规定，被告应当在收到起诉状副本之日起 10 日内向人民法院提交作出具体行政行为的有关材料，并提出答辩状。

140. 行政机关应当在举行听证的（　　）前，通知当事人举行听证的时间、地点。

A. 3 日　　B. 5 日

C. 7 日　　D. 10 日

【参考答案】C

【答案解析】《税务行政处罚听证程序实施办法》第五条规定，税务机关应当在收到当事人听证要求后15日内举行听证，并在举行听证的7日前将《税务行政处罚听证通知书》送达当事人，通知当事人举行听证的时间、地点，听证主持人的姓名及有关事项。

141. 税务行政处罚仅对公民（包括个体工商户）处以50元以下、对法人或者其他组织处以1 000元以下罚款适用（　　）。

A. 一般程序　　B. 简易程序

C. 普通程序　　D. 听证程序

【参考答案】B

【答案解析】《行政处罚法》第三十三条规定，违法事实确凿并有法定依据，对公民处以50元以下、对法人或者其他组织处以1 000元以下罚款或者警告的行政处罚的，可以当场作出行政处罚决定。当事人应当依照该法第四十六条、第四十七条、第四十八条的规定履行行政处罚决定。

142. 纳税人通过提供虚假的证明资料等手段，骗取税务登记证的，对该违法行为进行税务行政处罚的追溯时效是（　　）年。

A. 5　　B. 3

C. 2　　D. 1

【参考答案】A

【答案解析】《税收征收管理法》第八十六条规定，违反税收法律、行政法规应当给予行政处罚的行为，在5年内未被发现的，不再给予行政处罚。

143. 审阅法适用于以下（　　）情况。

A. 会计核算简单、核算对象比较单一的企业

B. 为了发现重大问题而进行的专案检查

C. 有数据逻辑关系和核对依据内容的企业检查

D. 在整个检查过程中对某些（某类）特定项目、事项所进行的检查

【参考答案】C

【答案解析】审阅法适用于所有企业经济业务的检查，尤其适合于有数据逻辑关系和核对依据内容的检查。选项 C 正确。

144. 以下关于盘点实物资产说法正确的是（　　）。

A. 稽查对象提出盘点清单，交稽查人员执行

B. 盘点时应尽量采用突击盘点方式，特别是对稽查对象的重要或有重大问题的实物资产进行检查时，更应注意突击盘点方式的运用

C. 盘点只需要清点实物，不需要检查与其相关的其他资料物品

D. 盘点的时间一般选择在上班后或下班前

【参考答案】B

【答案解析】稽查人员提出盘点清单，交稽查对象执行。盘点不仅要清点实物，而且还要检查与其相关的其他资料物品；盘点的时间一般选择在上班前或下班后。盘点时应尽量采用突击盘点方式，特别是对稽查对象的重要或有重大问题的实物资产进行检查时，更应注意突击盘点方式的运用。选项 B 正确。

145. 外调法主要用于（　　）证据的核实、取证。

A. 内部　　B. 外部

C. 本市　　D. 外市

【参考答案】B

【答案解析】外调法主要用于外部证据的核实、取证。

146. 查询法，是指对审查过程中发现的疑点和问题，通过调查、询问的方式，查实某些问题，取得必要的资料，以帮助进一步检查的一种调查方法。根据查询方式的不同，查询法可以分为（　　）。

A. 外询法和内询法　　B. 外询法和面询法

C. 面询法和函询法　　D. 函询法和外询法

【参考答案】C

【答案解析】查询法可以分为面询法、函询法。

147. 税务稽查人员应当遵守工作纪律，恪守职业道德，下列行为不属于违纪的是（　　）。

A. 违反法定程序、超越权限行使职权

B. 利用职权为自己或者他人牟取利益

C. 购买股票

D. 泄露国家秘密、工作秘密，向被查对象通风报信、泄露案情

【参考答案】C

【答案解析】税务稽查人员应当遵守工作纪律，恪守职业道德，不得有下列行为：（1）违反法定程序、超越权限行使职权；（2）利用职权为自己或者他人牟取利益；（3）玩忽职守，不履行法定义务；（4）泄露国家秘密、工作秘密，向被查对象通风报信、泄露案情；（5）弄虚作假，故意夸大或者隐瞒案情；（6）接受被查对象的请客送礼；（7）未经批准私自会见被查对象；（8）其他违法乱纪行为。选项C不属于。

148. 以下关于执法督查说法正确的是（　　）。

A. 执法督察中发现税收执法行为存在违法、违规问题的，应当按照有关规定和管理权限，对有关负责人和直接责任人通报批评

B. 加强对涉税审批、纳税服务、税务稽查、征收管理等税收执法重点环节的监督检查

C. 执法主体资格不合法的，依法予以撤销

D. 被督察单位不如实提供相关资料和查询权限，或者无正当理由拒绝、拖延、阻挠执法督察的，对有关负责人和直接责任人通报批评

【参考答案】C

【答案解析】执法督察中发现税收执法行为存在违法、违规问题的，应当按照有关规定和管理权限，对有关负责人和直接责任人予以责任追究。国家税务总局《关于印发〈2013年税务系统执法监察和效能监察工作要点〉的通知》规定，加强对涉税审批、纳税评估、税务稽查、征收管理等税收执法重点环节的监督检查。

执法主体资格不合法的，依法予以撤销。执法督察中，被督察单位不如实提供相关资料和查询权限，或者无正当理由拒绝、拖延、阻挠执法督察的，由实施执法督察的税务机关责令限期改正；拒不改正的，对有关负责人和直接责任人予以责任追究。选项C正确。

149. 执法过错责任的追究形式分为（　　）。

A. 行政处理和经济惩戒　　B. 经济惩戒和辞退

C. 警告和开除　　D. 罚款和警告

【参考答案】A

【答案解析】执法过错责任的追究形式分为行政处理和经济惩戒，选项 A 正确。

150. 以下执法过错行为责任说法错误的是（　　）。

A. 因承办人的个人原因造成执法过错的，承办人承担全部过错责任

B. 承办人为两人或者两人以上的，根据过错责任大小分别承担主要责任、次要责任

C. 承办人的过错行为经过批准的，由承办人和批准人共同承担责任，承办人承担主要责任，批准人承担次要责任

D. 承办人的过错行为经过审核后报经批准的，由批准人、审核人和承办人共同承担责任，审核人承担主要责任，批准人、承办人承担次要责任

【参考答案】C

【答案解析】承办人的过错行为经过批准的，由承办人和批准人共同承担责任，批准人承担主要责任，承办人承担次要责任。选项 C 错误。

151. 税法三大基本原则中最基本的原则是（　　）。

A. 税收法定原则　　B. 税法公平原则

C. 量能纳税原则　　D. 税法效率原则

【参考答案】A

【答案解析】税收法定原则是税法最基本的原则，它是税法三大基本原则中最基本的原则。选项 A 正确。

152. 违反税收法律应当给予行政处罚的行为，在（　　）年内未被发现的，不再给予行政处罚。

A. 5 年　　B. 4 年

C. 3 年　　D. 6 年

【参考答案】A

【答案解析】《税收征收管理法》第八十六条规定，违反税收法律、行政法规应当给予行政处罚的行为，在 5 年内未被发现的，不再给予行

政处罚。选项 A 正确。

153. 2013 年 1 月 1 日以后，税务机关查封、扣押发生的保管费用应由（　　）承担。

A. 纳税人承担　　B. 纳税人和税务机关共同承担

C. 企业承担　　D. 税务机关承担

【参考答案】D

【答案解析】根据《税收征收管理法实施细则》第六十四条第二款的规定，税收保全标的物的价值应当包括税款、滞纳金和扣押、查封、保管、拍卖、变卖所发生的费用。从这一规定中可以看出，因实施税收保全所产生的保管费用是由被保全人承担的。但是，《行政强制法》第二十六条第三款明确规定，因查封、扣押发生的保管费用由行政机关承担。为了化解下位法与上位法的冲突，2012 年 11 月 9 日，国务院发布 628 号令，公布《国务院关于修改和废止部分行政法规的决定》，自 2013 年 1 月 1 日起施行，其中将《税收征收管理法实施细则》第六十四条第二款修改为："税务机关按照前款方法确定应扣押、查封的商品、货物或者其他财产的价值时，还应当包括滞纳金和拍卖、变卖所发生的费用。"据此，从 2013 年 1 月 1 日开始，税务机关实施税收保全措施所发生的保管费用就应由税务机关承担。选项 D 正确。

154. 以下不属于税收优先权的是（　　）。

A. 税款有例外的优先于无担保债权

B. 税款有条件的优先于担保债权

C. 税款优先于罚款、没收违法所得

D. 税款优先于职工工资

【参考答案】D

【答案解析】《税收征收管理法》第四十五条规定，税务机关征收税款，税收优先于无担保债权，法律另有规定的除外；纳税人欠缴的税款发生在纳税人以其财产设定抵押、质押或者纳税人的财产被留置之前的，税收应当先于抵押权、质权、留置权执行。纳税人欠缴税款，同时又被行政机关决定处以罚款、没收违法所得的，税收优先于罚款、没收违法所得。

《企业破产法》第一百一十三条规定，破产财产在优先清偿破产费用和共益债务后，依照下列顺序清偿：（1）破产人所欠职工的工资和医疗、伤残补助、抚恤费用，所欠的应当划入职工个人账户的基本养老保险、基本医疗保险费用，以及法律、行政法规规定应当支付给职工的补偿金。（2）破产人欠缴的除前项规定以外的社会保险费用和破产人所欠税款。（3）普通破产债权。所以选项D错误。

155. 以下关于税收代位权的构成说法错误的是（　　）。

A. 纳税人欠缴的税款合法有效

B. 纳税人怠于行使到期债权，并且对税收债权造成损害

C. 纳税人的债权已到期

D. 纳税人的债权可以是专属于纳税人自身的债权

【参考答案】D

【答案解析】《合同法》司法解释（一）第十二条规定，即基于扶养关系、抚养关系、赡养关系、继承关系产生的给付请求权和劳动报酬、退休金、养老金、抚恤金、安置费、人寿保险、人身伤害赔偿请求权等权利不属于代位权范围。选项D错误。

156. 税务机关对纳税人行使撤销权的必要费用，由（　　）负担。

A. 纳税人承担　　B. 纳税人和税务机关共同承担

C. 企业承担　　D. 税务机关承担

【参考答案】A

【答案解析】债权人行使撤销权的必要费用，由债务人负担。税务机关作为债权人行使撤销权的必要费用，由债务人（纳税人）负担。选项A正确。

157. 对于税务案件先复议后诉讼的，可以在收到复议决定书之日起（　　）日内向人民法院提起诉讼。

A. 30　　B. 45

C. 15　　D. 60

【参考答案】C

【答案解析】《行政诉讼法》第四十五条和第四十六条规定，税务行政诉讼的起诉时限包括两种情形：一是先复议后诉讼的，可以在收到复

议决定书之日起十五日内向人民法院提起诉讼。复议机关逾期不作决定的，申请人可以在复议期满之日起十五日内向人民法院提起诉讼。二是直接提起行政诉讼的，应当自知道或者应当知道作出行政行为之日起六个月内提出。选项 C 正确。

158. 税收强制的类型正确的是（　　）。

A. 行政强制措施和行政强制执行

B. 税收保全和强制执行措施

C. 税收保全和行政强制执行

D. 行政强制执行和强制执行措施

【参考答案】B

【答案解析】《税收征收管理法》则将税收强制的类型确定为税收保全和强制执行措施。选项 B 正确。

159. 以下关于证据的合法性说法错误的是（　　）。

A. 合法性指证据必须由当事人按照法定程序提供，或由法定机关、法定人员按照法定的程序调查、收集和审查

B. 合法性包括证据的收集主体、收集程序和证据形式合法

C. 证据有时不需要具备法律规定的形式

D. 对某些法律行为的成立，法律规定了特定的形式，不具备法律所要求的形式，该项法律行为就不能成立

【参考答案】C

【答案解析】合法性指证据必须由当事人按照法定程序提供，或由法定机关、法定人员按照法定的程序调查、收集和审查。

合法性包括证据的收集主体、收集程序和证据形式合法。也就是说，诉讼证据不论是当事人提供的还是人民法院主动调查收集的，必须符合法律规定负有举证责任或具有取证权利的主体，都要符合法律规定的程序，不按照法定程序提供、调查收集的证据不能作为认定案件事实的根据。证据必须具备法律规定的形式。对某些法律行为的成立，法律规定了特定的形式，不具备法律所要求的形式，该项法律行为就不能成立。选项 C 错误。

160. 税务稽查中执法主体是（　　）。

A. 税务局　　　　　　　　B. 稽查局

C. 税务局和稽查局　　　　D. 税务师事务所

【参考答案】B

【答案解析】税务稽查中执法主体是稽查局，选项 B 正确。

161. 因纳税人、扣缴义务人计算错误等失误，未缴或者少缴税款的，税务机关一般情况下在（　　）年内可以追征税款、滞纳金。

A. 5 年　　　　　　　　B. 4 年

C. 3 年　　　　　　　　D. 6 年

【参考答案】C

【答案解析】《税收征收管理法》第五十二条规定，因税务机关的责任，致使纳税人、扣缴义务人未缴或者少缴税款的，税务机关在 3 年内可以要求纳税人、扣缴义务人补缴税款，但是不得加收滞纳金。因纳税人、扣缴义务人计算错误等失误，未缴或者少缴税款的，税务机关在 3 年内可以追征税款、滞纳金；有特殊情况的，追征期可以延长到 5 年。选项 C 正确。

162. 以下证据分类正确的是（　　）。

A. 言词证据与实物证据　　B. 有罪证据与实物证据

C. 有罪证据与间接证据　　D. 合理证据与合法证据

【参考答案】A

【答案解析】按照我国现有司法制度，通常将证据按不同的角度或按不同的标准进行划分，主要划分为言词证据与实物证据、有罪证据与无罪证据、直接证据与间接证据等几大类型。选项 A 正确。

163. 以下关于行政诉讼中举证失权规则说法错误的是（　　）。

A. 举证失权指无正当理由超出法定举证期限，即丧失举证权利的制度

B. 被告行政机关应在收到起诉状副本之日起 10 日内提供据以作出被诉具体行政行为的全部证据

C. 因不可抗力或客观上不能控制的其他正当事由不能如期提供的，应在举证其限界满前提出延期举证申请，法院准许的，应在正当事由消除后 15 日内提供证据

D. 逾期提供的，视为没有证据

【参考答案】C

【答案解析】因不可抗力或客观上不能控制的其他正当事由不能如期提供的，应在举证其限界满前提出延期举证申请，法院准许的，应在正当事由消除后 15 日内提供证据。选项 C 错误。

164. 以下不属于不能作为定案依据的证据材料的是（　　）。

A. 证人根据其经历所作的判断、证人的推测或者评论

B. 严重违反法定程序收集的证据材料

C. 当事人无正当事由超出举证期限提供的证据材料

D. 询问笔录

【参考答案】D

【答案解析】不能作为定案依据的证据材料有：①未经庭审质证的证据；②经合法传唤，被告无正当理由拒不到庭质证，且需要依法缺席判决的，被告方提供的证据；③证人根据其经历所作的判断、证人的推测或者评论；④严重违反法定程序收集的证据材料；⑤以偷拍、偷录、窃听等手段获取侵害他人合法权益的证据材料；⑥以利诱、欺诈、胁迫、暴力等不正当手段获取的证据材料；⑦当事人无正当事由超出举证期限提供的证据材料；⑧在中华人民共和国领域以外或者在中华人民共和国香港特别行政区、澳门特别行政区和台湾地区形成的未办理法定证明手续的证据材料；⑨当事人无正当理由拒不提供原件、原物，又无其他证据印证，且对方当事人不予认可的证据的复制件或者复制品；⑩被当事人或者他人进行技术处理而无法辨明真伪的证据材料；⑪不能正确表达意志的证人提供的证言；⑫不具备合法性和真实性的其他证据材料。选项 D 不属于。

165.（　　）是指对审查过程发现的疑点和问题，通过调查和询问的方式，证实某些问题或取得必要的资料，以帮助进一步检查的一种调查方法。

A. 外调法　　B. 观察法

C. 查询法　　D. 盘存法

【参考答案】A

【答案解析】查询法是指对审查过程发现的疑点和问题，通过调查和询问的方式，证实某些问题或取得必要的资料，以帮助进一步检查的一种调查方法，选项 A 正确。

166. 根据《税务稽查工作规程》，经所属税务局局长批准，可以将纳税人、扣缴义务人以前会计年度的账簿、记账凭证、报表和其他有关资料调回税务机关检查，但是税务机关必须在（　　）个月内完整退还。

A. 1 个月　　B. 2 个月

C. 3 个月　　D. 6 个月

【参考答案】C

【答案解析】参见《税务稽查工作规程》（国税发〔2009〕157 号）第二十五条。

167.（　　）是全面反映稽查过程和结果的书面总结报告。

A. 税务稽查决定书　　B. 税务稽查结论

C. 税务稽查工作底稿　　D. 税务稽查报告

【参考答案】C

【答案解析】《税务稽查报告》是稽查人员根据税务稽查实施目的和要求，经过对纳税人、扣缴义务人的账簿、凭证及有关资料的全面审查，并对有关问题进行调查核实后，全面反映税务稽查实施过程和结果的书面总结报告，应选 C。

168. 采取税收保全措施的期限一般不得超过（　　）。

A. 1 个月　　B. 3 个月

C. 6 个月　　D. 1 年

【参考答案】C

【答案解析】参见《税务稽查工作规程》（国税发〔2009〕157 号）第三十八条。

169. 税务机关实施保全措施时，下列不在税收保全措施之内的物品是（　　）。

A. 被执行人拥有的豪华住宅

B. 单价 10 000 元的生活用品

C. 被执行人所扶养的直系亲属所拥有的金银饰品

D. 被执行人所扶养亲属维持生活的必需品

【参考答案】D

【答案解析】不在税收保全措施范围之内的有：个人及其所扶养家属维持生活必需的住房和用品；单价在 5 000 元以下的其他生活用品，应选 D。

170. 检查前，应当告知被查对象检查时间、需要准备的资料等，但（　　）的除外。

A. 纳税人拒绝检查　　B. 预先通知有碍检查

C. 泄露纳税人商业机密　　D. 国税务联合检查

【参考答案】B

【答案解析】参见《税务稽查工作规程》（国税发〔2009〕157 号）第二十二条第一款。

171. 检查应当自实施检查之日起（　　）日内完成；确需延长检查时间的，应当经稽查局局长批准。

A. 15　　B. 20

C. 30　　D. 60

【参考答案】D

【答案解析】参见《税务稽查工作规程》（国税发〔2009〕157 号）第二十二条第四款。

172. 检查结束前，检查人员可以将发现的税收违法事实和依据告知被查对象；必要时，可以向被查对象发出（　　），要求其在限期内书面解析，并提供有关资料；被查对象口头解析的，检查人员应当制作笔录，由当事人签章。

A. 核对意见书　　B. 税务事项通知书

C. 限期提供资料通知书　　D. 责令限期改正书

【参考答案】B

【答案解析】参见《税务稽查工作规程》（国税发〔2009〕157 号）第四十一条。

173. 查询案件涉嫌人员储蓄存款的，应当经（　　）批准，凭《检查存款账户许可证明》向相关银行或者其他金融机构查询。

A. 所属设区的市、自治州以上税务局局长

B. 县以上税务局（分局）局长批准

C. 稽查局局长

D. 所属税务局局长

【参考答案】A

【答案解析】参见《税务稽查工作规程》（国税发〔2009〕157 号）第三十三条第二款。

174. 以下关于检查人员实施检查前说法错误的是（　　）。

A. 检查人员实施检查前，应当查阅被查对象纳税档案

B. 了解被查对象的生产经营情况

C. 熟悉相关税收政策，确定相应的检查方法

D. 向局长汇报

【参考答案】D

【答案解析】参见《税务稽查工作规程》（国税发〔2009〕157 号）第二十一条。

175. 按照证据的来源方式，证据可以分为（　　）。

A. 言词证据与实物证据　　B. 有罪证据与无罪证据

C. 直接证据与间接证据　　D. 原始证据和传来证据

【参考答案】D

【答案解析】按照证据的来源方式，可以将其分为原始证据和传来证据。

176. 以下关于证据证明效力说法错误的是（　　）。

A. 国家机关以及其他职能部门依职权制作的公文文书优于其他书证

B. 原件、原物优于复制件、复制品

C. 法定鉴定部门的鉴定意见优于其他鉴定部门的鉴定意见

D. 传来证据原始优于证据

【参考答案】D

【答案解析】原始证据优于传来证据，选项 D 错误。

177. 以下关于税务稽查中提取书证说法正确的是（　　）。

A. 需要提取证据材料原件的，应当向当事人出具《提取证据明细

表》，由当事人核对后签章确认

B. 对需要归还的证据材料原件，检查结束后应当及时归还，并履行相关签收手续

C. 需要将已开具的发票调出查验时，应当向被查验的单位或者个人开具《调验空白发票收据》

D. 需要将空白发票调出查验时，应当向被查验的单位或者个人开具《发票换票证》，经查无问题的，应当及时退还

【参考答案】B

【答案解析】提取时应当注意：①需要提取证据材料原件的，应当向当事人出具《提取证据专用收据》，由当事人核对后签章确认。对需要归还的证据材料原件，检查结束后应当及时归还，并履行相关签收手续。②需要将已开具的发票调出查验时，应当向被查验的单位或者个人开具《发票换票证》。③需要将空白发票调出查验时，应当向被查验的单位或者个人开具《调验空白发票收据》，经查无问题的，应当及时退还。选项B正确。

178. 下列关于行政强制执行的说法错误的是（　　）。

A. 对没有明显社会危害，当事人确无能力履行，中止执行满2年未恢复执行的，行政机关不再执行

B. 在执行中或者执行完毕后，据以执行的行政决定被撤销、变更，或者执行错误的，应当恢复原状或者退还财产

C. 实施行政强制执行，行政机关可以在不损害公共利益和他人合法权益情况下，与当事人达成执行协议

D. 当事人不履行执行协议的，行政机关应当恢复强制执行

【参考答案】A

179. 下列关于《税收违法案件集体审理纪要》的应用中，不正确的是（　　）。

A. 稽查局集体审理的出席人一般为稽查局局长及副职、各业务处（科、股）长；业务处（科、股）长无法到会的，可以由副职或者该处（科、股）其他人员作为列席人员参加

B. 在讨论过程中对于某一问题存在不同意见，应当将不同意见及理

由分别加以表述，并明确会议最终议定的意见及理由

C. 对于讨论意见分歧较大，无法最终议定而需要就法律、行政法规、规章等适用以及定性处理问题向上级机关请示或者向相关部门或者单位征询意见的，应当在表述不同意见及理由的同时，明确提出倾向性意见

D. 案情重大复杂，需要报请稽查局所属税务局集体审理的，应当明确提出具体意见，并由审理部门在稽查局集体审理后按照规定办理相关提请事宜

【参考答案】A

180. 以下不属于提取物证的主要方法的是（　　）。

A. 勘验　　B. 检查

C. 鉴定　　D. 固定和保管

【参考答案】C

【答案解析】鉴定不属于提取物证的方法，选项 C 错误。

181. 税务稽查案件证据审理说法错误的是（　　）。

A. 审查物证时，要注意审查物证的来源必须合法、客观、正确。审理人员审理物证时，必须注意追根溯源，弄清其原始出处

B. 视听资料审理时，要对资料形成的时间、地点和周围环境等情况进行审查，主要查明视听资料是否是在正常情况下形成的

C. 现场检查记录的审理时，要审查记录的内容是否完整

D. 鉴定意见的审理时，不需要审查鉴定人的鉴定资格

【参考答案】D

【答案解析】鉴定意见的审理时，需要审查鉴定人的鉴定资格。选项 D 错误。

182. 以下不属于执法过错责应当从重或者加重责任情形的是（　　）。

A. 同时具有两种以上过错行为的

B. 同一年度内发生多起相同根据应当追究执法过错行为的

C. 因不可抗力导致执法过错的

D. 被责令限期改正而无正当理由逾期不改正的

【参考答案】C

【答案解析】选项 C 属于行为人不承担责任，所以选 C。

183. 稽查人员在检查企业所得税时，往往首先从企业的会计报表入手，对相关疑点进行检查分析，再追踪检查至账簿、会计凭证，这种账务检查方法是（　　）。

A. 全查法　　B. 详查法

C. 审阅法　　D. 逆查法

【参考答案】D

【答案解析】逆查法，又称倒查法，是指按照会计处理程序的相反方向，从检查分析会计报表开始，对报表分析的疑点进行追踪检查至账簿、会计凭证的一种检查方法。

184. 适用于会计核算水平较高、内部控制较强、纳税态度较好的企业的账务检查方法是（　　）。

A. 全查法　　B. 抽查法

C. 审阅法　　D. 逆查法

【参考答案】B

【答案解析】抽查法一般适用于那些会计核算水平较高、内部控制较强、纳税态度较好的企业。

185. 某市稽查局按上级局统一部署对辖区内的五户大型连锁商业零售企业进行了专门稽查，这属于（　　）。

A. 日常稽查　　B. 专项稽查

C. 专案稽查　　D. 分级稽查

【参考答案】B

【答案解析】专项稽查是稽查局按照上级税务机关的统一部署或下达的任务对管辖范围内的特定行业，或特定的纳税人，或特定的税务事宜所进行的专门稽查。

186. 稽查人员对某企业的存货进行了实地盘存，盘点当日实存数为 100 件。经核对，被查日至盘点日发出 550 件，被查日至盘点日购进 480 件，则被查日实存数应为（　　）。

A. 30 件　　B. 100 件

C. 170 件　　D. 930 件

【参考答案】C

【答案解析】被查日实存数（170）=盘点日实存数（100）+被查日至盘点日发出数（550）-被查日至盘点日收入数（480）

187. 税务稽查职能是指税务稽查执法活动所固有的功能，不应包括（　　）。

A. 事先裁定职能　　B. 惩戒职能

C. 收入职能　　D. 教育职能

【参考答案】A

【答案解析】税务稽查职能是指税务稽查执法活动所固有的功能。一般而言，税务稽查的基本职能主要包括惩戒职能、监控职能、收入职能和教育职能。

188. 《重大税务案件审理提请书》编号为“××税务稽重审提字〔2015〕1号”，其中“2015”代表的年份是（　　）。

A. 选案年度　　B. 检查年度

C. 审理年度　　D. 执行年度

【参考答案】C

【答案解析】文书由案件提请单位编号，“××税稽重审提字〔×××〕××号”分别填写单位规范简称、审理年度和提请书序号。

189. 稽查局在使用《提取证据专用收据》提取企业电子资料原件时，其中“证据出处”还应填写计算机使用者名称和（　　）。

A. 计算机品牌名称

B. 计算机主机后计算机出厂号码

C. 计算机硬盘容量

D. 计算机操作系统

【参考答案】B

【答案解析】《提取证据专用收据》可以在提取企业电子资料原件时使用，其中“证据出处”还应填写计算机使用者名称和计算机主机后计算机出厂号码。

190. 审理人员小王制作《××公司偷税案审理报告》时，正文分了四个层级，在标识第一层级序数时应使用（　　）。

A. “一、”“二、”“三、”

B. “（1）”“（2）”“（3）”

C. “一”“二”“三”

D. “1.”“2.”“3.”

【参考答案】A

【答案解析】第一层级使用“一、”“二、”“三、”……序数后使用顿号“、”。

191. 下列文书中，不属于税务稽查审理流程的文书是（　　）。

A.《涉嫌犯罪案件移送书》

B.《涉嫌犯罪案件情况调查报告》

C.《涉嫌犯罪案件移送建议》

D.《不予行政处罚决定书》

【参考答案】C

【答案解析】C 选项属于执行流程文书。

192. 以下税务文书中，应该依法送达给行政相对人的是（　　）。

A. 税收违法案件解除中止检查审批表

B.《税务稽查报告》

C. 税务稽查案件稽查所属期间变更审批表

D.《税务稽查结论》

【参考答案】D

【答案解析】A、B、C 均是内部管理文书，不用送达给行政相对人。

193. 税务稽查执法文书成文日期一般右空四字编排于发文机关署名之下，规范的写法是（　　）。

A. 2015 年 10 月 21 日

B. 二〇一五年十月二十一日

C. 贰零壹伍年拾月贰拾壹日

D. 二〇一五年十月廿一日

【参考答案】A

【答案解析】成文日期一般右空四字编排于发文机关署名之下，用阿拉伯数字将年、月、日标全，年份应标全称，月、日不编虚位。

194. 下列文书中，由选案部门填写，作为《税务稽查任务通知书》附件使用的是（　　）。

A. 《税务检查通知书》　　B. 《税务事项通知书》

C. 《税务稽查项目书》　　D. 《税务稽查报告》

【参考答案】C

【答案解析】《税务稽查项目书》为《税务稽查任务通知书》附件，由选案部门填写。

195. 《税务检查通知书》中列明的检查人员至少要（　　）。

A. 一人　　B. 二人

C. 三人　　D. 四人

【参考答案】B

【答案解析】实施检查时，税务稽查人员至少要两人。

196. 检查结束前，检查人员可以将发现的税收违法事实和依据告知被查对象，必要时，可以向被查对象发出一份文书，要求其在限期内书面说明，并提供有关资料。该份文书是（　　）。

A. 《税务行政处罚事项告知书》

B. 《税务行政处理事项告知书》

C. 《税务违法行为通知书》

D. 《税务事项通知书》

【参考答案】D

【答案解析】《税务稽查工作规程》第四十一条规定，检查结束前，检查人员可以将发现的税收违法事实和依据告知被查对象；必要时，可以向被查对象发出《税务事项通知书》，要求其在限期内书面说明，并提供有关资料；被查对象口头说明的，检查人员应当制作笔录，由当事人签章。

197. 《协助执行通知书（三）》适用于（　　）。

A. 税务机关在通知有关机关协助执行税收保全措施时使用

B. 税务机关在通知有关机关协助执行解除税收保全措施时使用

C. 税务机关通知有关机关协助买受人办理拍卖的动产或不动产的过户手续时使用

D. 税务机关申请人民法院强制执行税款、滞纳金、罚款、没收违法所得时使用

【参考答案】C

【答案解析】A、B、D 选项分别适用《协助执行通知书（一）》《协助执行通知书（二）》《强制执行申请书》，C 选项适用《协助执行通知书（三）》。

198. 在税务稽查过程中，下列不属于税法规定的“非正常损失”的是（　　）。

A. 因违法被依法拆除建筑物

B. 因管理不善造成货物被盗窃的损失

C. 由于工艺设计错误造成的原材料损失

D. 因管理不善发生霉烂变质损失

【参考答案】C

【答案解析】非正常损失的购进货物及相关的应税劳务不抵扣进项税额，非正常损失指因管理不善而造成的被盗、丢失、霉烂变质，以及因违法被依法没收、销毁、拆除。需要指出的是，因着火造成的损失，不属于非正常损失。

199. 在税务稽查过程中，下列行为属于视同销售行为的是（　　）。

A. 将自产、委托加工或购买的货物用于投资

B. 将自产、委托加工或购买的货物用于职工福利

C. 将自产、委托加工或购买的货物用于在建工程

D. 将自产、委托加工或购买的货物有于个人消费

【参考答案】A

【答案解析】将购买的货物用于职工福利、在建工程、个人消费不属于视同销售行为，应作进项税转出处理。

200. 某稽查局在对某饮料厂进行检查中，发现该饮料过年期间将自产饮料作为福利给职工免费发放，下列对这笔业务处理正确的是（　　）。

A. 视同销售处理，耗用物资发生的进项税可以抵扣

B. 不作视同销售处理，但耗用物资发和的进项税可以抵扣

C. 不作视同销售处理，但耗用物资发生的进项税不得抵扣

D. 视同销售处理，耗用物资发生的进项税不得抵扣

【参考答案】A

【答案解析】单位或者个体工商户将自产、委托加工的货物用于福利或个人消费，视同销售处理，耗用物资发生的进项税可以抵扣。

201. 在税务检查中，（　　）问题，不得从销项税额中抵扣进项税。

A. 企业生产过程中正常损耗的原材料资

B. 企业购入生产用的水、电

C. 企业购入准备对外投资的货物

D. 企业为来料加工复出口业务从国内购入的辅料

【参考答案】D

【答案解析】来料加工复出口货物适用免税不退税的政策，从国内购进辅料，不可以抵扣进项税。

202. 甲工业企业通过乙进出口公司代理进口设备，同时委托丙货运代理人办理托运手续，海关进口增值税专用缴款书上的缴款单位是乙进出口公司。该进口设备的增值税纳税人是（　　）。

A. 甲工业企业　　B. 乙进出口公司

C. 丙货运代理人　　D. 国外销售商

【参考答案】B

【答案解析】对报关进口的货物，以进口货物的收货人或办理报关手续的单位和个人为进口货物的纳税人。对代理进口货物，以海关开具的完税凭证上的纳税人为增值税纳税人。

203. 一般偷逃骗抗税、虚开发票等税收违法案件的案卷，保管期限为（　　）。

A. 10 年　　B. 15 年

C. 30 年　　D. 永久

【参考答案】C

204. 某检查组 2015 年 6 月 10 日开始对创业投资企业甲企业进行检查，甲企业于 2012 年 6 月 1 日向乙企业（未上市的中小高新技术企业）投资 1 200 000 元，股权到检查日一直持有。甲企业 2014 年纳税调整后所

得额为 50 000 元，2013 年经认定亏损为 240 000 元，则 2014 年度应纳企业所得税税额是（　　）元。

A. 105 000　　B. 6 000

C. 7 500　　D. 125 000

【参考答案】A

【答案解析】2014 年新增可抵扣的股权 = 120 × 70% = 84（万元）

当年应纳权所得额 = 150 − 84 − 24 = 42（万元）

应纳所得税 = 42 × 25% = 10.5（万元）

205. 房地产开发企业共同成本和不能分清负担对象的间接成本，应按受益和配比的原则分配至各成本对象，以下不属于具体分配方法的是（　　）。

A. 占地面积法　　B. 建筑面积法

C. 成本差异法　　D. 预算造价法

【参考答案】C

【答案解析】占地面积法、直接成本法、建筑面积法、预算造价法是文件规定的四种方法。

206. 在税务稽查中，下列选项中不应缴纳消费税的是（　　）。

A. 进口石脑油

B. 外购中轻型商用客车整车改装的小汽车

C. 矿物性润滑油

D. 变压器油

【参考答案】D

【答案解析】变压器油、导热类油等属于绝缘油类产品，不属于润滑油，不征收消费税。

207. 在税务稽查中，下列应税消费品不准予扣除外购已纳消费税的是（　　）。

A. 以已税烟丝为原料生产的卷烟

B. 以已税珠宝玉石为原料生产的贵重首饰及珠宝玉石

C. 以已税汽车轮胎连续生产的小汽车

D. 以已税润滑油为原料生产的润滑油

【参考答案】C

【答案解析】参见《消费税暂行条例》第四条。

208. 在税务稽查中，对于委托加工应税消费品，受托方没有按规定代收代缴税款的，下列说法正确的是（　　）。

A. 受托方代委托方补缴税款

B. 委托方补缴税款

C. 按受托方同类消费品价格补缴税款

D. 一律按组成计税价格补缴税款

【参考答案】B

【答案解析】参见《消费税暂行条例》第十三条。

209. 2018 年 3 月某商场首饰部销售业务如下：采用以旧换新方式销售金银首饰（金银首饰消费税税率 5%），该批首饰市场零售价 140 400 元，旧首饰作价的含税金额为 58 500 元，商场实际收到 81 900 元；修理金银首饰取得含税收入 23 400 元；零售镀金首饰取得收入 70 200 元。该商场当月应纳的消费税金额为（　　）元。

A. 3 500　　B. 4 500

C. 6 000　　D. 7 500

【参考答案】A

【答案解析】纳税人采用以旧换新方式销售的金银首饰，应按实际收取的不含增值税的全部价款确定计税依据征收消费税；修理、清洗金银首饰不征收消费税：镀金首饰不属于零售环节征收消费税的金银首饰范围，不在销售环节计征消费税。

该商场当月应纳消费税 $=81\ 900+(1+17\%)\times5\%=3\ 500$（元）

210. 在税务稽查中，下列车辆属于应征消费税小汽车征税范围的是（　　）。

A. 电动汽车

B. 用厢式货车改装的商务车

C. 用中轻型商务车底盘改装的中轻型商务客车

D. 车身 12 米并且有 25 座的大客车

【参考答案】C

【答案解析】电动汽车不属于征收消费税的小汽车征税范围；货车成厢式货车改装生产的商务车、卫星通信车等专用汽车不征收消费税；车身长度大于 7 米（合），并且座位在 10—23 座（含）以下的商用客车，不属于中轻型商务客车征税范围，不征收消费税。

211. 在税务稽查中，下列说法正确的是（　　）。

A. 凡是征收消费税的消费品都征收增值税

B. 凡是征收增值税的货物都征收消费税

C. 应税消费品征收增值税的，其税基含有消费税

D. 应税消费品征收消费税的，其税基不含有增值税

【参考答案】B

【答案解析】凡是征收消费税的消费品都征收增值税。增值税是价外税，消费税是价内税，计算增值税的销售额中包含消费税，计算消费税的销售额中不含增值税。

212. 在税务稽查中，下列车辆不属于车辆购置税征税范围的是（　　）。

A. 摩托车　　B. 挂车

C. 电车　　D. 电动自行车

【参考答案】D

213. 2018 年 3 月王某从某销售公司（增值税一般纳税人）购买一辆轿车自用，支付含增值税的价款 234 000 元，另支付工具件和零配件含税价款 2 340 元，车辆装饰费 4 680 元，销售公司代收保险费等 10 530 元，支付的各项价款均由销售公司统一开具发票。则王某应缴纳车辆购置税是（　　）元。

A. 20 000　　B. 20 600

C. 20 900　　D. 21 500

【参考答案】D

【答案解析】购买自用应税车辆的车购税计税价格为纳税人支付给销售方的全部税款和价外费用（不含增值税）。本题纳税人支付的工具件和零配件价款、车辆装饰费及销售方代收保险费等均由销售方开具发票，故均应进行增值税价税分离后计入车型购税的计税依据。

王某应纳车购税 =(234 000 +2 340 +4 680 +10 530)÷(1 +17%)×10%

=21 500（元）

214. 2019 年 2 月李某（非留学人员）从国外进口一辆轿车自用，买价为 300 000 元，运抵我国输入地起卸前的运输费和保险费合计 50 000 元，轿车关税税率 25%，消费税税率 12%。李某应缴纳车辆购置税是（　　）元。

A. 49 715. 91　　B. 49 000

C. 42 613. 64　　D. 43 750

【参考答案】A

【答案解析】进口自用应税车辆的车购税计税价格 = 关税完税价格 + 关税 + 消费税。

李某应纳车购税 =(300 000 +5 000)×(1 +25%)÷(1 −12%)×10%

=49 715. 91（元）

215. 某市税务局稽查局认定王某存在非法印制发票的行为，决定对其没收违法所得并处罚款 2 000 元。关于此案，下列说法不正确的是（　　）。

A. 对王某的处罚决定书应载明法定事项，并加盖行政机关印章

B. 如王某在场，本案的行政处罚决定书应当在宣告后当场交付王某

C. 王某有权陈述和申辩，税务机关应当充分听取朱某的意见

D. 没收违法所得属于税务行政处罚听证范围

【参考答案】D

216. 稽查局依法作出《税务处理决定书》，决定予以追缴的欠税，追征期限为（　　）。

A. 3 年　　B. 5 年

C. 10 年　　D. 无限期

【参考答案】D

217. 甲企业 2010 年与乙企业签订了向其转让持有 A 公司 70% 股权的协议；2011 年 A 公司股东大会审议通过、相关主管部门审核同意，协议生效；2012 年完成了股权变更手续；2013 年乙企业支付了股权转让价款。甲企业确认股权转让收入的年度是（　　）。

A. 2010　　B. 2011

C. 2012　　D. 2013

【参考答案】C

218. 纳税人购进国内旅客运输服务，取得下列票据，其进项税额不允许从销项税额中抵扣的是（　　）。

A. 取得增值税电子普通发票

B. 取得注明旅客身份信息的航空运输电子客票行程单

C. 取得注明旅客身份信息的铁路车票

D. 出租车发票和客运定额发票

【参考答案】D

【答案解析】参见《财政部 税务总局 海关总署关于深化增值税改革有关政策的公告》第六条。

219. 小规模纳税人2019年1月销售货物5万元，提供应税服务3万元，销售不动产10万元。合计销售额为17万元，该纳税人（　　）销售额可以享受小规模纳税人免税政策。

A. 4万　　B. 8万

C. 10万　　D. 17万

【参考答案】B

【答案解析】参见《关于小规模纳税人免征增值税政策有关征管问题的公告》第一条。

220. 转登记日前连续12个月（以1个月为1个纳税期）或者连续4个季度（以1个季度为1个纳税期）累计销售额未超过500万元的一般纳税人，在（　　）前，可选择转登记为小规模纳税人。

A. 2019年12月31日　　B. 2020年6月30日

C. 2020年12月31日　　D. 2021年12月31日

【参考答案】A

【答案解析】参见《关于小规模纳税人免征增值税政策有关征管问题的公告》第五条。

221. 按照减税降费相关文件规定，应当预缴增值税税款的小规模纳税人，凡在预缴地实现的月销售额未超过（　　）的，当期无需预缴税款。文件下发前已预缴税款的，可以向（　　）主管税务机关申请退还。

A. 3 万元；预缴地　　　　B. 3 万元；机构所在地

C. 10 万元；预缴地　　　　D. 10 万元；机构所在地

【参考答案】C

【答案解析】参见《关于小规模纳税人免征增值税政策有关征管问题的公告》第六条。

222. 某企业属于非限制或禁止行业，2019 年度资产总额 4 000 万元，从业人数 150 人，应纳税所得额为 260 万元，则该企业 2019 年度应纳税额是（　　）万元。

A. 80　　　　B. 32

C. 21　　　　D. 30

【参考答案】C

【答案解析】参见《国家税务总局关于实施小型微利企业普惠性所得税减免政策有关问题的公告》第一条。

第二部分　多选题

1. 居民个人取得的下列各项收入，按年计税的有（　　）。

A. 工资薪金　　B. 劳务报酬

C. 经营所得　　D. 特许权使用费

【参考答案】ABCD

【答案解析】参见《个人所得税法》第二条、第六条。

2. 下列各项个人所得，免征个人所得税的有（　　）。

A. 国债和金融债券利息

B. 按照国家统一规定发给的补贴、津贴

C. 从工会经费中支付给职工的生活补助

D. 赔偿款

【参考答案】BC

【答案解析】参见《个人所得税法》第四条、《个人所得税法实施条例》第十一条。

3. 居民个人的综合所得，以每一纳税年度的收入额减除（　　）为应纳税所得额。

A. 费用6万元

B. 专项扣除

C. 专项附加扣除

D. 依法确定的其他扣除项目

【参考答案】ABCD

【答案解析】参见《个人所得税法》第四条。

4. 居民个人计算个人所得税可扣除的专项扣除，包括（　　）。

A. 按照国家规定的范围和标准缴纳的基本养老保险、基本医疗保险

B. 按照国家规定的范围和标准缴纳失业保险和住房公积金

C. 按照国家规定的范围和标准的子女教育、继续教育

D. 按照国家规定的范围和标准的大病医疗

【参考答案】AB

【答案解析】参见《个人所得税法》第六条。

5. 纳税人应当依法办理纳税申报的情形有（　　）。

A. 从两处以上取得综合所得，且综合所得年收入额减除专项扣除的余额超过6万元

B. 取得应税所得没有扣缴义务人

C. 取得应税所得，扣缴义务人未扣缴税款

D. 取得境外所得

【参考答案】ABCD

【答案解析】参见《个人所得税法》第十条、《个人所得税法实施条例》第二十五条。

6. 可以从居民个人的综合所得依法扣除的其他扣除包括（　　）。

A. 个人缴付符合国家规定的企业年金

B. 个人购买符合国家规定的商业健康保险

C. 个人缴付符合国家规定的职业年金

D. 税收递延型商业养老保险的支出

【参考答案】ABCD

【答案解析】参见《个人所得税法实施条例》第十三条。

7. 在2021年12月31日前，不并入当年综合所得，全额单独适用综合所得税率表，计算纳税的收入项目有（　　）。

A. 个人与用人单位解除劳动关系取得一次性补偿收入超过当地上年职工平均工资3倍数额的部分

B. 保险营销员、证券经纪人取得的不含税佣金收入扣除规定扣除项目的金额

C. 个人达到国家规定的退休年龄，按年领取的符合规定的企业年金、职业年金

D. 居民个人取得全年一次性奖金

【参考答案】ACD

【答案解析】参见《财政部关于个人所得税法修改后有关优惠政策衔接问题的通知》（财税〔2018〕164 号）第一条、第三条、第四条、第五条规定。

8. 在中国境内具有纳税担保能力的下列单位中，可以成为《税收征收管理法》所称纳税保证人的有（ ）。

A. 国有企业
B. 外商独资企业
C. 税务机关
D. 实行企业化管理的科研机构

【参考答案】ABD

【答案解析】根据《税收征收管理法实施细则》第六十一条，纳税保证人，是指在中国境内具有纳税担保能力的自然人、法人或者其他经济组织。税务机关属行政机关，不能成为纳税保证人。

9. 下列各项，减按每平方米 2 元的税额征收耕地占用税的有（ ）。

A. 铁路线路、公路线路占用耕地
B. 飞机场跑道、停机坪、港口、航道占用耕地
C. 水利工程占用耕地
D. 建设农田水利设施的占用耕地

【参考答案】ABC

【答案解析】参见《耕地占用税法》第二条、第七条。

10. 下列各项中，属于耕地的是（ ）。

A. 园地
B. 林地
C. 草地
D. 动物园

【参考答案】ABC

【答案解析】参见《耕地占用税法》第十二条规定。

11. 《耕地占用税法》规定，关于耕地占用税的说法以下正确的有（ ）。

A. 农田水利占用耕地的，不征收耕地占用税
B. 占用基本农田的，适用税额应当在规定的当地适用税额的基础上

提高100%

C. 农村居民经批准搬迁，新建自用住宅占用耕地不超过原宅基地面积的部分，免征耕地占用税

D. 学校内经营性场所和教职工住房占用耕地的，按照当地适用税额减半征收耕地占用税

【参考答案】AC

【答案解析】参见《耕地占用税法》第二条、第七条。

12. 中华人民共和国境内，下列行为中，属于车辆购置税应税行为的有（　　）。

A. 购买自用应税车辆的行为

B. 进口自用应税车辆的行为

C. 自产并销售应税车辆的行为

D. 获奖或者其他方式取得并自用应税车辆的行为

【参考答案】ABD

【答案解析】参见《车辆购置税法》第二条。

13. 依据《车辆购置税法》应税车辆的计税价格，下列表述正确的是（　　）。

A. 纳税人购买自用应税车辆的计税价格，为纳税人实际支付给销售者的全部价款

B. 纳税人进口自用应税车辆的计税价格，为关税完税价格加上关税和消费税

C. 纳税人自产自用应税车辆的计税价格，按照纳税人生产的同类应税车辆的销售价格确定，不包括增值税税款

D. 纳税人申报的应税车辆计税价格明显偏低，又无正当理由的，由税务机关核定的计税价格

【参考答案】BCD

【答案解析】参见《车辆购置税法》第六条、第七条。

14. 中华人民共和国境内，下列行为中，属于免车辆购置税的有（　　）。

A. 悬挂应急救援专用号牌的国家综合性消防救援车辆

B. 设有固定装置的运输专用作业车辆

C. 城市公交企业购置的公共汽电车辆

D. 中国人民解放军和中国人民武装警察部队列入装备订货计划的车辆

【参考答案】ACD

【答案解析】参见《车辆购置税法》第九条。

15. 按照印花税的有关规定，下列各项中，正确的涉税处理是（　　）。

A. 对技术开发合同，以合同所载的报酬金额和研究开发经费作为计税依据

B. 不论合同是否兑现或能否按期兑现，都应当缴纳印花税

C. 财产租赁合同，以收取的租赁金额为计税依据

D. 财产保险合同的计税依据中包含所保财产的金额

【参考答案】BC

【答案解析】参见《关于对技术合同征收印花税问题的通知》（国税地字〔1989〕34 号）第四条、《国家税务局关于印花税若干具体问题的规定》（国税地字〔1988〕第025 号）第七条、《中华人民共和国印花税暂行条例》税率表。

16. 不缴纳水资源税的情形有（　　）。

A. 农村集体经济组织及其成员从本集体经济组织的水塘、水库中取用水的

B. 家庭生活和零星散养、圈养畜禽饮用等少量取用水的

C. 水利工程管理单位为配置或者调度水资源取水的

D. 为保障矿井等地下工程施工安全和生产安全必须进行临时应急取用（排）水的

【参考答案】ABCD

【答案解析】参见《扩大水资源税改革试点实施办法》（财税〔2017〕80 号）第四条。

17. 水资源税的计税依据为（　　）。

A. 实际取用水量　　B. 实际发电量

C. 实际购水量　　　　　　　　D. 污水排放量

【参考答案】AB

【答案解析】参见《扩大水资源税改革试点实施办法》（财税〔2017〕80号）第六条和第七条。

18. 下列关于城镇土地使用税的表述中，正确的有（　　）。

A. 改造的废弃土地，从使用的月份起免缴城镇土地使用税5年至10年

B. 对按照去产能和调结构政策要求停产停业、关闭的企业，自停产停业次月起，免征房产税、城镇土地使用税3年

C. 纳税人新征用的耕地，自批准征用次月起缴纳城镇土地使用税

D. 城镇土地使用税的纳税地点为土地所在地，由土地所在地的税务机关负责征收

【参考答案】AD

【答案解析】参见《城镇土地使用税暂行条例》第六条，财政部、国家税务总局《关于去产能和调结构房产税 城镇土地使用税政策的通知》（财税〔2018〕107号）第一条。

19. 依据城市维护建设税的有关规定，下列说法中正确的有（　　）。

A. 纳税人直接缴纳“三税”的，在缴纳“三税”地缴纳城市维护建设税

B. 计税依据是实际缴纳“三税”的税额，不包括加收的滞纳金

C. 海关对进口产品代征增值税、消费税，不代征城市维护建设税

D. 对出口产品退还增值税、消费税的，不退还已缴纳的城市维护建设税

【参考答案】ABCD

【答案解析】《关于城市维护建设税几个具体业务问题的补充规定》（财税字〔1985〕第143号）第二条、第三条，《中华人民共和国城市维护建设税暂行条例》（国发〔1985〕19号）第三条。

20. 依据《环境保护税法实施条例》，下列以其当期应税污染物或废物的产生量作为排放量的情形有（　　）。

A. 非法倾倒应税固体废物

B. 进行虚假纳税申报

C. 未依法安装使用污染物自动监测设备或者未将污染物自动监测设备与环境保护主管部门的监控设备联网

D. 损毁或者擅自移动、改变污染物自动监测设备

【参考答案】ABCD

【答案解析】参见《环境保护税法实施条例》第六条、第七条。

21. 失业人员失业前用人单位和本人累计缴费满1年不足5年、累计缴费满5年不足10年、累计缴费10年以上的，领取失业保险金的期限最长分别为（　　）。

A. 6个月　　B. 12个月

C. 18个月　　D. 24个月

E. 36个月

【参考答案】BCD

【答案解析】参见《社会保险法》第四十六条。

22. 下列因工伤发生的费用，按照国家规定可以从工伤保险基金中支付的有（　　）。

A. 住院伙食补助费

B. 一至四级伤残职工按月领取的伤残津贴

C. 到统筹地区以外就医的交通食宿费

D. 终止或者解除劳动合同时，应当享受的一次性伤残就业补助金

【参考答案】ABC

【答案解析】参见《社会保险法》第三十八条。

23. 社会保险费收入包括（　　）和生育保险费收入。

A. 基本养老保险费收入　　B. 基本医疗保险费收入

C. 工伤保险费收入　　D. 失业保险费收入

E. 商业保险费收入

【参考答案】ABD

【答案解析】参见《社会保险法》第二条。

24. 国家统计局《关于工资总额组成的规定》中不应计入工资总额的项目包括（　　）。

A. 计划生育独生子女补贴

B. 稿费、讲课费及其他专门工作报酬

C. 出差伙食补助费、误餐补助、调动工作的旅费和安家费

D. 根据国务院发布的有关规定颁发的发明创造奖、自然科学奖、科学技术进步奖和支付的合理化建议和技术改进奖以及支付给运动员、教练员的奖金

【参考答案】ABCD

【答案解析】参见《关于工资总额组成的规定》第十一条。

25. 下列各项中，属于房地产开发公司应当进行土地增值税清算的有（　　）。

A. 直接转让土地使用权的

B. 房地产开发项目全部竣工、完成销售的

C. 整体转让未竣工决算房地产开发项目的

D. 取得销售（预售）许可证满 3 年仍未销售完毕的

【参考答案】ABC

【答案解析】《国家税务总局关于印发〈土地增值税清算管理规程〉的通知》（国税发〔2009〕91 号）第九条规定，纳税人符合下列条件之一的，应进行土地增值税的清算：（1）房地产开发项目全部竣工、完成销售的；（2）整体转让未竣工决算房地产开发项目的；（3）直接转让土地使用权的。

26. 根据《土地增值税暂行条例实施细则》，计算土地增值税可扣除项目包括（　　）。

A. 土地征用及拆迁补偿费

B. 前期工程费、基础设施费、公共配套设施费

C. 建筑安装工程费

D. 为销售开发产品支付的广告费

E. 开发间接费用

【参考答案】ABCE

【答案解析】《土地增值税暂行条例实施细则》第七条第二款规定，开发土地和新建房及配套设施（以下简称房增开发）的成本，是指纳税

人房地产开发项目实际发生的成本（以下简称房增开发成本），包括土地征用及拆迁补偿费、前期工程费、建筑安装工程费、基础设施费、公共配套设施费、开发间接费用。

《土地增值税暂行条例实施细则》第七条第三款规定，为销售开发产品支付的广告费属于房地产开发费用，不属于房地产开发成本。

27. 房地产开发公司，一次取得土地分期开发，在计算土地增值税时土地价款在成本清算对象间分摊扣除，可以采取的分摊方法是（　　）。

A. 转让土地使用权的面积占总面积的比例计算分摊

B. 按建筑面积计算分摊

C. 按税务机关确认的其他方式计算分摊

D. 纳税人自行采取的销售价格计算分摊

【参考答案】ABC

【答案解析】《土地增值税暂行条例实施细则》规定，纳税人成片受让土地使用权后，分期分批开发、转让房地产的，其扣除项目金额的确定，可按转让土地使用权的面积占总面积的比例计算分摊，或按建筑面积计算分摊，也可按税务机关确认的其他方式计算分摊。

28. 房地产开发公司支付的下列相关税费，可列入加计20%扣除范围的有（　　）。

A. 取得土地使用权缴纳的契税

B. 占用耕地缴纳的耕地占用税

C. 开发土地的土地使用税

D. 取得土地使用权缴纳的印花税

【参考答案】AB

【答案解析】《国家税务总局关于土地增值税清算有关问题的通知》（国税函〔2010〕220号）规定，房地产开发企业为取得土地使用权所支付的契税，应视同“按国家统一规定交纳的有关费用”，计入“取得土地使用权所支付的金额”中扣除，是加计20%扣除的基数。《土地增值税暂行条例实施细则》规定，耕地占用税属于土地征用及拆迁补偿费，开发小区内的道路建设费用属于基础设施费。

29. 下列各项应征土地增值税的是（　　）。

A. 地下人防设施出租 20 年　　　B. 集体建设用地上的房产转让

C. 以房抵债　　　D. 房地产的对外投资

【参考答案】CD

【答案解析】《土地增值税暂行条例实施细则》第二条规定，转让国有土地使用权、地上的建筑物及其附着物（以下简称“转让房地产”）并取得收入的单位和个人，为土地增值税的纳税义务人。

30. 2018 年 3 月 28 日国务院常务会议确定深化增值税改革。会议决定从 2018 年 5 月 1 日起将（　　）的增值税率从 11% 降到 10%。

A. 交通运输业　　　B. 建筑业

C. 基础电信服务业　　　D. 农产品

【参考答案】ABCD

31. 以下属于稽查执法主体的特殊性的是（　　）。

A. 省以下税务局的稽查局具有执法主体资格

B. 将税务机关的部分职责分离给稽查局，即专司偷税、逃避追缴欠税、骗税、抗税案件的查处，同时授权国家税务总局明确划分税务局和稽查局的职责

C. 税务局与稽查局应当各司其职，不得混淆执法主体

D. 税务局领导稽查局

【参考答案】ABC

【答案解析】《税收征收管理法实施细则》第九条规定，《税收征收管理法》第十四条所称按照国务院规定设立的并向社会公告的税务机构，是指省以下税务局的稽查局。稽查局专司偷税、逃避追缴欠税、骗税、抗税案件的查处。该条第二款同时规定，国家税务总局应当明确划分税务局和稽查局的职责，避免职责交叉。

上述规定从三个层面上规定了稽查执法主体的特殊性：一是省以下税务局的稽查局具有执法主体资格；二是将税务机关的部分职责分离给稽查局，即专司偷税、逃避追缴欠税、骗税、抗税案件的查处，同时授权国家税务总局明确划分税务局和稽查局的职责；三是税务局与稽查局应当各司其职，不得混淆执法主体。

32. 证据的“三性”，即证据的性质，包括（　　）。

A. 真实性　　B. 关联性

C. 合法性　　D. 合理性

【参考答案】ABC

【答案解析】证据的“三性”，即证据的性质，包括客观性（真实性）、关联性和合法性。

33. 2018 年 3 月 28 日国务院常务会议确定深化增值税改革。会议决定从 2018 年 5 月 1 日起将（　　）增值税税率从 11% 降到 10%。

A. 制造业等行业　　B. 交通运输业

C. 建筑业　　D. 新兴能源行业

【参考答案】BC

34. 以下属于直接证据的有（　　）。

A. 涉税违法案件中纳税人对自己是否实施违反税收法律、法规行为的供述和辩解

B. 本单位的销售、财务、库管等有关人员的证词

C. 记载企业涉税违法行为的书证或现场笔录

D. 鉴定意见

【参考答案】ABC

【答案解析】直接证据，是指用以直接证明应证事实（或待证事实）的证据。凡是不依赖其他证据而能直接证明稽查案件主要事实的证据，称为直接证据。如涉税违法案件中纳税人对自己是否实施违反税收法律、法规行为的供述和辩解，本单位的销售、财务、库管等有关人员的证词以及记载其涉税违法行为的书证或现场笔录等均属于直接证据。

选项 D 属于间接证据。所以选项 A、B、C 正确。

35. 检查食品生产企业视同销售的业务，可能需要检查的科目有（　　）。

A. 产成品——库存商品　　B. 主营业务成本

C. 应付职工薪酬非货币福利　　D. 营业外支出

【参考答案】ABCD

【答案解析】通过以上账户检查企业是否将自产货物对外投资、无偿赠送、利润分配或应用到集体福利中。

36. 在税务稽查中，对于虚开增值税专用发票的检查应着重检查的方面有（　　）。

A. 票流　　　　B. 人员流

C. 货流　　　　D. 资金流

【参考答案】ACD

37. 对农副产品收购发票的检查，应重点检查的方面有（　　）。

A. 审查收购发票是否超范围开具　　B. 审核收购价格是否真实

C. 审核收购业务的真实性　　D. 审核收购资金的流向

【参考答案】ABCD

38. 在税务稽查中，增值税一般纳税人进项税额不得抵扣的情形有（　　）。

A. 劳动保护　　　　B. 免税项目

C. 对外投资　　　　D. 个人消费

【参考答案】BD

【答案解析】劳动保护属于正常的生产费用支出，对外投资视同销售，其进项税均可以抵扣。

39. 在税务检查中，下列可确认为纳税人销售已经实现的有（　　）。

A. 采取直接收款方式销售货物的，为收到销售款的当天

B. 采取直接收款方式销售货物的，为取得索取销售款凭据的当天

C. 委托其他纳税人代销货物，为收到代销单位的代销清单的当天

D. 发票已开具

【参考答案】ABCD

【答案解析】采取直接收款方式销售货物，不论货物是否发出，均为收到销售款或者取得索取销售款凭据的当天；委托其他纳税人代销货物，为收到代销单位的代销清单或者收到全部或者部分货款的当天。未收到代销清单及货款的，为发出代销货物满180天的当天；先开具发票的，为开具发票的当天。

40. 税务机关在发票管理中，有权进行的检查有（　　）。

A. 查阅、复制与发票有关的凭证、资料

B. 向当事各方询问与发票有关的问题和情况

C. 调出发票查验

D. 在查处发票案件时，对与案件有关的情况和资料，可以记录录音、录像、照相和复制

【参考答案】ABCD

【答案解析】税务机关在发票管理中有权进行下列检查：（1）检查印制、领购、开具、取得、保管和销售发票的情况；（2）调出发票查验；（3）查问、复制与发票有关的凭证、资料；（4）向当事各方询问与发票有关的问题和情况；（5）在查处发票案件时，对与案件有关的情况和资料，可以记录、承音、录像、照相和复制。

41. 在税务稽查中，能作为增值税扣税凭证的有（　　）。

A. 增值税专用发票

B. 海关进口增值税专用缴款书

C. 农产品收购发票和农产品销售发票

D. 完税凭证

【参考答案】ABCD

【答案解析】增值税扣税凭证，是指增值税专用发票、海关进口增值税专用缴款书、农产品收购发票、农产品销售发票和完税凭证。纳税人凭完税凭证抵扣进项税额的，应当具备书面合同、付款证明和境外单位的对账单或者发票。资料不全的，其进项税额不得从销项税额中抵扣。

42. 自2016年5月1日起，“营改增”试点纳税人不动产经营租赁服务的有关政策，下列说法正确的有（　　）。

A. 一般纳税人出租其2016年4月30日前取得的不动产，可以选择适用简易计税方法，按照5%的征收率计算应纳税额

B. 一般纳税人出租其2016年5月1日后取得的、与机构所在地不在同一县（市）的不动产，应按照5%的预征率在不动产所在地预缴税款后，向机构所在地主管税务机关进行纳税申报

C. 小规模纳税人出租其取得的不动产（不含个人出租住房），应按照5%的征收率计算应纳税额

D. 个人出租出租住房，应按照5%的征收率计算应纳税额按1.5%计算应纳税额

【参考答案】ACD

【答案解析】一般纳税人出租其2016年5月1日后取得的、与机构所在地不在同一县、市的不动产，应按照3%的预征率在不动产所在地预做税款后，向机构所在地主管税务机关进行纳税申报。

43. 在税务稽查中，下列业务应同时征收增值税和消费税的有（　　）。

A. 地板厂销售自产实木地板

B. 汽车厂销售自产电动汽车

C. 百货商场销售高档手表

D. 进出口公司进口高尔夫球及球具

E. 轮胎厂销售自产农用拖拉机专用轮胎

【参考答案】AD

【答案解析】参见《增值税暂行条例》第2条及“消费税税目税率表”。

44. 在税务稽查中，下列表述正确的有（　　）。

A. 消费税税收负担具有转嫁性

B. 消费税的税率呈现单一税率形式

C. 消费品生产企业没有对外销售的应税消费品均不征消费税

D. 消费税税目列举的消费品都属消费税的征税范围

E. 消费税实行多环节课征制度

【参考答案】AD

【答案解析】消费税税率有两种形式：一种是比例税率；另一种是定额税率。一般情况下，对一种消费品只选择一种税率形式，但为了更有效地保全消费税税基，对一些应税消费品采取了定额税率和比例税率双重征收形式，如卷烟、白酒；纳税人自产应税消费品，不是用于连续生产应税消费品，而是用于其他方面的，于移送使用时纳税，如用于生产非应税消费品和在建工程、管理部门、非生产机构，提供劳务以及用于馈赠、赞助等。消费税征税环节具有单一性。

45. 在税务稽查中，下列行为既缴纳增值税又缴纳消费税的有（　　）。

A. 酒厂将自产的白酒赠送给协作单位

B. 卷烟厂将自产的烟丝移送用于生产

C. 日化厂将自产的香水精移送用于生产护肤品

D. 汽车厂将自产的应税小汽车赞助给某艺术节组委会

E. 地板厂将生产的新型实木地板奖励给有突出贡献的职工

【参考答案】ADE

【答案解析】卷烟厂将自产的烟丝移送用于生产卷烟，移送环节不缴纳消费税和增值税。香水精移送生产护肤品，假如是高档护肤品，则属于连续生产应税消费品，移送环节不缴纳消费税和增值税；假如生产低档护肤品，则属于应税消费品自用了，要缴纳消费税，但不缴纳增值税。

46. 某鞭炮厂（增值税一般纳税人）用外购已税的焰火继续加工高档焰火，2018 年 10 月销售高档焰火，开具增值税专用发票往来销售额 1 000万元；10 月外购焰火 400 万元，取得增值税专用发票，10 月初库存外购焰火 60 万元，10 月末库存外购焰火 50 万元，相关发票月已认证，焰火消费税税率 15%，上述价格均不含增值税。下列说法正确的有（　　）。

A. 该鞭炮厂计算缴纳消费税时，可以按照本月生产领用数量计算扣除外购已税鞭炮焰火已纳的消费税

B. 该鞭炮厂计算缴纳消费税时，可以按照当月购进的全部已税焰火数量计算扣除已纳的消费税

C. 该鞭炮厂计算缴纳增值税时，当月购进的全部已税焰火支付的进项税额可以从当期销项税额中抵扣

D. 该鞭炮厂计算缴纳增值税时，按照本月生产领用外购已税鞭炮焰火支付的进项税额可以从当期销项税额中抵扣

E. 当月该鞭炮厂应纳消费税为 88. 5 万元

【参考答案】ACE

【答案解析】生产领用外购已税应税消费品连续生产应税消费品的，符合扣除条件的，按生产领用数量计算准予扣除外购的应税消费品已纳的消费税税款。对于增值税进项税是凭购进货物取得的增值税专用发票，按发票注明的税额予以抵扣。

当月该鞭炮厂应纳消费税 $=1\ 000\times15\%-(60+400-50)\times15\%$

$=88.5$（万元）

47. 某金店采取“以旧换新”方式销售24K纯金项链1条，并以同一方式销售某名牌金表1只，下列说法正确的有（　　）。

A. 销售纯金项链只缴纳增值税

B. 销售纯金项链只缴纳消费税

C. 销售纯金项链缴纳消费税和增值税

D. 销售金表缴纳消费税和增值税

E. 销售金表只缴纳增值税

【参考答案】CE

【答案解析】参见《增值税暂行条例》及《消费税暂行条例》有关规定。

48. 在税务稽查中，下列关于卷烟批发征收消费税的说法正确的有（　　）。

A. 零售商销售卷烟不征收消费税

B. 乙卷烟批发公司向卷烟零售商销售卷烟，应计算缴纳消费税

C. 乙卷烟批发公司向卷烟批发商销售卷烟，应计算缴纳消费税

D. 乙卷烟批发公司应当将卷烟销售额与其他商品销售额分开核算，未分开核算的，一并征收消费税

E. 乙卷烟批发公司向卷烟零售商销售卷烟，可将已纳的生产环节的消费税款从应纳消费税中扣除

【参考答案】ABD

【答案解析】卷烟批发企业销售给批发企业以外的单位和个人的卷烟于销售时纳税，卷烟批发企业之间销售的卷烟不缴纳消费税。

49. 在税务稽查中，下列关于消费税纳税环节的说法正确的有（　　）。

A. 金店销售金银饰品在销售环节纳税

B. 啤酒屋自制的啤酒在销售时纳税

C. 白酒在生产环节和批发环节纳税

D. 销售珍珠饰品在零售环节纳税

E. 成品油税费改革后，在零售环节纳税

【参考答案】AB

【答案解析】白酒、成品油、珍珠饰品都是在生产销售环节纳税。

50. 在税务稽查中，关于消费税纳税义务发生时间说法正确的有（　　）。

A. 某酒厂销售葡萄酒 20 箱并收取价款 4 800 元，其纳税义务发生时间为收款的当天

B. 某汽车厂自产自用 3 台小汽车，其纳税义务发生时间为移送使用的当天

C. 某烟花企业采用托收承付结算方式销售焰火，其纳税义务发生时间为发出焰火并办妥托收手续的当天

D 某化妆品厂采用赊销方式销售化妆品，合同约定收款日期为 6 月 30 日，实际收到代放为 7 月 30 日，纳税义务发生时间为 6 月 30 日

E. 某手表厂采取预收货款方式销售高档手表，其纳税义务发生时间为销售合同约定的收款日期的当天

【参考答案】ABCD

【答案解析】纳税人采取预收货款方式结算的，其纳税义务的发生时间为发出应税消费品的当天。

51. 在税务稽查中，下列有关葡萄酒消费税说法正确的有（　　）。

A. 用外购已税葡萄酒继续加工葡萄酒的一律不允许扣除已纳的消费税款

B. 境内从事葡萄酒生产的企业之间销售葡萄酒，销货方可以凭"葡萄酒购货证明单的退税联"申请已纳消费税的退税

C. 商场外购葡萄酒可凭"葡萄酒购货证明单"申请已纳消费税的退税

D. 以进口葡萄酒为原料继续加工葡萄酒，可以凭海关完税凭证抵减进口环节已纳消费税

E. 境内从事葡萄酒生产的个人之间销售葡萄酒，不实行"葡萄酒购货证明单"管理

【参考答案】BD

【答案解析】选项A，以进口葡萄酒为原料连续生产葡萄酒的纳税人，准予从当期应纳消费税税额中抵减“海关进口消费税专用缴款书”注明的消费税；选项C，生产企业将自产或外购葡萄酒直接销售给生产企业以外的单位和个人的，不实行证明单管理，按规定申报缴纳消费税。

52. 在税务稽查中，下列属于车辆购置税免税范围的有（　　）。

A. 外国驻华使馆、领事馆和国际组织驻华机构及其外交人员自用的车辆

B. 回国服务的留学人员用现汇购买自用的1辆国产小汽车

C. 农用三轮运输车

D. 长期来中国定居专家进口的自用小汽车

【参考答案】ABCD

【答案解析】选项A，参见《车辆购置税暂行条例》第九条第一款；选项BD，参见《财政部　国家税务总局关于防汛专用等车辆免征车辆购置税的通知》（财税〔2001〕39号）第2条至第3条；选项C，参见《财政部　国家税务总局关于农用三轮车免征车辆购置税的通知》（财税〔2004〕66号）的规定。

53. 在税务稽查中，下列计税依据表述错误的有（　　）。

A. 汽车销售企业代收的保险费，一律纳入计税依据征收车辆购置税

B. 受赠并自用的应税车辆，由主管税务机关参照国家税务总局规定的最低计税价格核定计税依据

C. 购买自用的进口应税车辆，其计税依据包括关税完税价格、关税及消费税

D. 底盘发生更换的车辆，计税依据为国家税务总局核定的同类型新车最低计税价格的70%

【参考答案】AC

【答案解析】选项A，代收保险费使用销售方票据收取的，不纳入计税价格计征车购税；选项C，购买自用的进口应税车辆与进口自用车辆的计税依据不同，前者的计税价格为纳税人支付给销售方的全部税款和价外费用（不含增值税）。

54. 传来证据在办案中的作用主要表现在以下（　　）方面。

A. 可以作为发现原始证据的线索

B. 在无法获得原始证据时，可用以证明案件的次要事实和情节

C. 在特殊情况下，可以作为审查原始证据是否真实的手段

D. 可以强化原始证据的证明作用

【参考答案】ABCD

【答案解析】传来证据在办案中的作用主要表现在以下几个方面：①可以作为发现原始证据的线索；②在特殊情况下，可以作为审查原始证据是否真实的手段；③在无法获得原始证据时，可用以证明案件的次要事实和情节；④可以强化原始证据的证明作用。

55. 在行政诉讼中，原告应负责提供证据材料有（　　）。

A. 符合起诉条件的材料

B. 起诉被告不作为，证明其在行政程序中曾提出过申请的材料

C. 证明行政行为合法性的材料

D. 赔偿诉讼中，行政行为造成损害的事实

【参考答案】ABD

【答案解析】行政诉讼中，原告应负责提供三类证据材料：①符合起诉条件的材料；②起诉被告不作为，证明其在行政程序中曾提出过申请的材料；③赔偿诉讼中，行政行为造成损害的事实。

56. 税务稽查人员在对于涉税行为进行取证时应当遵循以下基本原则（　　）。

A. 依法取证原则　　B. 全面、客观、公正原则

C. 行政效率原则　　D. 依靠组织原则

【参考答案】ABC

【答案解析】选项D应为依靠群众原则。

57. 《税务稽查报告》的主要内容包括（　　）。

A. 案件的来源及被查对象的基本情况

B. 稽查时间和稽查所属期间、主要违法事实及其手段

C. 稽查过程中采取的措施、违法性质、被查对象的态度

D. 处理意见和依据、其他需要说明的事项、稽查人员的签字和报告时间

【参考答案】ABCD

【答案解析】参见《税务稽查工作规程》第四十二条规定。

58. 询问应当由两名以上检查人员实施。除在被查对象生产、经营场所询问外，应当向被询问人送达“询问通知书”。下列说法正确是（　　）。

A. 询问时应当告知被询问人如实回答问题。询问笔录可以交被询问人核对或者向其宣读

B. 询问笔录有修改的，应当由被询问人在改动处盖章

C. 核对无误后，由被询问人在尾页结束处写明“以上笔录我看过（或者向我宣读过），与我说的相符”，并逐页签章、按指印

D. 被询问人拒绝在询问笔录上签章、捺指印的，检查人员应当在笔录上注明

【参考答案】ACD

【答案解析】参见《税务稽查工作规程》第二十七条规定。

59. 税务机关根据法定程序和实际工作的需要，在税务稽查实施时采用的检查方式有（　　）。

A. 调账检查　　B. 实地检查

C. 委托协查　　D. 异地调查

【参考答案】ABCD

【答案解析】稽查实施主要方法包括调账检查、实地检查、委托协查异地调查。

60. 以下（　　）不是对《税务文书送达回证》中“送达地点”一栏的准确填写。

A. 北京市红叶有限公司　　B. 北京市红叶有限公司收发室

C. 北京市红叶有限公司财务科　　D. 北京市海淀区前时路 51 号

【参考答案】ABC

【答案解析】“送达地点”一栏，应填写送达税务文书的具体地点。

61. 可以采取阻止出境强制措施的对象包括（　　）。

A. 欠税人的法定代表人

B. 欠税人的财务负责人

C. 欠税人的法定代表人不在中国境内的以其在华主要负责人为对象

D. 欠税人的担保人

【参考答案】AC

【答案解析】阻止出境的对象：①欠税人为自然人的，阻止出境的对象为当事人本人。②欠税人为法人的，阻止出境的对象为其法定代表人。③欠税人为其他经济组织的，阻止出境的对象为其负责人。④法人的法定代表人或其他经济组织的负责人变更时，以变更后的法定代表人或负责人为阻止出境对象；法定代表人不在中国境内的，以其在华的主要负责人为阻止出境对象。⑤阻止出境的对象包括外国人、无国籍人和中国公民。

62. 不能作为纳税担保人的有（　　）。

A. 国家机关　　B. 医院

C. 企业法人分支机构　　D. 银行

【参考答案】ABC

【答案解析】《担保法》列举了无纳税担保能力的情形，如国家机关，学校、幼儿园、医院等事业单位、社会团体，企业法人的职能部门，企业法人的分支机构在其法人书面授权范围以外提供纳税担保的，部分纳税信誉不好的，无民事行为能力或限制民事行为能力的自然人，与纳税人存在担保关联关系的自然人、法人或其他经济组织，不得作为纳税保证人。

63. 下列关于税务文书的说法正确的是（　　）。

A. 留置送达和直接送达具有同等法律效力

B. 采取委托送达的，以受托机关责任人在送达回证上签收的日期为送达日期

C. 采取邮寄送达的，以寄出地的邮戳日期为送达日期，视为已送达给当事人

D. 凡是能够直接送达的，均应采取直接送达的方式

【参考答案】AD

【答案解析】留置送达和直接送达具有同等法律效力。采取委托送达的，受托机关责任人应在送达回证上签字备注，并以受送达人在送达回

证上签收的日期为送达日期。采取邮寄送达的，以挂号函件回执上注明的收件日期为送达日期，视为已送达给当事人，并将挂号件回执粘贴在送达回证上存查。凡是能够直接送达的，均应采取直接送达的方式。故应选 A、D。

64. 执行过程中发现有下列（　　）情形之一的，可以报经稽查局局长批准后，中止执行。

A. 被执行人死亡或者被依法宣告死亡，尚未确定可执行财产的

B. 被执行人进入破产清算程序尚未终结的

C. 税收违法行为涉嫌犯罪的，填制《涉嫌犯罪案件移送书》，经所属税务局局长批准后，依法移送公安机关的

D. 可执行财产被司法机关或者其他国家机关依法查封、扣押、冻结，致使执行暂时无法进行的

【参考答案】ABD

【答案解析】根据《稽查工作规程》第七十条，执行过程中发现有下列情形之一的，由执行部门填制“税收违法案件中止执行审批表”，附有关证据材料，经稽查局局长批准后，中止执行：（1）被执行人死亡或者被依法宣告死亡，尚未确定可执行财产的；（2）被执行人进入破产清算程序尚未终结的；（3）可执行财产被司法机关或者其他国家机关依法查封、扣押、冻结，致使执行暂时无法进行的；（4）法律、行政法规和国家税务总局规定其他可以中止执行的。

65. 在强制执行措施的范围之内财产有（　　）。

A. 价值 4 000 元席梦思床　　B. 一栋豪华别墅

C. 第二套普通住房　　D. 结婚金戒指

【参考答案】BCD

【答案解析】根据《税收征收管理法实施细则》第五十九条以及《税收征收管理法》第三十八条、第四十条所称其他财产，包括纳税人的房地产、现金、有价证券等不动产和动产。机动车辆、金银饰品、古玩字画、豪华住宅或者一处以外的住房不属于《税收征收管理法》第三十八条、第四十条、第四十二条所称个人及其所扶养家属维持生活必需的住房和用品。税务机关对单价 5 000 元以下的其他生活用品，不采取税收

保全措施和强制执行措施。

66. 稽查局在税务处理、处罚决定执行过程中，对当事人不在规定的期限内缴库的，除采取税收强制执行措施外，还可依照法律法规的规定，采取行使（　　）等其他执行措施。

A. 代位权　　B. 罚款

C. 停止出口退税　　D. 停止供应发票

【参考答案】ACD

【答案解析】为保证国家税收不遭受损失，稽查局在税务处理、处罚决定执行过程中，对当事人不在规定的期限内缴库的，除采取税收强制执行措施外，还可依照法律法规的规定，采取行使代位权、撤销权、阻止出境、停止出口退税、停止供应发票等其他执行措施。

67. 欠缴税款的纳税人或者它的法定代表人需要出境的，应当在出境前向税务机关结清（　　）或者提供担保。

A. 应纳税款　　B. 滞纳金

C. 罚款　　D. 违约金

【参考答案】AB

【答案解析】根据《税收征收管理法》第四十四条，欠缴税款的纳税人或者他的法定代表人需要出境的，应当在出境前向税务机关结清应纳税款、滞纳金或者提供担保。未结清税款、滞纳金，又不提供担保的，税务机关可以通知出境管理机关阻止其出境。

68. 税收撤销权是指因欠缴税款的纳税人有下列（　　）之一，而对国家税收造成损害。

A. 放弃到期债权　　B. 无偿转让财产

C. 以明显不合理的低价转让财产　　D. 怠于行使其到期债权

【参考答案】ABC

【答案解析】撤销权是指债权人因债务人放弃其到期债权或者无偿转让财产，对债权人的债权造成损害的，可以请求人民法院撤销债务人的行为。怠于行使其到期债权应适用行使代位权。故应选 A、B、C。

69. 税务文书送达方式包括（　　）。

A. 直接送达　　B. 委托送达

C. 邮寄送达　　D. 公告送达

【参考答案】ABCD

【答案解析】《税务稽查管理》第六章第一节中关于税务处理文书送达的表述，税务处理文书送达的方式有：（1）直接送达；（2）留置送达；（3）委托送达；（4）邮寄送达；（5）公告送达。

70. 抵税财物拍卖价格的确定方法有（　　）。

A. 市场价　　B. 出厂价

C. 评估价　　D. 税务机关自行确定价格

【参考答案】ABC

【答案解析】根据《税收征收管理法实施细则》第六十四条，税务机关执行《税收征收管理法》第三十七条、第三十八条、第四十条的规定，扣押、查封价值相当于应纳税款的商品、货物或者其他财产时，参照同类商品的市场价、出厂价或者评估价估算。

71. 某公司2018年6月应纳税款10万元，应于7月15日前缴纳，该公司未按规定的期限缴纳，税务机关向其送达《催缴税款通知书》，责令其10日内缴纳上述税款。至7月30日，该公司仍未缴税款，税务机关可以对其采取以下（　　）措施。

A. 责令其提供纳税担保

B. 书面通知开户银行扣缴税款

C. 扣押、拍卖其价值相当于应纳税款和滞纳金的货物抵缴税款

D. 处以罚款

【参考答案】BCD

【答案解析】纳税担保适用于纳税期届满之前。从事生产、经营的纳税人、扣缴义务人未按照规定的期限缴纳或者解缴税款，纳税担保人未按照规定的期限缴纳所担保的税款，由税务机关责令限期缴纳，逾期仍未缴纳的，适用的是强制执行措施。纳税人、扣缴义务人在规定期限内不缴或者少缴应纳或者应解缴的税款，经税务机关责令限期缴纳，逾期仍未缴纳的，税务机关除依照《税收征收管理法》第四十条及第六十八条的规定采取强制执行措施追缴其不缴或者少缴的税款外，可以处不缴或者少缴的税款50%以上5倍以下的罚款。

72. 税收强制执行措施适用于（　　）。

A. 从事生产、经营的纳税人　　B. 扣缴义务人

C. 纳税担保人　　D. 税务行政处罚当事人

【参考答案】ABCD

【答案解析】《税收征收管理法》第四十条规定，从事生产、经营的纳税人、扣缴义务人未按照规定的期限缴纳或者解缴税款，纳税担保人未按照规定的期限缴纳所担保的税款，由税务机关责令限期缴纳，逾期仍未缴纳的，经县以上税务局（分局）局长批准，税务机关可以采取强制执行措施。第八十八条规定，当事人对税务机关的处罚决定逾期不申请行政复议也不向人民法院起诉、又不履行的，作出处罚决定的税务机关可以采取本法第四十条规定的强制执行措施，或者申请人民法院强制执行。

73. 须经县以上税务局（分局）局长批准，才可对纳税人采取的措施有（　　）。

A. 拍卖扣押商品　　B. 冻结纳税人银行存款

C. 查询企业存款账户　　D. 审批缓缴税款

【参考答案】ABC

【答案解析】《税收征收管理法》第四十条规定，扣押、查封、依法拍卖或者变卖其价值相当于应纳税款的商品、货物或者其他财产，以拍卖或者变卖所得抵缴税款等强制执行措施须经县以上税务局（分局）局长批准。第三十八条规定，税务机关采取冻结银行存款；扣押、查封等税务保全措施须经县以上税务局（分局）局长批准。第五十四条规定，查询从事生产、经营的纳税人、扣缴义务人在银行或者其他金融机构的存款账户，须经县以上税务局（分局）局长批准。第三十一条规定，延期缴纳税款的，须经省、自治区、直辖市国家税务局、地方税务局批准，但最长不得超过3个月。

74. 纳税人欠缴的税款发生在纳税人以其财产设定抵押、质押或者纳税人的财产被留置之前，同时又被行政机关决定处以罚款、没收违法所得的，税收应当先于（　　）执行。

A. 抵押权　　B. 质权

C. 留置权　　D. 罚款和没收违法所得

【参考答案】ABCD

【答案解析】《税收征收管理法》第四十五条规定，税务机关征收税款，税收优先于无担保债权，法律另有规定的除外；纳税人欠缴的税款发生在纳税人以其财产设定抵押、质押或者纳税人的财产被留置之前的，税收应当先于抵押权、质权、留置权执行。纳税人欠缴税款，同时又被行政机关决定处以罚款、没收违法所得的，税收优先于罚款、没收违法所得。

75. 某纳税人未按规定期限缴纳税款，经税务机关责令后，逾期仍不缴纳税款，税务机关遂依法通知该纳税人的某开户银行扣缴相当于应纳税款的存款，该银行以纳税人在其他银行也有账号为由，拒绝执行税务机关作出的扣缴税款决定。税务机关应（　　）。

A. 对该银行处 50% 以上 5 倍以下的罚款

B. 对该银行处 100 000 元以上 500 000 元以下罚款

C. 对该银行负责人处 1 000 元以上 10 000 元以下的罚款

D. 对该银行直接负责的主管人员和其他直接责任人员处 1 000 元以上 10 000 元以下的罚款

【参考答案】BD

【答案解析】根据《税收征收管理法》第七十三条，纳税人、扣缴义务人的开户银行或者其他金融机构拒绝接受税务机关依法检查纳税人、扣缴义务人存款账户，或者拒绝执行税务机关作出的冻结存款或者扣缴税款的决定，或者在接到税务机关的书面通知后帮助纳税人、扣缴义务人转移存款，造成税款流失的，由税务机关处 10 万元以上 50 万元以下的罚款，对直接负责的主管人员和其他直接责任人员处 1 000 元以上 10 000 元以下的罚款。

76. 税务机关对欠缴税款的纳税人依法行使代位权应同时具备（　　）条件。

A. 纳税人的债权必须是到期债权

B. 纳税人怠于行使到期债权

C. 对国家税收造成了损害

D. 必须由税务机关向人民法院提出申请

【参考答案】ABCD

【答案解析】《税收征收管理法》第五十条规定，欠缴税款的纳税人因怠于行使到期债权，对国家税收造成损害的，税务机关可以依照《合同法》的规定行使代位权。在行使代位权时，税务机关不能直接行使代位权，如需对纳税人行使代位权的，必须依法向人民法院提出申请，通过代位诉讼程序进行。

77. 根据税收优先的原则，下列说法不正确的是（　　）。

A. 税收优先于所有的无担保债权

B. 税收优先于有担保债权

C. 税收优先于抵押权、质权、留置权

D. 纳税人有欠税的税收优先于罚款、没收违法所得

【参考答案】ABC

【答案解析】《税收征收管理法》第四十五条规定，税务机关征收税款，税收优先于无担保债权，法律另有规定的除外；纳税人欠缴的税款发生在纳税人以其财产设定抵押、质押或者纳税人的财产被留置之前的，税收应当先于抵押权、质权、留置权执行。纳税人欠缴税款，同时又被行政机关决定处以罚款、没收违法所得的，税收优先于罚款、没收违法所得。税务机关应当对纳税人欠缴税款的情况定期予以公告。

78. 关于税收保全和强制执行措施，下列说法正确的有（　　）。

A. 税收保全措施只能对从事生产经营的纳税人行使

B. 税收保全措施可以对纳税人、扣缴义务人、纳税担保人行使

C. 税收强制执行措施可以对纳税人、扣缴义务人、纳税担保人行使

D. 《税收征收管理法》第三十八条、第四十条、第四十二条所称个人所扶养家属是指与纳税人共同居住生活的配偶、直系亲属以及无生活来源并由纳税人扶养的其他亲属。

【参考答案】ACD

【答案解析】《税收征收管理法》第三十八条规定，税收保全措施只能对从事生产经营的纳税人行使，A 正确，B 不正确；《税收征收管理法》第三十八条规定，从事生产、经营的纳税人、扣缴义务人未按照规

定的期限缴纳或者解缴税款，纳税担保人未按照规定的期限缴纳所担保的税款，税务机关可以采取强制执行措施。《税收征收管理法实施细则》第六十条规定，《税收征收管理法》第三十八条、第四十条、第四十二条所称个人所扶养家属，是指与纳税人共同居住生活的配偶、直系亲属以及无生活来源并由纳税人扶养的其他亲属。选项 C、D 正确。

79. 对于税务稽查报告的主要内容和要求下列说法不正确的有（　　）。

A. 当事人的名称可以填写简称

B. 不用说明案件来源

C. 签名可以由稽查人员手写，也可打印

D. 对查无问题的上级交办、群众检举案件，须逐项说明相关的事实

【参考答案】ABC

【答案解析】根据《国家税务总局关于印发〈税务稽查内部管理文书式样〉和〈税务稽查文书式样标准〉的通知》（国税发〔2011〕122 号）中稽查报告填写说明的规定，选项 A、B、C 都错误。

80. 检查人员与被查对象有下列关系之一的应当回避（　　）。

A. 直系血亲关系

B. 三代以内旁系血亲关系

C. 近姻亲关系

D. 可能影响公正执法的其他利害关系

【参考答案】ABCD

【答案解析】税务稽查回避是指因稽查人员与所查处的案件存在特定关系而有可能影响公正执法退出该案稽查实施的一项制度。稽查局负责人发现稽查人员与纳税人、扣缴义务人或者其法定代表人、直接责任人有下列关系之一的，应当决定其回避：（1）夫妻关系；（2）直系血亲关系；（3）三代以内旁系血亲关系；（4）近姻亲关系；（5）可能影响公正执法的其他利害关系。

81. 适用简易程序的税收违法行为必须具备的条件有（　　）。

A. 违法事实清楚，案情简单，无须进一步调查取证

B. 有法律依据

C. 对公民处以50元以下、对法人或者其他组织处以1 000元以下的罚款

D. 对公民处以50元以下、对法人或者其他组织处以2 000元以下的罚款

【参考答案】ABC

【答案解析】参见《行政处罚法》第三十三条。

82. 下列关于税务检查程序说法正确的有（　　）。

A. 检查前，应当告知被查对象检查时间、需要准备的资料等，但预先通知有碍检查的除外

B. 检查应当由两名以上检查人员共同实施，并向被查对象出示税务检查证和《税务检查通知书》

C. 检查过程中，检查人员应当制作《税务稽查工作底稿》，记录案件事实，归集相关证据材料，并签字、注明日期

D. 检查结束时，应当根据《税务稽查工作底稿》及有关资料，制作《税务稽查报告》，由检查部门负责人审核

【参考答案】ABCD

【答案解析】参见《税务稽查工作规程》第二十二条第一款、第二款，第四十条，第四十二条第一款。

83. 实施检查时，依照法定权限和程序，可以采取（　　）、查询存款账户或者储蓄存款、异地协查等方法。

A. 实地检查　　B. 联合侦查

C. 调取账簿资料　　D. 询问

【参考答案】ACD

【答案解析】参见《税务稽查工作规程》第二十三条第一款。

84. 稽查人员必须依法取证，包括（　　）。

A. 法定权限　　B. 法定程序

C. 法定工具　　D. 法定方法

【参考答案】AB

【答案解析】参见《税务稽查工作规程》第二十四条第一款。

85. 调取纳税人、扣缴义务人以前会计年度的账簿、记账凭证、报表

和其他有关资料的，应当经（　　）批准，并在（　　）内完整退还；调取纳税人、扣缴义务人当年的账簿、记账凭证、报表和其他有关资料的，应当经（　　）批准，并在（　　）内退还。（　　）

A. 稽查局局长；3 个月

B. 所属税务局局长；3 个月

C. 所属设区的市、自治州以上税务局局长；30 日

D. 所属税务局局长；1 个月

【参考答案】BC

【答案解析】参见《税务稽查工作规程》第二十五条第二款。

86. 提取证据材料时，以下说法正确的有（　　）。

A. 需要提取证据材料原件的，应当向当事人出具《提取证据专用收据》，由当事人核对后签章确认

B. 对需要归还的证据材料原件，检查结束后应当及时归还，并履行相关签收手续

C. 需要将已开具的发票调出查验时，应当向被查验的单位或者个人开具《发票换票证》

D. 需要将空白发票调出查验时，应当向被查验的单位或者个人开具《调验空白发票收据》，经查无问题的，应当及时退还

【参考答案】ABCD

【答案解析】参见《税务稽查工作规程》第二十六第一款。

87. 以下符合采用询问方式取证规定的有（　　）。

A. 询问时应当告知被询问人如实回答问题

B. 询问笔录应当交被询问人核对或者向其宣读；询问笔录有修改的，应当由被询问人在改动处捺指印

C. 核对无误后，由被询问人在尾页结束处写明“以上笔录我看过（或者向我宣读过），与我说的相符”，并逐页签章、捺指印

D. 被询问人拒绝在询问笔录上签章、捺指印的，检查人员应当在笔录上注明

【参考答案】ABCD

【答案解析】参见《税务稽查工作规程》第二十七条第二款。

88. 以下说法正确的有（　　）。

A. 当事人、证人可以采取书面或者口头方式陈述或者提供证言

B. 当事人、证人口头陈述或者提供证言的，检查人员可以笔录、录音、录像

C. 当事人、证人口头提出变更陈述或者证言的，检查人员应当重新制作笔录，注明原因，由当事人、证人逐页签章、捺指印

D. 当事人、证人变更书面陈述或者证言的，不退回原件

【参考答案】ABD

【答案解析】参见《税务稽查工作规程》第二十八条。

89. 制作录音、录像等视听资料的，应当注明（　　）等内容。

A. 制作方法　　B. 制作时间

C. 制作人　　D. 证明对象

【参考答案】ABCD

【答案解析】参见《税务稽查工作规程》第二十九条第一款。

90. 需要以有形载体形式固定电子数据的，应当与提供电子数据的个人、单位的法定代表人或者财务负责人一起将电子数据复制到存储介质上并封存，同时在封存包装物上注明（　　）等，注明“与原始载体记载的电子数据核对无误”，并由电子数据提供人签章。

A. 制作方法　　B. 制作时间

C. 制作人　　D. 文件格式及长度

【参考答案】ABCD

【答案解析】参见《税务稽查工作规程》第三十条第二款。

91. 以下说法正确的有（　　）。

A. 检查人员实地调查取证时，可以制作现场笔录、勘验笔录，对实地检查情况予以记录或者说明

B. 当事人拒绝在现场笔录、勘验笔录上签章的，检查人员应当在笔录上注明原因；如有其他人员在场，可以由其签章证明

C. 需要异地调查取证的，可以发函委托相关稽查局调查取证；必要时可以派人参与受托地稽查局的调查取证

D. 需要取得境外资料的，稽查局可以提请国际税收管理部门依照税

收协定情报交换程序获取，或者通过我国驻外机构收集有关信息

【参考答案】ABCD

【答案解析】参见《税务稽查工作规程》第三十一条第一、三款，第三十二条第一、三款。

92. 以下情形中，稽查局应当依法及时解除税收保全措施的有（　　）。

A. 纳税人已按履行期限缴纳税款的

B. 当事人申请解除税收保全措施

C. 税收保全措施被复议机关决定撤销的

D. 税收保全措施被人民法院裁决撤销的

【参考答案】ACD

【答案解析】参见《税务稽查工作规程》第三十六条。

93. 以下情形中，致使检查暂时无法进行的，检查部门可以填制“税收违法案件中止检查审批表”，附相关证据材料，经稽查局局长批准后，中止检查的有（　　）。

A. 当事人被有关机关依法限制人身自由的

B. 账簿、记账凭证及有关资料被其他国家机关依法调取且尚未归还的

C. 法律、行政法规或者国家税务总局规定的其他可以中止检查的

D. 被查对象税收违法行为均已超过法定追究期限的

【参考答案】ABC

【答案解析】参见《税务稽查工作规程》第四十四条。

94.《税务稽查报告》中的“税务稽查实施认定的税务违法事实部分”应包括（　　）。

A. 违法行为发生的时间

B. 违法行为发生的地点

C. 发生违法行为的动机、详细经过及方法

D. 具体的违法事实和产生的实际后果

【参考答案】ABD

【答案解析】参见《国家税务总局关于印发〈税务稽查内部管理文书

式样〉和〈税务稽查文书式样标准〉的通知》（国税发〔2011〕122号）中关于税务稽查报告填写说明的规定。

95.《税务检查通知书》（二）适用范围是（　　）。

A. 依法对纳税人实施税务检查时

B. 依法对扣缴义务人实施税务检查时

C. 向有关单位和个人调查取证纳税人、扣缴义务人和其他当事人与纳税、代扣代缴、代收代缴税款有关的情况时

D. 协查案件时

【参考答案】CD

【答案解析】参见《国家税务总局关于印发〈税务稽查内部管理文书式样〉和〈税务稽查文书式样标准〉的通知》（国税发〔2011〕122号）中关于《税务检查通知书》（二）说明的规定。

96. 2018年某县税务稽查局检查人员在对纳税人2017年纳税情况检查过程中，（　　）行为应分别制作“税务行政执法审批表”报县税务局局长批准。

A. 下达《税务检查通知书》

B. 调取2017年账簿资料

C. 询问2017年企业生产经营情况

D. 查询银行存款余额

【参考答案】BD

【答案解析】参见《税务稽查工作规程》第二十五条、第三十三条。

97. 按照《税收征收管理法实施细则》的规定，税务人员在核定应纳税款、调整税收定额、进行税务检查、实施税务行政处罚、办理税务行政复议时，与纳税人、扣缴义务人或者其他法定代表人、直接责任人有下列（　　）情形时，应当回避。

A. 夫妻关系

B. 直系关系

C. 近姻亲关系

D. 三代以外的旁系血亲关系

【参考答案】AC

【答案解析】参见《税务稽查工作规程》（国税发〔2009〕157 号）第七条、《税收征收管理法实施细则》第八条规定。

98. 下列情形中，符合终结检查条件的是（　　）。

A. 被查对象失踪、走逃，被有权税务机关认定为非正常户的

B. 被查对象死亡，且无财产可抵缴税款或者无法定税收义务承担主体的

C. 被查对象被依法宣告死亡，且无财产可抵缴税款或者无法定税收义务承担主体的

D. 被查对象依法注销，且无财产可抵缴税款或者无法定税收义务承担主体的

E. 被查对象税收违法行为超过法定追究期限的

【参考答案】BCD

99. 以下属于稽查方法的有（　　）。

A. 实地检查

B. 调取账簿资料

C. 询问

D. 查询存款账户或者储蓄存款

【参考答案】ABCD

【答案解析】参见《税务稽查工作规程》（国税发〔2009〕157 号）第二十三条规定。

100. 检查采集证据违法的有（　　）。

A. 偷拍　　B. 窃听

C. 利诱　　D. 复印

【参考答案】ABC

【答案解析】参见《税务稽查工作规程》（国税发〔2009〕157 号）第二十四条规定。

101. 据《税收征收管理法》等法律法规的规定，稽查局在实施税务稽查时具备的权力有（　　）。

A. 限制人身自由权　　B. 场地检查权

C. 责成提供资料权　　D. 查账权

【参考答案】BCD

【答案解析】税务机关没有权力限制人身自由，选项 B、C、D 正确。

102. 以下关于行政处罚的追诉时效说法正确的有（　　）。

A. 行政违法行为在两年内未被发现的，一般不再给予行政处罚

B. 税收违法行为在五年内未被发现的，一般不再给予行政处罚

C. 行政处罚法与《税收征收管理法》中关于行政处罚的追诉时效的规定属于特别法与一般法关系

D. 税务行政处罚的追诉时效是指税务机关追究当事人违法责任给予行政处罚的有效期限

【参考答案】ABCD

【答案解析】《行政处罚法》第二十九条规定："违法行为在 2 年内未被发现的，不再给予行政处罚。法律另有规定的除外。"这一规定说明，行政处罚追诉时效的基本规定是两年，其他法律可以作出特别规定。《税收征收管理法》第八十六条规定："违反税收法律、行政法规应当给予行政处罚的行为，在 5 年内未被发现的，不再给予行政处罚。"

103. 以下关于税收保全措施的期限说法正确的有（　　）。

A. 税务机关实施税收保全措施的期限一般不得超过 6 个月

B. 《行政强制法》规定，查封、扣押的期限不得超过 30 日，情况复杂的，经行政机关负责人批准，可以延长，但是延长期限不得超过 30 日，法律、行政法规另有规定的除外

C. 《行政强制法》规定，自冻结存款、汇款之日起 30 日内，行政机关应当作出处理决定或者一作出解除冻结决定，情况复杂的，经行政机关负责人批准，可以延长，但是延长期限不得超过 30 日

D. 税务机关冻结当事人的存款期限为 30 日，查封、扣押期限为 6 个月

【参考答案】ABCD

【答案解析】《税收征收管理法》规定，税务机关对从事生产经营的纳税人实施税收保全措施后，纳税人在限期期满后仍不缴纳税款的，税务机关可以采取相应的强制执行措施，同时，《税收征收管理法实施细则》第八十八条规定，税务机关实施税收保全措施的期限一般不得超过 6

个月。但《行政强制法》第二十五条、第三十二条规定，查封、扣押的期限不得超过30日，情况复杂的，经行政机关负责人批准，可以延长，但是延长期限不得超过30日，法律、行政法规另有规定的除外。自冻结存款、汇款之日起30日内，行政机关应当作出处理决定或者一作出解除冻结决定，情况复杂的，经行政机关负责人批准，可以延长，但是延长期限不得超过30日。法律另有规定的除外。从法律层面看，《税收征收管理法实施细则》属于行政法规，因此查封、扣押期限属于法律，行政法规另有规定，应遵从《税收征收管理法实施细则》6个月的期限规定。如果是冻结存款，根据《行政强制法》规定，必须是法律另有规定的除外，也就是说必须是《税收征收管理法》的明确规定才行。税务机关如冻结当事人的存款，就应当遵循《行政强制法》的规定，即30日的冻结期限。选项A、B、C、D都正确。

104. 以下关于强制执行前的催告程序说法正确的有（　　）。

A.《税收征收管理法》第四十条没有明确规定强制执行前的催告程序以及催告文书

B.《行政强制法》第三十五条规定，行政机关作出强制执行决定前，应当事先催告当事人履行义务

C. 催告应当以书面形式作出，并载明下列事项：履行义务的期限；履行义务的方式；涉及金钱给付的，应当有明确的金额和给付方式；当事人依法享有的陈述权和申辩权

D. 由于《税收征收管理法》未规定，所以强制执行前，税务机关不需要履行催告程序

【参考答案】ABC

【答案解析】《税收征收管理法》第四十条没有明确规定强制执行前的催告程序以及催告文书，实际工作中有的税务机关使用《责令限期缴纳通知书》，有的税务机关使用《税务事项通知书》；同时，使用的文书中催告的内容也不全面，文书中往往仅有通知复议权、诉讼权的内容，却没有当事人依法享有的陈述权和申辩权。《行政强制法》第三十五条规定，行政机关作出强制执行决定前，应当事先催告当事人履行义务。催告应当以书面形式作出，并载明下列事项：履行义务的期限；履行义务

的方式；涉及金钱给付的，应当有明确的金额和给付方式；当事人依法享有的陈述权和申辩权。根据前述的衔接原则，税务机关应当履行《行政强制法》规定的催告程序，用《纳税事项通知书》等相应文书告知当事人。选项 A、B、C 正确。

105. 位于市区的某自营出口生产企业（增值税一般纳税人），2018 年 8 月增值税应纳税额为 -300 万元，出口货物的“免抵退”税额为 500 万元；企业将其自行研发的一项专利技术转让给一家科技开发公司，获得转让收入 100 万元。下列各项中，表述正确的有（　　）。

A. 该企业应缴纳的增值税为 60 万元

B. 该企业应退增值税税额为 300 万元

C. 该企业应缴纳的城市维护建设税为 14 万元

D. 该企业应缴纳的教育费附加为 7.8 万元

E. 该企业应缴纳的城市维护建设税和教育费附加合计数为 20 万元

【参考答案】BCE

【答案解析】纳税人提供技术转让服务免征增值税，增值税应纳税额为 300万元，小于 500 万元的“免抵退”税额，应退税额为 300 万元，企业的免抵税额 = 500 - 300 = 200（万元）。计算城建税和教育费附加的基数仅为该企业的免抵税额

教育费附加 = 200 × 3% = 6（万元）

城建税 = 200 × 7% = 14（万元）

应缴纳的城市维护建设税和教育费附加合计 = 6 + 14 = 20（万元）

106. 下列关于现行增值税减免税政策的表述中，正确的有（　　）。

A. 对从事蔬菜批发、零售的纳税人销售的蔬菜，免征蔬菜流通环节增值税

B. 对供热企业向居民个人供热而取得的采暖费收入继续免征增值税

C. 对符合条件的节能服务公司实施合同能源管理项目，将项目中的增值税应税货物转让给用能企业，需要征收增值税

D. 对非营利性医疗机构的自产自用的制剂免征增值税

E. 个人销售自己使用过的物品免征增值税

【参考答案】ABDE

【答案解析】对符合条件的节能服务公司实施合同能源管理项目，将项目中的增值税应税货物转让给用能企业，暂免征收增值税。

107. 下列表述符合税法有关规定的有（　　）。

A. 小规模纳税人销售货物或提供应税劳务，可以申请由主管税务机关代开发票

B. 增值税小规模纳税人出口货物适用出口免税不退税政策

C. 出口企业既有适用增值税免抵退项目，也有即征即退、先征后退项目的，增值税即征即退和先征后退项目可参与出口项目免抵退税计算

D. 纳税人自税务机关受理纳税人放弃免税权声明的当月起 36 个月内不得申请免税

E. 纳税人采取还本销售方式销售货物的，不得从销售额中减除还本支出

【参考答案】ABE

【答案解析】出口企业既有适用增值税免抵退项目，也有即征即退、先征后退项目的，增值税即征即退和先征后退项目不参与出口项目免抵退税计算；纳税人自税务机关受理纳税人放弃免税权声明的次月起 36 个月内不得申请免税。

108. 在增值税专用发票认证时，不得作为增值税进项税额抵扣凭证、税务机关退还原件的情形有（　　）。

A. 无法认证

B. 纳税人识别号认证不符

C. 专用发票代码、号码认证不符

D. 密文有误

E. 列为失控专用发票

【参考答案】ABC

【答案解析】无法认证、纳税人识别号认证不符、专用发票代码、号码认证不符不得作为增值税进项税额抵扣凭证、税务机关退还原件。

109. 下列选项中，符合增值税纳税义务发生时间的有（　　）。

A. 采用预收款方式销售货物的，为收到货款的当天

B. 采取直接收款方式的，无论货物是否发出，均为收到销售款或取

得索取销售款凭据的当天

C. 销售应税劳务，为提供劳务同时收讫销售款或取得索取销售款的凭据的当天

D. 纳税人发生视同销售货物行为，为货物移送的当天

E. 采取赊销和分期收款方式销售货物，为实际收到货款的当天

【参考答案】ABCD

【答案解析】采取赊销和分期收款方式销售货物，为书面合同约定收款日期的当天。

110. 下列各项中，关于增值税纳税地点规定阐述正确的有（　　）。

A. 固定业户应当向其机构所在地主管税务机关申报纳税

B. 固定业户到外县（市）销售货物或提供应税劳务的，应向其主管税务机关申请开具外出经营活动税收管理证明

C. 进口货物应由进口人或代理人向报关地海关申报纳税

D. 总机构和分支机构不在同一县（市）的，一律应当分别向各自所在地主管税务机关申报纳税

E. 未开具证明的固定业户到外县（市）销售货物的，应当向其机构所在地主管税务机关申报纳税

【参考答案】ABC

【答案解析】机构和分支机构不在同一县（市）的，应当分别向各自所在地主管税务机关申报纳税，经国务院财政、税务主管部门或者其授权的财政、税务机关批准，可以由总机构汇总向总机构所在地主管税务机关申报纳税；未开具证明的固定业户到外县市销售货物或提供应税劳务的，应当向销售地或者劳务发生地主管税务机关申报纳税。

111. 下列项目所包含的进项税额，不得从销项税额中抵扣的有（　　）。

A. 生产过程中出现的报废产品

B. 生产免税药品耗用的外购材料

C. 生产企业用于经营管理的办公用品

D. 用于返修产品修理的易损零配件

E. 发放集体福利所用外购货物

【参考答案】BE

【答案解析】选项B，外购材料用于免征增值税项目，其进项税不可以抵扣；选项E，外购货物用于集体福利不得抵扣进项税。

112. 关于应税范围，以下说法错误的有（　　）。

A. 远洋运输的程租、期租业务，属于水路运输服务

B. 远洋运输的程租、光租业务，属于水路运输服务

C. 远洋运输的光租、航空运输的湿租业务，属于有形动产经营性租赁

D. 远洋运输的期租、航空运输的干租业务，属于有形动产经营性租赁

【参考答案】BCD

【答案解析】参见《关于在全国开展交通运输业和部分现代服务业营业税改征增值税试点税收政策的通知》（财税〔2013〕37号）。

113. 关于企业混合性投资业务企业所得税处理，下列表述正确的是（　　）。

A. 混合性投资业务兼具权益性投资和债权性投资双重特征

B. 符合条件的混合性投资，按股权性投资进行企业所得税处理

C. 符合条件的混合性投资，按债权投资进行企业所得税处理

D. 不符合规定条件的混合性投资，按股权性投资业务进行企业所得税处理

【参考答案】ACD

【答案解析】参见《国家税务总局关于企业混合性投资业务企业所得税处理问题的公告》。

114. 增值税一般纳税人取得的下列款项应当征收增值税的有（　　）。

A. 向购买方收取的手续费

B. 向购买方收取的补贴

C. 取得的中央财政补贴

D. 向购买方收取的延期付款利息

【参考答案】ABD

【答案解析】参见《中华人民共和国增值税暂行条例实施细则》《关于中央财政补贴增值税有关问题的公告》（国家税务总局公告2013年第3号）。

115. 关联企业之间发生了应调整计税收入额的关联交易，税务机关可选择的调整方法有（　　）。

A. 按照独立企业之间进行的相同或者类似业务活动的价格

B. 按照再销售给无关联关系的第三者的价格所应取得的收入和利润水平

C. 按照成本加合理的费用和利润

D. 按照其他合理的方法

【参考答案】ABCD

【答案解析】参见《特别纳税调整实施办法（试行）》规定。

116. 增值税一般纳税人的进项税额不得从销项税额中抵扣的有（　　）。

A. 外购办公用品

B. 用于生产低于进项税税率的产品的原料

C. 购进货物在运输途中发生被盗的损失

D. 因仓库进水造成库存材料的霉烂变质损失

【参考答案】CD

【答案解析】参见《增值税暂行条例》及《增值税暂行条例实施细则》中进项转出相关规定。

117. 依据出口退（免）税政策，一般情况下，应按“免、抵、退”方法计算退税的有（　　）。

A. 生产企业自营出口货物

B. 生产企业委托出口货物

C. 生产性外商投资企业自营出口货物

D. 外贸企业出口收购的货物

【参考答案】ABC

【答案解析】参见《财政部　国家税务总局关于进一步推进出口货物实行免抵退税办法的通知》（财税〔2002〕7号）。

118. 依据消费税的现行规定，下列关于卷烟消费税适用税率的说法中，正确的有（　　）。

A. 残次品卷烟一律按照卷烟最高税率征税

B. 自产自用卷烟一律按照卷烟最高税率征税

C. 白包卷烟不分征税类别一律按照 56% 卷烟税率征税

D. 进口卷烟不分征税类别一律按照 56% 卷烟税率征税

E. 卷烟由于改变包装等原因提高销售价格，应按照新的销售价格确定征税类别和适用税率

【参考答案】CE

【答案解析】选项 A，残次品卷烟应当按照同牌号规格正品卷烟的征税类别确定适用税率。选项 B，纳税人自产自用的卷烟应当按照纳税人生产的同牌号规格的卷烟销售价格确定征税类别和适用税率；没有同牌号规格卷烟销售价格的，一律按照卷烟最高税率征税。选项 D，进口卷烟适用的消费税税率根据进口卷烟每标准条的价格确定，有 36% 和 56% 两种情况。

119. 某酒厂 2018 年 4 月用 10 吨特制粮食白酒与供货方换取原材料。合同规定，该特制粮食白酒按平均售价计价，供货方提供的原材料价款 40 万元，供货方开具了税款为 6.8 万元的增值税专用发票，酒厂开具了税款为 7.48 万元的增值税专用发票，差价款双方以现金结算。特制粮食白酒平均售价 22 元/斤，最高售价 25 元/斤。下列关于酒厂的业务计算正确的有（　　）。

A. 酒厂应按特制粮食白酒平均售价计算消费税

B. 本期应缴纳消费税为 11 万元

C. 本期计算消费税时，从价采用最高价 25 元/斤

D. 本期应该缴纳增值税为 0.68 万元

E. 用自产粮食白酒换取原材料属于视同销售

【参考答案】BCD

【答案解析】用应税消费品换取生产资料和消费资料，应按最高售价计算消费税；用粮食白酒换取原材料是特殊的销售方式，不能视同销售。

应纳消费税 $=10\times2\ 000\times0.5\div10\ 000+10\times2\ 000\times25\times20\%\div10\ 000$

=11（万元）

应纳增值税 =7.48 -6.8 =0.68（万元）

120. 根据消费税现行政策的有关规定，下列说法正确的有（　　）。

A. 纳税人通过自设非独立核算门市部销售的自产应税消费品，应当按照门市部对外销售额或者销售数量计算征收消费税

B. 已核定最低计税价格的白酒，生产企业实际销售价格高于消费税最低计税价格的，按最低计税价格申报纳税

C. 对于每标准条卷烟调拨价格在70元以上的（含70元），卷烟从价消费税税率为56%

D. 卷烟在批发环节按照复合税率计征消费税

E. 当期投入生产的原材料可抵扣的已纳消费税大于当期应纳消费税的不足抵扣的部分可结转下一期申报抵扣

【参考答案】ACDE

【答案解析】税法规定，已核定最低计税价格的白酒，生产企业实际销售价格高于消费税最低计税价格的，按实际销售价格申报纳税。

121. 甲企业2018年委托乙企业加工一批粮食白酒和一批黄酒，甲企业提供原材料，实际成本分别为7 000元和3 000元，支付加工费（不含税）分别为2 000元和1 000元，乙企业开具普通发票收取代垫粮食白酒材料款500元，乙企业无同类消费品价格，甲企业共收回粮食白酒1 000公斤，黄酒1 000公斤，则下列陈述正确的有（　　）。

A. 甲企业收回粮食白酒后直接销售（不高于受托方的计税价格出售）的，不再缴纳消费税

B. 甲企业实际负担的消费税为3 050元

C. 乙企业代收代缴的消费税为3 846.84元

D. 乙企业代收代缴的消费税为3 456.84元

E. 黄酒适用的单位税额为220元/吨

【参考答案】AC

【答案解析】1吨 =1 000公斤，黄酒适用单位税额为240元/吨。

乙企业应代收代缴消费税 =［7 000 +2 000 +500 ÷（1 +17%）+ 1 000 ×0.5 ×2］÷（1 -20%）×20% +1 000

$\times 0.5 \times 2 + 1\ 000 \div 1\ 000 \times 240$

$= 3\ 846.84$（元）

122. 下列各项收入中，不征收企业所得税的有（　　）。

A. 企业取得转让国库券的差价收入

B. 依法收取并纳入财政管理的政府性基金

C. 企业变卖固定资产获得的净收益

D. 企业资产货物用于市场推广

E. 企业取得的国债利息收入

【参考答案】BE

【答案解析】企业取得的国债利息收入属于免税收入，不征收企业所得税，但取得转让国库券的差价收入应征收企业所得税；企业资产用于市场推广，要视同销售，计算纳税；依法收取并纳入财政管理的行政事业性收费、政府性基金不征收企业所得税。

123. 下列纳税人不得适用核定征收企业所得税的有（　　）。

A. 农村信用社　　B. 律师事务所

C. 证券公司　　D. 化工制造企业

E. 汇总纳税企业

【参考答案】ABCE

【答案解析】不得采用核定征收企业所得税的"特殊行业、特殊类型纳税人和一定规模以上的纳税人"包括：

（1）享受《企业所得税法》及其实施条例和国务院规定的一项或几项企业所得税优惠政策的企业（不包括仅享受《企业所得税法》第二十六条规定免税收入优惠政策的企业）；

（2）汇总纳税企业；

（3）上市公司；

（4）银行、信用社、小额贷款公司、保险公司、证券公司、期货公司、信托投资公司、金融资产管理公司、融租赁公司、担保公司、财务公司、典当公司等金融企业；

（5）会计、审计、资产评估、税务、房地产估价、土地估价、工程造价、律师、价格鉴证、公证机构、基层法律服务机构、专利代理、商标代理以及其他经济鉴证类社会中介机构。

124. 某居民企业为提升厂房功能和扩大厂房面积对自有厂房进行改建，该厂房购置成本2 400万元，已经使用4年，已提折旧380万元（符合税法规定）。改造过程中领用自产产品一批，该批产品成本220万元，不含税销售价格360万元，改建工程发生人工费用等200万元，改建后该厂房使用寿命延长10年。下列表述中，正确的有（　　）。

A. 改造费用应作为长期待摊费用，按照固定资产尚可使用年限分期摊销

B. 改造后固定资产的计税基础为2 501.2万元

C. 改造中领用自产产品应视同销售，缴纳增值税和企业所得税

D. 改建支出应并入固定资产计税基础，并从改建完工投入使用后的次月起，重新按税法规定的该固定资产折旧年限计提折旧

E. 如该改建后的固定资产尚可使用年限低于税法规定的最低年限，可按尚可使用的年限计提折旧

【参考答案】BDE

【答案解析】选项A，已足额提取折旧的固定资产的改建支出，应作为长期待摊费用，按照固定资产尚可使用年限分期摊销；如果尚未足额提取折旧，以改建过程中发生的改建支出增加计税基础。选项B，改建后的固定资产的计税基础 $=2\ 400-380+220+360\times17\%+200=2\ 501.2$（万元）。选项C，改建过程中领用的自产产品，增值税视同销售，但是企业所得税属于企业内部处置资产，不缴纳企业所得税。

125. 下列关于企业所得税涉税处理的表述，不符合规定的有（　　）。

A. 企业政策性搬迁被征用的资产，采取资产置换的，其换入资产的计税成本按被征用资产的净值，加上换入资产所支付的税费（涉及补价，还应加上补价）计算确定

B. 企业政策性搬迁购置的各类资产，应剔除该搬迁补偿收入后，作为该资产的计税基础，并按规定计算折旧或者费用摊销

C. 企业在计算股权转让所得时，不得扣除被投资企业未分配利润等固定留存收益中按该项股权所可能分配的金额

D. 被投资企业将股权（票）溢价所形成资本公积转为股本的，应作为投资方企业的股息、红利收入

E. 居民企业来源于境外的股息、红利所得，应按被投资方支付的利润的日期确定收入的实现

【参考答案】DE

【答案解析】选项 D，被投资企业将股权（票）溢价所形成资本公积转为股本的，不作为投资方企业的股息、红利收入；选项 E，股息、红利等权益性投资收益，除另有规定外，应以被投资企业股东会或股东大会作出利润分配或转股决定的日期确认收入的实现。

126. 下列符合软件企业所得税优惠政策规定的有（　　）。

A. 软件企业所得税优惠政策适用于经认定并实行核定征收方式的软件企业

B. 软件企业享受定期减免税优惠的期限应当连续计算，不得因中间发生亏损或其他原因而间断

C. 软件企业的获利年度，是指软件企业开始生产经营后，第一个应纳税所得额大于零的纳税年度，包括对企业所得税实行核定征收方式的纳税年度

D. 软件企业的收入总额，是指《企业所得税法》第六条规定的收入总额

E. 软件企业享受定期减免税优惠的期限应当连续计算，但因中间发生亏损或其他原因可以间断

【参考答案】BCD

【答案解析】软件企业所得税优惠政策适用于经认定并实行查账征收方式的软件企业；软件企业享受定期减免税优惠的期限应当连续计算，不得因中间发生亏损或其他原因而间断。

127. 下列捐赠中，不属于向公益事业的捐赠支出的有（　　）。

A. 为救济贫困个人的捐赠活动

B. 事业单位的捐赠住房

C. 对社会公共设施建设的捐赠

D. 对教育事业的捐赠

E. 为促进社会发展和进步的其他社会公共和福利事业的捐赠

【参考答案】ACDE

【答案解析】企事业单位、社会团体以及其他组织捐赠住房作为廉租住房的，视同公益性捐赠。

128. 根据《企业所得税法》的规定，下列固定资产可以计提折旧在税前扣除的有（　　）。

A. 未投入使用的房屋

B. 以经营租赁方式租出的生产线

C. 以融资租赁方式租入的机床

D. 与经营活动无关的小汽车

E. 已足额提取折旧但仍继续使用的旧设备

【参考答案】ABC

【答案解析】选项A，房屋、建筑物以外未投入使用的固定资产不得计算折旧扣除；选项D、E，属于税法规定不得计提折旧税前扣除的项目。

129. 在建工程停建和报废发生的损失，在企业所得税前扣除时，需要提供的证据有（　　）。

A. 国家明令停建项目的文件

B. 工程项目实际投资额的确定依据

C. 企业当期建设资金不足的银行证明

D. 有关政府部门出具的工程停建、拆除文件

E. 企业出具的鉴定意见和原因说明及核批文件

【参考答案】ABDE

【答案解析】在建工程停建、废弃和报废、拆除损失，其账面价值扣除残值后的余额部分，依据下列证据认定损失：（1）国家明令停建项目的文件；（2）有关政府部门出具的工程停建、拆除文件；（3）企业对报废、废弃的在建工程项目出具的鉴定意见和原因说明及核批文件，单项数额较大的在建工程项目报废，应当有专业技术鉴定部门的鉴定报告；（4）工程项目实际投资额的确定依据。

130. 根据营业税改征增值税的有关规定，下列各项中，属于增值电

信服务的有（　　）。

A. 利用固网、移动网、卫星、互联网，提供语音通话服务

B. 出租带宽、波长

C. 出售带宽、波长

D. 利用固网、移动网、卫星、互联网、有线电视网络，提供短信和彩信服务

E. 卫星电视信号落地转接服务

【参考答案】DE

【答案解析】对于选项 A、B、C，基础电信服务，是指利用固网、移动网、卫星、互联网，提供语音通话服务的业务活动，以及出租或者出售带宽、波长等网络元素的业务活动。对于选项 D、E：增值电信服务，是指利用固网、移动网、卫星、互联网、有线电视网络，提供短信和彩信服务、电子数据和信息的传输及应用服务、互联网接入服务等业务活动。卫星电视信号落地转接服务，按照增值电信服务计算缴纳增值税。

131. 根据增值税的有关规定，下列关于蔬菜流通环节增值税的说法，正确的有（　　）。

A. 超市销售蔬菜罐头免征增值税

B. 从事蔬菜批发、零售的纳税人销售的蔬菜免征增值税

C. 对从事蔬菜批发、零售的纳税人销售的经冷冻的蔬菜不得免征增值税

D. 纳税人既销售蔬菜又销售其他增值税应税货物的，应分别核算蔬菜和其他增值税应税货物的销售额；未分别核算的，一律免征增值税

E. 纳税人既销售蔬菜又销售其他增值税应税货物的，应分别核算蔬菜和其他增值税应税货物的销售额；未分别核算的，不得享受蔬菜增值税免税政策

【参考答案】BE

【答案解析】对从事蔬菜批发、零售的纳税人销售的蔬菜免征增值税，各种蔬菜罐头不属于所述蔬菜的范围；经挑选、清洗、切分、晾晒、包装、脱水、冷藏、冷冻等工序加工的蔬菜，属于所述蔬菜的范围。各种蔬菜罐头不属于所述蔬菜的范围。纳税人既销售蔬菜又销售其他增值

税应税货物的，应分别核算蔬菜和其他增值税应税货物的销售额；未分别核算的，不得享受蔬菜增值税免税政策。

132. 根据增值税的有关规定，下列关于增值税纳税人放弃免税权的处理，说法正确的有（　　）。

A. 生产和销售免征增值税货物或劳务的纳税人要求放弃免税权，应当以书面形式提交放弃免税权声明，报主管税务机关审批

B. 纳税人自提交备案资料的当月起，按照现行有关规定计算缴纳增值税

C. 纳税人一经放弃免税权，其生产销售的全部增值税应税货物或劳务均应按照适用税率征税，不得选择某一免税项目放弃免税权，也不得根据不同的销售对象选择部分货物或劳务放弃免税权

D. 纳税人销售货物或者应税劳务适用免税规定的，可以放弃免税，依照条例的规定缴纳增值税。放弃免税后，48 个月内不得再申请免税

E. 纳税人在免税期内购进用于免税项目的货物或者应税劳务所取得的增值税扣税凭证，一律不得抵扣

【参考答案】CE

【答案解析】对于选项 A，生产和销售免征增值税货物或劳务的纳税人要求放弃免税权，应当以书面形式提交放弃免税权声明，报主管税务机关“备案”；对于选项 B，纳税人自提交备案资料的“次月”起，按照现行有关规定计算缴纳增值税；对于选项 D，纳税人销售货物或者应税劳务适用免税规定的，可以放弃免税，依照条例的规定缴纳增值税。放弃免税后，36 个月内不得再申请免税。

133. 位于市区的甲生产企业是增值税一般纳税人（具有进出口经营权），出口货物的征税率为 17%，退税率为 13%。2018 年 7 月购进原材料，取得的增值税专用发票（已通过认证）上注明增值税税额 68 万元；当月进料加工保税进口料件的组成计税价格是 150 万元；本月内销货物取得含税销售收入 234 万元；本月出口货物离岸价折合人民币 300 万元。假设该企业采取实耗法核算当期进料加工保税进口料件的组成计税价格，计划分配率为 75%，6 月末无留抵税额。8 月内销产品，取得不含税销售收入 200 万元，购进生产用原材料，取得增值税专用发票上注明的增值税

税额1.7万元。则下列关于甲企业7月和8月增值税的相关税务处理，正确的有（　　）。

A. 甲生产企业7月应退增值税为9.75万元，免抵税额为0

B. 甲生产企业7月应退增值税为31万元，免抵税额为21.25万元

C. 甲生产企业7月应退增值税为21.25万元，免抵税额为9.75万元

D. 甲生产企业8月应缴纳增值税为11.05万元

E. 甲生产企业8月应缴纳增值税为32.3万元

【参考答案】AD

【答案解析】甲企业7月增值税的计算：

当月进料加工保税进口料件的组成计税价格 = 300 × 75% = 225（万元）

当期不得免征和抵扣税额 = (300 − 225) × (17% − 13%) = 3（万元）

当期应纳增值税税额 = 234 ÷ (1 + 17%) × 17% − (68 − 3) = −31（万元）

当期免抵退税额 = (300 − 225) × 13% = 9.75（万元）

当期应退甲企业增值税 = 9.75（万元）

免抵税额 = 9.75 − 9.75 = 0

期末留抵税额 = 31 − 9.75 = 21.25（万元）

甲企业8月应纳增值税 = 200 × 17% − 1.7 − 21.25 = 11.05（万元）

134. 以下关于混合销售行为的稽查说法正确的有（　　）。

A. 检查“主营业务收入”“其他业务收入”账户，核实被检查企业以增值税业务为主业的混合销售行为中非增值税应税项目是否一并申报缴纳了增值税，有无将一项混合销售业务分割成增值税项目和营业税项目分别核算分别纳税的情况

B. 审查有关成本、费用账户，核实被检查企业是否存在将收取的混合销售收入直接冲减成本、费用的情况

C. 对被检查企业销售自产货物、提供增值税劳务并同时提供建筑业劳务的，应重点审核被查企业是否分别核算货物的销售额和非增值税应税劳务的营业额

D. 如果企业未分别核算，稽查人员需要注意的是只能核定其货物的销售额

【参考答案】ABCD

【答案解析】检查“主营业务收入”“其他业务收入”账户，核实被检查企业以增值税业务为主业的混合销售行为中非增值税应税项目是否一并申报缴纳了增值税，有无将一项混合销售业务分割成增值税项目和营业税项目分别核算分别纳税的情况（销售自产货物同时提供建筑业劳务的除外）。审查有关成本、费用账户，核实被检查企业是否存在将收取的混合销售收入直接冲减成本、费用的情况。对被检查企业销售自产货物、提供增值税劳务并同时提供建筑业劳务的，应重点审核被查企业是否分别核算货物的销售额和非增值税应税劳务的营业额，并根据其销售货物的销售额计算缴纳增值税，非增值税应税劳务的营业额缴纳营业税；在此基础上还应审核建安预决算书和货物的销售价格是否异常，是否存在压低混合销售中增值税应税货物的销售价格，提高建筑业劳务价格，从而少缴税款的问题。如果企业未分别核算，稽查人员需要注意的是只能核定其货物的销售额。

135. 关于增值税纳税义务发生时间，稽查人员针对企业增值税纳税申报表申报情况，结合企业购销合同的具体约定，主要检查被查企业是否存在以下几个方面的问题（　　）。

A. 采用托收承付结算方式销售时，被检查企业为调减当期销售，延期办理托收手续或商品已发出不作销售收入处理

B. 被检查企业采用交款提货销售方式销售时，货款已收到，提货单和发票账单已交给买方，但买方尚未提货情况下，不作销售收入处理

C. 被检查企业采取赊销或分期收款方式销售货物时，未按合同约定的收款日期确认收入，而是按实际收到款项时间确认收入

D. 被检查企业采取预收货款方式销售货物，货物发出时未确认收入或者采用预收款方式销售生产工期超过 6 个月的大型机械设备、船舶、飞机等货物，实际收到预收款或者在书面合同约定的收款日期未确认收入等

【参考答案】ABC

【答案解析】被检查企业采取预收货款方式销售货物，货物发出时未确认收入或者采用预收款方式销售生产工期超过 12 个月的大型机械设备、船舶、飞机等货物，实际收到预收款或者在书面合同约定的收款日

期末确认收入等所以选项 D 错误。

136. 实际工作中，纳税人经常采取虚构退货的手段，人为冲减应税收入或以退货名义支付费用等问题，以达到少缴税款的目的。稽查人员在审查被检查企业销货退回冲减销售收入的业务是否真实时，主要从以下（　　）方面入手。

A. 票据的合法性检查

B. 业务的真实性检查

C. 企业货物流向和资金流向是否符合正常经营流程

D. 查阅是否有收取价外费用的约定或协议

【参考答案】ABC

【答案解析】选项 D 是对价外费用的稽查。

137. 固定资产的大修理支出，是指同时符合下列条件的支出（　　）。

A. 修理支出达到取得固定资产时的计税基础 30% 以上

B. 修理支出达到取得固定资产时的计税基础 50% 以上

C. 修理后固定资产的使用年限延长 2 年以上

D. 修理后固定资产的使用年限延长 3 年以上

【参考答案】BC

【答案解析】参见《企业所得税法实施条例》第六十九条。

138. 账外经营从其偷税手段上看，具有很大的隐蔽性，主要采取以下（　　）分析方法。

A. 调查分析法

B. 投入产出分析法

C. 逻辑分析法

D. 异常情况分析法

【参考答案】ABCD

【答案解析】选项 A、B、C、D 都属于检查账外账的分析方法。

139. 按照税务稽查对象来源性质的不同，税务稽查可以分为以下几类（　　）。

A. 日常稽查　　　　B. 专项稽查

C. 风险稽查　　D. 专案稽查

【参考答案】ABD

【答案解析】按照税务稽查对象来源性质的不同，税务稽查可以分为日常稽查、专项稽查和专案稽查三类。选项 A、B、D 正确。

140. 税务稽查是税收征收管理体系中的有机组成部分，其必要性主要体现在以下（　　）方面。

A. 税务稽查是税收征收管理体系中的最后一道环节

B. 税务稽查可以堵塞税收征管漏洞，提高税收征管质量和效率

C. 税务稽查可以拉动整个社会的纳税遵从水平的提高

D. 税务稽查适用范围广

【参考答案】ABC

【答案解析】税务稽查是税收征收管理体系中的有机组成部分，其必要性主要体现在：税务稽查是税收征收管理体系中的最后一道环节；税务稽查可以堵塞税收征管漏洞，提高税收征管质量和效率；税务稽查可以拉动整个社会的纳税遵从水平的提高。

141. 税务稽查合法原则基本内涵是（　　）。

A. 主体合法　　B. 权限合法

C. 程序合法　　D. 依据合法

【参考答案】ABCD

【答案解析】税务稽查合法原则基本内涵是：主体合法、权限合法、程序合法、依据合法。

142. 以下适用于全查法的有（　　）。

A. 规模较小、经济业务较少的企业

B. 会计核算简单、核算对象比较单一的企业

C. 为了发现重大问题而进行的专案检查

D. 在整个检查过程中对某些（某类）特定项目、事项所进行的检查。

【参考答案】ABCD

【答案解析】全查法适用于规模较小、经济业务较少、会计核算简单、核算对象比较单一的企业，或者为了发现重大问题而进行的专案检

查，以及在整个检查过程中对某些（某类）特定项目、事项所进行的检查。全查法对于管理混乱、业务复杂的企业，以及税务稽查的重点项目、事项的检查十分适用，一般都能取得较好效果。

143. 常用的对比分析方法包括（　　）。

A. 比较分析法　　B. 控制计算法

C. 因素分析法和　　D. 相关分析法等

【参考答案】ABCD

【答案解析】常用的对比分析方法包括比较分析法、控制计算法、因素分析法和相关分析法等。

144. 稽查局在查处税收违法案件时实行的分工制约原则，是指分别实施（　　）。

A. 选案　　B. 检查

C. 归档　　D. 审理

E. 执行

【参考答案】ABDE

【答案解析】稽查局查处税收违法案件时，实行选案、检查、审理、执行分工制约原则。

145. 稽查人员在查账过程中常常运用比较分析方法，使用该方法应注意以下问题（　　）。

A. 比较分析之前，应对用于对比分析的被查项目的有关资料所涉及内容的正确性予以确认

B. 运用对比分析的各项目之间必须具有可比性

C. 比较内容是由比较目的确定的，这种目的是随机的

D. 比较分析的差异，只是一种抽象的、相对的检查结果，要在检查结论中予以采纳，还必须经过分析、验证和核实

E. 比较分析的差异结果，可以在检查结论中直接采纳

【参考答案】ABD

【答案解析】C 选项正确的描述应为“比较内容是由比较目的确定的，而且这种目的是预置的，不是随机的”。E 选项错误，差异结果不能直接采纳。

146. 以下关于明确执法过错行为责任的说法，正确的有（　　）。

A. 因承办人的个人原因造成执法过错的，承办人承担全部过错责任；承办人为两人或者两人以上的，根据过错责任大小分别承担主要责任、次要责任

B. 因承办人的个人原因造成执法过错的，承办人承担全部过错责任；承办人为两人或者两人以上的，平均承担责任

C. 承办人的过错行为经过批准的，由承办人和批准人共同承担责任，承办人承担主要责任，批准人承担次要责任

D. 承办人的过错行为经过审核后报经批准的，由批准人和审核人共同承担责任，承办人不承担责任

E. 执法过错行为由集体研究决定的，由主要领导承担主要责任，其他责任人承担次要责任

【参考答案】AE

【答案解析】C 选项中由承办人承担次要责任，批准人承担主要责任。D 选项正确的描述应为"承办人的过错行为经过审核后报经批准的，由批准人、审核人和承办人共同承担责任，审核人承担主要责任，批准人、承办人承担次要责任"。

147. 全查法是指对稽查对象在检查期内的所有涉及经济业务的信息资料，采取严密的审查程序，进行审核检查的一种方法，一般适用于（　　）。

A. 规模较小、经济业务较少、会计核算简单、核算对象比较单一的企业

B. 会计核算水平较高、内部控制较强、纳税态度较好的企业

C. 为了发现重大问题而进行的专案检查，以及在整个检查过程中对某些（某类）特定项目、事项所进行的检查

D. 对某些非重点项目的检查

E. 所有企业和所有项目的检查

【参考答案】AC

【答案解析】全查法适用于规模较小、经济业务较少、会计核算简单、核算对象比较单一的企业，或者为了发现重大问题而进行的专案检

查，以及在整个检查过程中对某些（某类）特定项目、事项所进行的检查。全查法对于管理混乱、业务复杂的企业，以及税务稽查的重点项目、事项的检查十分适用，一般能取得较好效果。

148. 执法过错责任人有下列情形之一的，应当从重或者加重责任（　　）。

A. 在集体研究中申明保留不同意见的

B. 同时具有两种以上过错行为的

C. 被责令限期改正而无正当理由逾期不改正的

D. 因不可抗力导致执法过错的

E. 五年内发生多起相同根据应当追究执法过错行为的

【参考答案】BC

【答案解析】A 和 D 选项中的行为人不承担责任，E 选项正确的描述应为“同一年度内发生多起相同根据应当追究执法过错行为的”。

149. 以下税务文书中，属于稽查局本局内部使用的文书有（　　）。

A. 税务稽查立案审批表

B.《税务稽查执行报告》

C.《税务稽查审理报告》

D.《询问通知书》

E.《责令限期改正通知书》

【参考答案】ABC

【答案解析】DE 属于稽查局对外使用的文书。

150. 以下税务文书中，装入税务稽查案卷中正卷的一般有（　　）。

A.《税务稽查报告》

B.《现场笔录》

C.《税务稽查结论》

D. 税务稽查审理审批表

E.《重大税务案件审理纪要》

【参考答案】BC

【答案解析】《关于印发〈税务稽查案卷管理暂行办法〉和〈税务稽查案卷电子文件管理参考规范〉的通知》（税总发〔2014〕127 号）第十

三条规定，正卷主要列入各类证据材料、税收执法文书正本以及可以对外公开的相关审批文书等证明定性处理处罚合法性、合理性的文件材料。副卷主要列入检举相关材料、案件讨论记录、法定秘密材料、结论性文书原稿、审批稿以及不宜对外公开的税务稽查报告、税务稽查审理报告等内部管理文书、对案件最终定性处理处罚不具有直接影响但反映税务稽查执法过程的文件材料。

151. 对《税务稽查报告》及有关资料，审理人员应当着重审核以下内容（　　）。

A. 被查对象是否准确

B. 税收违法事实是否清楚，证据是否充分，数据是否准确，资料是否齐

C. 适用法律、行政法规、规章及其他规范性文件是否适当定性是否正确

D. 是否符合法定程序

【答案解析】参见《税务稽查工作规程》第四十七条。

152. 审理税案视听资料应着重以下（　　）方面。

A. 审查税案视听资料形成的背景

B. 审查税案视听资料的收集过程

C. 审查税案视听资料的内容

D. 审查税案视听资料产生的直接后果

【参考答案】ABC

【答案解析】对于视听资料，要着看审查形成背景、收集过程，以确定视听资料的合法性，审查资料内容以确定其证明力。

153. 《不予税务行政处罚决定书》应当包括以下（　　）主要内容。

A. 不予税务行政处罚的理由及依据

B. 被查对象或者其他涉税当事人姓名或者名称及地址

C. 税收违法事实及所属期间

D. 申请行政复议或者提起行政诉讼的途径和期限

【参考答案】ABCD

【答案解析】参见《税务稽查工作规程》第四十二条。

154.《税务处理决定书》《税务行政处罚决定书》《不予税务行政处罚决定书》《税务稽查结论》引用的法律、行政法规、规章及其他规范性文件，应当注明（　　）。

A. 文件全称　　B. 文号

C. 有关条款　　D. 日期

【参考答案】ABC

【答案解析】参见《税务稽查工作规程》第五十五条。

155.《税务行政处罚事项告知书》应当包括以下内容（　　）。

A. 认定的税收违法事实和性质

B. 适用的法律、行政法规、规章及其他规范性文件

C. 拟作出的税务行政处罚

D. 申请行政复议或者提起行政诉讼的途径和期限

【参考答案】ABC

【答案解析】参见《税务稽查工作规程》第五十一条。

156. 税务稽查审理内容主要包括（　　）。

A. 违法事实是否清楚，证据是否充分，数据是否准确，资料是否齐全

B. 适用税收法律、法规、规章及其他规范性文件是否适当

C. 是否符合法定程序

D. 税务处理、处罚建议是否适当

【参考答案】ABCD

【答案解析】参见《税务稽查工作规程》（国税发〔2009〕157号）第四十七条。

157. 审理部门可以将《税务稽查报告》及有关资料退回检查部门补正或者补充调查的情况有（　　）。

A. 被查对象认定错误的

B. 税收违法事实不清、证据不足的

C. 税务文书不规范、不完整的

D. 税收违法事实清楚、证据充分，但适用法律、行政法规、规章及其他规范性文件错误

【参考答案】ABC

【答案解析】参见《税务稽查工作规程》（国税发〔2009〕157号）第四十八条。

158. 2019年1月1日至2021年12月31日，小规模纳税人发生增值税应税销售行为，（　　）免征增值税。

A. 合计月销售额9万元　　B. 合计季度销售额30万元

C. 按次征收销售额9万元　　D. 合计季度销售额29万元

【参考答案】ABD【答案解析】参见《国家税务总局关于小规模纳税人免征增值税政策有关征管问题的公告》第一条。

159. 税收违法行为涉嫌犯罪的，应当依法移送公安机关，需附送资料有（　　）。

A. 《涉嫌犯罪案件情况的调查报告》

B. 《税务处理决定书》《税务行政处罚决定书》的复印件

C. 涉嫌犯罪的主要证据材料复印件

D. 补缴应纳税款、缴纳滞纳金、已受行政处罚情况明细表及凭据复印件

【参考答案】ABC

【答案解析】参见《税务稽查工作规程》（国税发〔2009〕157号）第六十条。

160. 关于税务稽查案卷管理，下列叙述正确的是（　　）。

A. 在稽查各环节形成的各种资料应当统一送交审理部门，经审理部门整理，于结案后的30日内立案归档

B. 税务稽查案卷应当按照被查对象分别立卷，统一编号，做到一案一卷、目录清晰、资料齐全、分类规范、装订整齐

C. 骗税、抗税的案件，其案卷保管期为永久

D. 一般行政处罚的税收违法案件，案卷保管期限为30年

【参考答案】BCD

【答案解析】参见《稽查工作规程》第七十五条。

161. 税务稽查案卷分别立为正卷和副卷，以下说法正确的有（　　）。

A. 正卷主要列入各类证据材料、税务文书等可以对外公开的稽查材料

B. 副卷主要列入检举及奖励材料、案件讨论记录、法定秘密材料等不宜对外公开的稽查材料

C. 如无不宜公开的内容，可以不立副卷

D. 副卷作为密卷管理

【参考答案】ABCD

【答案解析】参见《税务稽查工作规程》（国税发〔2009〕157 号）第七十三条。

162. 税务机关人员需要查阅或者借阅税务稽查案卷的，应当经（　　）批准；税务机关以外人员需要查阅的，应当经（　　）批准。

A. 所属设区的市、自治州以上税务局局长

B. 稽查局局长

C. 所属税务局领导

D. 所属税务局局长

【参考答案】BC

【答案解析】参见《税务稽查工作规程》（国税发〔2009〕157 号）第七十六条。

163. 税务稽查案卷分别立为正卷和副卷，下列（　　）稽查材料应当归入正卷。

A. 各类证据材料　　B. 检举及奖励材料

C. 案件讨论记录　　D. 税务文书

【参考答案】AD

【答案解析】参见《税务稽查工作规程》（国税发〔2009〕157 号）第七十三条。

164. 账表不符是企业作假，通过资产负债表与利润表之间的勾稽关系便可以发现。企业为了增大费用支出金额直接在利润表中多计或虚列下列（　　）选项，会导致账表不符。

A. 管理费用　　B. 销售费用

C. 财务费用　　D. 纳税申报数据

【参考答案】ABC

165. 近年来，各地税务机关陆续推出税务行政处罚自由裁量基准，规范税务行政处罚裁量行为。这一做法体现的依法行政要求包括（　　）。

A. 合法行政　　B. 合理行政

C. 权责统一　　D. 诚实守信

【参考答案】AB

166. 下列行政复议事项中，按照自愿、合法的原则，申请人和被申请人在行政复议机关做出行政复议决定以前可以达成和解，行政复议机关也可以调解的是（　　）。

A. 行使自由裁量权做出的具体行政行为

B. 行政赔偿

C. 行政奖励

D. 补缴税款

【参考答案】ABC

167. 制造企业下列行为中很可能存在“隐匿收入问题”的有（　　）。

A. 销货业务重复入账

B. 未曾发货却已登记入账

C. 向虚构客户发货并登记入账

D. 企业存在明显账外资金循环痕迹

E. 发运单总金额多于账面销售收入总额

【参考答案】DE

168. 在税务稽查过程中，运用盘存法应当注意的事项包括（　　）。

A. 盘点时必须提前通知企业相关人员，以便顺利实施盘点工作

B. 盘点的重点不仅是实物，还要监督人，并分析盘点过程

C. 盘点中要充分关注库存实物以外的其他物品

D. 不能只清点实物数量，还应注意实物的所有权、质量等

【参考答案】BCD

169. 下列案件中，需要做出《不予行政处罚决定书》的有（　　）。

A. 纳税人存在偷税行为但已超过行政处罚期限的

B. 纳税人不存在税收违法行为的

C. 纳税人存在税收违法行为且须移送公安机关追究刑事责任的

D. 违法行为轻微并及时纠正，没有造成危害后果的

【参考答案】AD

170. 税务稽查案件审理活动中，审理人员的下列做法正确的有（　　）。

A. 要求检查人员补充调查企业资金往来情况

B. 当事人提出口头陈述、申辩意见时，告诉当事人应当提供书面陈述申辩意见

C. 根据企业申请，依法组织听证

D. 经稽查局主管领导批准，延长审理期限

【参考答案】AC

171. 2013 年 1 月，我国香港地区的 A 公司（非居民企业）以 2 000 万美元投资成立了上海 M 公司，假设当时的汇率为 1∶7，折算为人民币 14 000 万元；2014 年 2 月，M 公司以“资本公积——资本溢价”400 万元人民币转增注册资本，假设当时的汇率为 1∶7；2016 年 1 月，A 公司以 18 000 万元人民币价格，将 M 公司 100% 股权转让给美国 B 公司，假设交易当日汇率为 1∶6。M 公司分红享受 5% 优惠税率，股权转让预提所得税率为 10%。下列选项中错误的有（　　）。

A. 该项交易的转让方和受让方均为非居民企业，属于来源于境外的所得

B. M 公司以“资本公积——资本溢价”转增资本的行为，应视同分红扣缴预提所得税 40 万元人民币

C. 我国香港地区的 A 公司将 M 公司转让给美国 B 公司的行为，应缴纳企业所得税 600 万元人民币

D. M 公司是该项股权转让所得的纳税人

【参考答案】ABD

172. 下列关于企业所得税扣除项目的说法中错误的有（　　）。

A. 非公有制企业党组织活动经费在职工工资薪金总额 1% 以内的，

允许据实扣除

B. 房地产开发企业单独作为过渡性成本对象核算的公共配套设施开发成本，应按占地面积法进行分配

C. 高新技术企业的职工教育经费，允许据实扣除

D. 服装制造企业的广告费支出允许在销售收入的30%以内据实扣除

【参考答案】BCD

173. 根据现行政策，下列关于股权激励个人所得税的表述错误的有（　　）。

A. 对非居民企业授予本公司员工的股票期权，符合规定条件的，经向主管税务机关备案，可实行递延纳税政策

B. 在纳税年度内两次以上取得股票期权所得的，应分别计算扣缴个人所得税

C. 上市公司（包括全国中小企业股份转让系统挂牌公司）授予个人的股票期权，符合条件的，经向主管税务机关备案，个人可自股票期权行权之日起，在不超过12个月的期限内缴纳个人所得税

D. 取得股票期权后在行权日之前将股票期权转让的，应以股票期权的转让净收入作为工资薪金所得计算扣缴个人所得税

【参考答案】ABC

174. 下列各项中，一般纳税人可以作为进项税额从销项税额中抵扣的有（　　）。

A. 从小规模纳税人处购买材料（非农产品）取得增值税普通发票

B. 从销售方取得的税控机动车销售统一发票上注明的增值税额

C. 按照农产品收购发票上注明的买价和13%的扣除率计算的金额

D. 从海关取得的海关进口增值税专用缴款书上注明的增值税额

【参考答案】BCD

175. 下列项目中，应通过“营业外收入”科目核算的有（　　）。

A. 债务重组利得

B. 出售原材料的收入

C. 无法偿付的应付款项

D. 出售无形资产净收益

【参考答案】ACD

176. 依据《行政强制法》和《税收征收管理法》的规定，下列关于行政强制的表述，正确的有（　　）。

A. 税务机关实施税收保全措施所发生的保管费用应由税务机关承担

B. 税务机关实施税收保全措施的期限一般不得超过 6 个月

C. 稽查局派出一名稽查人员前去金融机构实施冻结存款的行政强制措施

D. 行政强制措施只能由法律、法规来设定

【参考答案】ABD

177. 根据《国家赔偿法》规定，下列情形中税务机关应承担赔偿责任的有（　　）。

A. 税务机关工作人员的行为与行使职权无关的个人行为给纳税人造成的损失

B. 税务机关工作人员因过失违法行使职权的行为给纳税人造成的损失

C. 税务机关未及时解除税收保全措施给纳税人造成的损失

D. 某税务干部向纳税人私自借款 5 万元，到期不还给纳税人造成的损失

【参考答案】BC

178. 小规模纳税人月销售额在免税范围内，当期因开具增值税专用发票已经缴纳的税款，在增值税专用发票（　　）追回或者按规定（　　）专用发票后，可以向主管税务机关申请退还。

A. 抵扣联　　B. 全部联次

C. 开具红字　　D. 作废

【参考答案】BC

【答案解析】参见《国家税务总局关于小规模纳税人免征增值税政策有关征管问题的公告》第八条。

179. 稽查人员在检查实施过程中，经查证确认购货方在真实交易中取得的专用发票，属于善意取得，则稽查人员的下列处理符合现行税收政策规定的有（　　）。

A. 对购货方不以偷税论处，并依法准予抵扣进项税款

B. 对购货方不以偷税论处，但应按有关规定不予抵扣进项税款

C. 购货方不能够重新从销售方取得合法、有效专用发票的，以偷税论处

D. 购货方能够重新从销售方取得合法、有效专用发票的，可以准予抵扣进项税款

【参考答案】BD

180. 下列关于增值税进项抵扣的表述中，符合营改增政策规定的有（　　）。

A. 购进的居民日常服务和娱乐服务，只要取得增值税专用发票可以抵扣进项税额

B. 一般纳税人支付的高速公路通行费可抵扣进项税额 = 高速公路通行费发票上注明的金额 ÷（1 +3%）×3%

C. 非正常损失的不动产在建工程所耗用的购进货物、设计服务和建筑服务，应转出进项税额

D. 不得抵扣且未抵扣进项税额的固定资产、不动产，发生用途改变，用于允许抵扣进项税额的应税项目，可在用途改变的次月计算可以抵扣的进项税额

【参考答案】BCD

181. 根据出口退税政策规定，下列一般纳税人按照“免、抵、退”方法计算退税的有（　　）。

A. 生产企业自营出口自产货物

B. 生产企业委托出口自产货物

C. 生产企业对外提供加工修理修配劳务

D. 外贸企业出口收购货物

【参考答案】ABC

182. 下列关于资产损失税前扣除的所得税处理的表述，正确的有（　　）。

A. 企业发生的资产损失，应按规定的程序和要求向主管税务机关申报后方能在税前扣除，未经申报的损失，不得在税前扣除

B. 企业因存货毁损、报废、被盗等原因不得从增值税销项税额中抵扣的进项税额，可以与存货损失一起在计算应纳税所得额时扣除

C. 企业在计算应纳税所得额时已经扣除的资产损失，在以后纳税年度全部或者部分收回时，其收回部分应调增资产损失发生年度的应纳税所得额

D. 企业境外营业机构由于发生资产损失而产生的亏损，不得在计算境内应纳税所得额时扣除

【参考答案】ABD

183. 下列各项股权投资税务处理的表述，符合现行企业所得税政策规定的有（　　）。

A. 对外进行股权投资所发生的损失，在经确认的损失发生年度，作为企业损失在计算应纳税所得额时一次性扣除

B. 企业对外投资期间，投资资产的成本在计算应纳税所得额时可以扣除

C. 被投资企业以资本公积转增股本，投资企业取得的股票，不确认为股息红利所得

D. 企业取得境外的股权投资收益，作为免税收入在计算应纳税所得额时从收入总额中扣除

【参考答案】AC

184. 审理部门应当整理税务稽查案卷归档保管的情形有（　　）。

A. 《税务处理决定书》《税务稽查结论》执行完毕

B. 《税务行政处罚决定书》《不予行政处罚决定书》执行完毕

C. 依照《税务稽查工作规程》第四十五条进行终结检查

D. 或者依照《税务稽查工作流程》第七十一条终结执行的

【参考答案】ABCD

【答案解析】参见《税务稽查工作规程》（国税发〔2009〕157 号）第七十二条。

185. 《税务稽查报告》有下列（　　）情形之一的，审理人员可以直接予以纠正并制作《审理报告》，提出处理意见。

A. 数据计算错误　　　　B. 取证手续不全

C. 处理意见不当　　D. 适用法律、法规错误

【参考答案】ACD

【答案解析】参见《税务稽查工作规程》（国税发〔2009〕157 号）第四十九条。

186. 人民法院审理税务行政案件，以（　　）为依据。

A. 法律　　B. 行政法规

C. 地方性法规　　D. 规章

【参考答案】A、B、C

【答案解析】根据《行政诉讼法》第五十二条，答案 D 不符合题意，应选 A、B、C。

187. 对因（　　）引起的争议，当事人可以先申请行政复议，对复议决定不服的，再提起行政诉讼，也可以直接向人民法院提起税务行政诉讼。

A. 税务行政处罚　　B. 税收保全措施

C. 滞纳金　　D. 税收强制执行措施

【参考答案】ABD

【答案解析】根据《税务行政复议规则》第三十三条，对因加收滞纳金引起的争议，当事人必须先申请行政复议，对复议决定不服的，再提起行政诉讼。答案 C 不符合题意，应选 A、B、D。

188. 当事人有下列（　　）情形之一的，应当依法从轻或者减轻行政处罚。

A. 主动消除或者减轻违法行为危害后果的

B. 受他人胁迫有违法行为的

C. 配合行政机关查处违法行为有立功表现的

D. 其他依法从轻或者减轻行政处罚的

【参考答案】ABCD

【答案解析】参见《行政处罚法》第二十七条的规定。

189.（　　）属于听证程序中的法定事项。

A. 听证告知

B. 相对人收到听证告知后 3 日内提出申请

C. 举行听证会7日前通知当事人参加听证

D. 制作听证笔录

【参考答案】ABCD

【答案解析】参见《行政处罚法》第四十二条。

190. 有下列情形之一的，审理部门可以将《税务稽查报告》及有关资料退回检查部门补正或者补充调查（　　）。

A. 被查对象认定错误的

B. 税收违法事实不清、证据不足的

C. 不符合法定程序的

D. 税务文书不规范、不完整的

【参考答案】ABCD

【答案解析】参见《稽查工作规程》第四十八条。

191. 下列时间不计算审理时限内的有（　　）。

A. 检查人员补充调查的时间

B. 审理人员出差时间

C. 向上级机关请示或者向相关部门征询政策问题的时间

D. 审理人员病假时间

【参考答案】AC

【答案解析】参见《稽查工作规程》第五条。

192. 以下税务文书中，属于审理人员制作的有（　　）。

A.《税务处理决定书》

B.《税务稽查审理报告》

C.《税务稽查报告》

D.《税务执行报告》

E.《不予税务行政处罚决定书》

【参考答案】ABE

【答案解析】选项C由检查人员制作；选项D由执行人员制作。

193.《税务行政处罚决定书》应当包括以下内容（　　）。

A. 税款滞纳时间、滞纳金计算方法、缴纳期限及地点

B. 拟作出的税务行政处罚

C. 行政处罚履行方式、期限和地点

D. 申请行政复议或者提起行政诉讼的途径和期限

E. 税收违法事实及所属期间

【参考答案】CDE

【答案解析】选项 A 是税务处理决定书的内容；选项 B 是行政处罚事项告知书的内容。

194. 以下关于“检查纳税人电子信息系统审批表”的说法，正确的有（　　）。

A. 该表由税务局局长审批

B. 该表由稽查局局长审批

C. 在提取企业电子资料原件时，该表与“提取证据专用收据”一并入卷归档

D. 在提取企业电子资料原件时，该表与“调取账簿资料清单”一并入卷归档

E. 在提取企业电子资料原件时，该表与“发票换票证”一并入卷归档

【参考答案】BC

【答案解析】该表由稽查局局长审批，提取电子资料原件时，与“提取证据专用收据”一并入卷归档。

195. 稽查局在采取下列税务执法行为时，必须经县以上税务局（分局）局长批准或设区的市、自治州以上税务局局长批准，并制作“税务行政执法审批表”（　　）。

A. 调取被查企业当年账簿资料

B. 调取被查企业以前年度账簿资料

C. 对被查企业法定代表人进行询问

D. 实施税务检查

E. 税收强制执行措施

【参考答案】ABE

【答案解析】“税务行政执法审批表”中的“税务执法行为”是指拟采取的具体税务执法行为，如调取账簿、检查存款账户、税收保全措施、

税收强制执行措施等需要由税务局局长审批的执法行为。

196. 以下文书中，属于面向协助检查对象使用的有（　　）。

A. 《税务检查通知书（一）》

B. 《税务检查通知书（二）》

C. 《检查存款账户许可证明》

D. 《解除冻结存款通知书》

E. 《税收违法案件交办函》

【参考答案】BCD

【答案解析】选项 A 是面对检查对象使用的文书；选项 E 是稽查局与其他税务机关之间使用的文书。

197. 以下关于税务文书送达的说法，正确的有（　　）。

A. 直接送达税务文书的，以签收人在送达回证上注明的收件日期为送达日期

B. 采取公告送达的，自公告之日起满 15 日，即视为送达

C. 同一送达事项的受送达人众多时可以采取委托送达

D. 《送达回证》“见证人签名或盖章”栏，受送达人拒收时，邀请有关基层组织或其所在单位的代表作为见证人到场，由见证人在此栏签名或盖章，税务人员不能担任见证人

E. 《送达回证》一式两份，一份留给被送达人，一份随同送达的税务文书装入卷宗

【参考答案】AD

【答案解析】B 选项应为公告之日起满 30 日即为送达；C 选项送达人众多时可以采取公告送达；E 选项《送达回证》一式一份，随同送达的税务文书装入卷宗。

198. 税务机关向公安机关移送涉嫌犯罪的税收违法案件时，应当附送以下（　　）资料。

A. 《税务稽查报告》复印件

B. 《税务稽查审理报告》复印件

C. 《税务处理决定书》复印件

D. 《税务行政处罚决定书》复印件

E.《税收违法案件集体审理纪要》复印件

【参考答案】CD

【答案解析】《税务稽查报告》《税务稽查审理报告》《税收违法案件集体审理纪要》等税务机关内部研究相关材料不得移送。

199. 下面关于审理流程文书的说法，正确的有（　　）。

A.《税务处理决定书》《税务行政处罚决定书》《不予行政处罚决定书》及《税务稽查结论》都属于审理流程的文书

B. 应当先制作“税务稽查审理审批表”，再制作《税务稽查审理报告》

C. 应当先制作《税收违法案件集体审理纪要》，再制作《税务稽查审理报告》

D.《税务行政处罚听证通知书》应在举行听证的7日前送达当事人

E. 在《税务行政事项告知书》中，应当告知符合听证条件的当事人，可自收到本通知书之日起3日内向本局书面提出听证申请；逾期不提出，视为放弃听证权利

【参考答案】ADE

【答案解析】应先制作《税务稽查审理报告》，再制作《税务稽查审理审批表》，需要集体审理的，再制作《税收违法案件集体审理纪要》。

200. 2018年12月31日，由于A企业信用状况恶化，甲银行打算不再持有某项投资至到期，决定将其重分类为可供出售金融资产，并在2019年出售。此时，已知该项投资的摊余成本为1 040 849元，公允价值为1 055 000元。下列账务处理不正确的是（　　）。

A. 借：可供出售金融资产　　1 055 000
　　贷：持有至到期投资　　1 040 849
　　　　资本公积　　14 151

B. 借：可供出售金融资产　　1 055 000
　　贷：持有至到期投资　　1 040 849
　　　　投资收益　　14 151

C. 借：可供出售金融资产　　1 055 000
　　贷：持有至到期投资　　1 040 849

其他业务收入 14 151

D. 借：可供出售金融资产 1 055 000

贷：持有至到期投资 1 040 849

营业外收入 14 151

E. 借：可供出售金融资产 1 055 000

贷：持有至到期投资 1 040 849

管理费用 14 151

【参考答案】BCDE

201. 税务机关在调查税收违法案件时，有权批准查询案件涉嫌人员储蓄存款的有（ ）。

A. 县税务稽查局局长

B. 县税务局局长

C. 设区市税务稽查局长

D. 设区市税务局局长

E. 省税务局局长

【参考答案】DE

202. 下列选项所列情形中，需要中止行政强制执行的有（ ）。

A. 执行标的灭失的

B. 当事人履行行政决定确有困难或者暂无履行能力的

C. 据以执行的行政决定被撤销的

D. 公民死亡，无遗产可供执行，又无义务承受人的

E. 第三人对执行标的主张权利，确有理由的

【参考答案】BE

203. 稽查人员在对营业税进行检查时，应根据不同时期、不同性质收入，确定相应的税率。纳税人 2015 年 1 月下列收入，不是按 3% 税率征收营业税的有（ ）。

A. 汽车运输收入

B. 农村信用社金融保险业收入

C. 培训收入

D. 个人出租住房收入

E. 高尔夫球项目收入

【参考答案】ADE

204. 税务机关依法将涉嫌犯罪案件向公安机关移送时，随《涉嫌犯罪案件移送书》附送的资料包括（ ）。

A. 《涉嫌犯罪案件情况的调查报告》

B. 《税务处理决定书》

C. 《税务行政处罚决定书》

D. 涉嫌犯罪的主要证据材料复制件

E. 补缴应纳税款、缴纳滞纳金、已受行政处罚情况明细表及凭据复印件

【参考答案】ADE

205. 关于股息、红利等权益性投资收益确认问题，下列说法正确的有（　　）。

A. 企业权益性投资取得股息、红利等收入，应以被投资企业股东会或股东大会作出利润分配或转股决定的日期，确定收入的实现

B. 企业在计算股权转让所得时，其转让收入中相当于被投资企业未分配利润等股东留存收益按该项股权所可能分配的金额，应确认为股息所得

C. 被清算企业的股东分得的剩余资产的金额，其中相当于被清算企业累计未分配利润和累计盈余公积中按该股东所占股份比例计算的部分，应确认为股息所得

D. 投资企业从被投资企业撤回或减少投资，其取得的资产中，相当于被投资企业累计未分配利润和累计盈余公积按减少实收资本比例计算的部分，应确认为股息所得

E. 被投资企业将股权（票）溢价所形成的资本公积转为股本的，不作为投资方企业的股息、红利收入，投资方企业也不得增加该项长期投资的计税基础

【参考答案】ACDE

206. 下列情形可以享受免征土地增值税税收优惠政策的是（　　）。

A. 个人继承房产

B. 房产所有人将房屋产权赠予直系亲属

C. 因实施国务院、省级人民政府、国务院有关部委批准的建设项目而进行搬迁的房地产

D. 个人之间互换自有居住用房地产

【参考答案】CD

207. 陈某、张某及林某三人合伙成立一家合伙企业，由林某执行合伙事务。A 市税务局稽查局在对该合伙企业进行日常税务检查期间，林某指使会计不予提供企业会计资料，拒绝检查。A 市税务局稽查局依法向该合伙企业送达《税务行政处罚决定书》，决定对其罚款 20 000 元。该合伙企业的法务人员认为，A 市税务局稽查局在未经责令改正的情形下，对其公司作出行政处罚程序违法。林某以此为由，向 A 市税务局提起行政复议。下列关于本案的说法，正确的有（　　）。

A. 林某或该合伙企业均可为本案行政复议的申请人

B. 该合伙企业可以在《税务行政处罚决定书》送达后 3 日内向税务机关提出听证

C. 本案中税务机关对拒绝检查行为未责令改正，违反法律规定

D. 在复议审理期间，A 市税务局稽查局认为处罚过重，决定将处罚金额改为 10 000 元，对此，A 市税务局应当中止对本案的审理

E. 本复议案中，A 市税务局可以组织进行调解

【参考答案】CE

208. 位于某市的甲房地产开发企业 2014 年 1 月开发商品房，以自有资金购置土地使用权 1 000 万元，已获得相关权利证书；2014 年 11 月商品房建成并对外销售 70%，取得销售价款共计 4 500 万元，剩下的 30% 自用（未办证），商品房建造成本 5 000 万元（不含土地价款）。则以下说法正确的有（　　）。

A. 2014 年该企业应计征契税 135 万元

B. 2014 年该企业应计征印花税 27 505 元

C. 2014 年该企业应计征房产税 1.35 万元

D. 2014 年该企业应计征城建税 15.75 万元

【参考答案】BCD

209. 下列关于房地产企业土地增值税清算中拆迁安置费的说法正确的是（　　）。

A. 房地产企业用建造的该项目房地产安置回迁户的，安置用房视同销售处理，按规定确认收入，同时将此确认为房地产开发项目的拆迁补

偿费

B. 房地产企业支付给回迁户的补差价款，计入拆迁补偿费

C. 回迁户支付给房地产企业的补差价款，计入转让收入

D. 货币安置拆迁的，房地产企业凭合法有效凭据计入拆迁补偿费

【参考答案】ABD

210. 关于业务招待费支出企业所得税前扣除问题，下列说法正确的有（　　）。

A. 企业发生的与生产经营活动有关的业务招待费支出，按照发生额的60%扣除，但最高不得超过当年销售（营业）收入的5‰

B. 企业在计算业务招待费扣除限额时，其销售（营业）收入额应包括视同销售（营业）收入额

C. 房地产开发企业销售未完工开发产品所取得的收入，可以按规定的比例计算业务招待费扣除限额

D. 对从事股权投资业务的企业（包括集团公司总部、创业投资企业等），其从被投资企业所分配的股息、红利以及股权转让收入，可以按规定的比例计算业务招待费扣除限额

E. 企业在筹建期间发生的与筹办活动有关的业务招待费支出，可全额计入企业筹办费，并按有关规定在税前扣除

【参考答案】ABCD

211. 小规模纳税人发生增值税应税销售行为，以销售（　　）合并计算销售额，判断是否达到免税标准。

A. 货物、劳务、服务　　B. 无形资产

C. 不动产　　D. 股权转让

【参考答案】ABC

【答案解析】参见《国家税务总局关于小规模纳税人免征增值税政策有关征管问题的公告》第一条。

212. 2019年1月1日至2021年12月31日，小型微利企业需要满足条件有（　　）。

A. 制造业，从事非限制或禁止行业，资产总额不超过5 000万元，从业人数不超过300人，应纳税所得额不超过300万元

B. 制造业，从事非限制或禁止行业，资产总额不超过 3 000 万元，从业人数不超过 100 人，应纳税所得额不超过 100 万元

C. 其他行业，从事非限制或禁止行业，资产总额不超过 1 000 万元，从业人数不超过 80 人，应纳税所得额不超过 100 万元

D. 其他行业，从事非限制或禁止行业，资产总额不超过 5 000 万元，从业人数不超过 300 人，应纳税所得额不超过 300 万元

【参考答案】AD

【答案解析】参见《国家税务总局关于实施小型微利企业普惠性所得税减免政策有关问题的公告》第二条。

213. 2019 年度创业投资企业和天使投资个人税收优惠政策中初创型科技企业的必备条件有（　　）。

A. 接受投资时，从业人数不超过 300 人，其中具有大学本科以上学历的从业人数不低于 30%

B. 接受投资时，资产总额和年销售收入均不超过 5 000 万元

C. 接受投资时，从业人数不超过 200 人，其中具有大学本科以上学历的从业人数不低于 30%

D. 接受投资时，资产总额和年销售收入均不超过 3 000 万元

【参考答案】AB

【答案解析】参见《财政部 税务总局关于创业投资企业和天使投资个人有关税收政策的通知》（财税〔2018〕55 号）第二条和《财政部 税务总局关于实施小微企业普惠性税收减免政策的通知》（财税〔2019〕13 号）第五条。

第三部分　判断题

1. 非居民个人取得工资薪金、劳务报酬、稿酬、特许权使用费所得按纳税年度合并计算个人所得税。（　　）

【参考答案】×

【答案解析】《个人所得税法》第六条（应纳税所得额的计算）规定，非居民个人的工资、薪金所得，以每月收入额减除费用5 000元后的余额为应纳税所得额；劳务报酬所得、稿酬所得、特许权使用费所得，以每次收入额为应纳税所得额。

2. 企业无偿使用其股东个人的房产，股东因没有取得收入不用纳税个人所得税。（　　）

【参考答案】×

【答案解析】《个人所得税法》第八条规定，有下列情形之一的，税务机关有权按照合理方法进行纳税调整：个人与其关联方之间的业务往来不符合独立交易原则而减少本人或者其关联方应纳税额，且无正当理由……

3. 企业依照国家有关法律规定宣告破产，企业职工从该破产企业取得的一次性安置费收入，属于个人因与用人单位解除劳动关系而取得的一次性补偿收入，应按规定缴纳个人所得税。（　　）

【参考答案】×

【答案解析】《财政部、国家税务总局关于个人与用人单位解除劳动关系取得的一次性补偿收入征免个人所得税问题的通知》（财税〔2001〕157号）第三条规定，企业依照国家有关法律法规宣告破产，企业职工从该破产企业取得的一次性安置费收入，免征个人所得税。

4. 税务机关依照个人所得税规定作出纳税调整，需要补征税款的，应当补征税款，并依法加收滞纳金。（　）

【参考答案】×

【答案解析】《个人所得税法》第八条规定，税务机关依照前款规定作出纳税调整，需要补征税款的，应当补征税款，并依法加收利息。

5. 个人所得税年度预扣预缴税额与年度应纳税额不一致的，由居民个人于次年1月1日至5月30日向主管税务机关办理综合所得年度汇算清缴，税款多退少补。（　）

【参考答案】×

【答案解析】《关于全面实施新个人所得税法若干征管衔接问题的公告》（国家税务总局公告2018年第56号）规定，年度预扣预缴税额与年度应纳税额不一致的，由居民个人于次年3月1日至6月30日向主管税务机关办理综合所得年度汇算清缴，税款多退少补。

6. 纳税人同时从两处以上取得工资、薪金所得，并由扣缴义务人减除专项附加扣除的，对同一专项附加扣除项目，在一个纳税年度内可以在限额内分两处以上从取得的所得中减除。（　）

【参考答案】×

【答案解析】《个人所得税法实施条例》第二十八条规定，居民个人取得工资、薪金所得时，可以向扣缴义务人提供专项附加扣除有关信息，由扣缴义务人扣缴税款时减除专项附加扣除。纳税人同时从两处以上取得工资、薪金所得，并由扣缴义务人减除专项附加扣除的，对同一专项附加扣除项目，在一个纳税年度内只能选择从一处取得的所得中减除。

7. 实施商业健康保险个人所得税政策的试点地区单位统一组织为员工购买符合规定的健康保险产品的支出，视同个人购买，并自购买产品次月起，可以不超过2 400元/年（200元/月）的标准内按月在计算应纳税所得额时予以税前扣除，但是这项支出不能企业所得税税前扣除。

（　）

【参考答案】×

【答案解析】《财政部、国家税务总局、保监会关于开展商业健康保险个人所得税政策试点工作的通知》（财税〔2015〕56号）第一条规定，对试点地区个人购买符合规定的商业健康保险产品的支出，允许在当年（月）计算应纳税所得额时予以税前扣除，扣除限额为 2 400 元/年（200 元/月）。试点地区企事业单位统一组织并为员工购买符合规定的商业健康保险产品的支出，应分别计入员工个人工资薪金，视同个人购买，按上述限额予以扣除。

8. 人均耕地低于 0.5 亩的地区，省、自治区、直辖市应当提高耕地占用税适用税额。（　）

【参考答案】×

【答案解析】参见《耕地占用税法》第五条。

9. 免税、减税车辆因转让、改变用途等原因不再属于免税、减税范围的，纳税人应当在办理车辆转移登记或者变更登记前缴纳车辆购置税。计税价格以免税、减税车辆初次办理纳税申报时确定的计税价格为依据。（　）

【参考答案】×

【答案解析】参见《车辆购置税法》第十四条。

10. 纳税人将已征车辆购置税的车辆退回车辆生产企业或者销售企业的，可以向主管税务机关申请退还车辆购置税。退税额以已缴税款为基准，自缴纳税款之日至申请退税之日，每满一年扣减 10%。（　）

【参考答案】√

【答案解析】参见《车辆购置税法》第十五条。

11. 对土地使用权出让合同、土地使用权转让合同按产权转移书据征收印花税。（　）

【参考答案】√

【答案解析】参见《关于印花税若干政策的通知》（财税〔2006〕162 号）。

12. 在城镇土地使用税征税范围内，承租集体所有建设用地的，集体经济组织缴纳城镇土地使用税。（　）

【参考答案】×

【答案解析】参见财政部、国家税务总局《关于承租集体土地城镇土地使用税有关政策的通知》（财税〔2017〕29 号）。

13. 个人首次购买90平方米以下改造安置住房，按1%的税率计征契税；购买超过90平方米，但符合普通住房标准的改造安置住房，按法定税率减半计征契税。（　　）

【参考答案】√

【答案解析】参见财政部、国家税务总局《关于棚户区改造有关税收政策的通知》（财税〔2013〕101号）第四条。

14. 纳税人收购烟叶实际支付的价款总额包括纳税人支付给烟叶生产销售单位和个人的烟叶收购价款和价外补贴。其中，价外补贴统一按烟叶收购价款的10%计算。（　　）

【参考答案】√

【答案解析】参见财政部、国家税务总局《关于明确烟叶税计税依据的通知》（财税〔2018〕75号）。

15. 对实行增值税期末留抵退税的纳税人，允许其从城市维护建设税、教育费附加和地方教育附加的计税（征）依据中扣除退还的增值税税额。（　　）

【参考答案】√

【答案解析】参见财政部、国家税务总局《关于增值税期末留抵退税有关城市维护建设税 教育费附加和地方教育附加政策的通知》（财税〔2018〕80号）。

16. 按月纳税的月销售额或营业额不超过10万元的缴纳义务人免征教育费附加、地方教育附加、水利建设基金。（　　）

【参考答案】√

【答案解析】参见财政部、国家税务总局《关于扩大有关政府性基金免征范围的通知》（财税〔2016〕12号）。

17. 保险机构应当在收取机动车第三者责任强制保险费时依法代收车船税，并将注明已收税款信息的机动车第三者责任强制保险单及保费发票作为代收税款凭证。（　　）

【参考答案】√

【答案解析】参见《车船税管理规程（试行）》（国家税务总局公告2015年第83号）第九条。

18. 税务稽查是稽查局依法对纳税人、扣缴义务人和其他涉税当事人履行纳税义务、扣缴义务情况及涉税事项进行检查处理，以及围绕检查处理开展的其他相关工作。（　）

【参考答案】√

【答案解析】稽查局除了对偷、逃、骗、抗税案件进行查处外，对其他涉税违规行为同样具体查处权。税务稽查是稽查局依法对纳税人、扣缴义务人和其他涉税当事人履行纳税义务、扣缴义务情况及涉税事项进行检查处理，以及围绕检查处理开展的其他相关工作。

19. 税务稽查合法原则是“以法律为根据，以事实为准绳原则”的具体体现。（　）

【参考答案】×

【答案解析】税务稽查合法原则是“以事实为根据，以法律为准绳原则”的具体体现。

20. 税务机关若要将纳税人当年度的账簿资料调回税务机关检查的，应在 3 个月内退还。（　）

【参考答案】×

【答案解析】依据《税收征收管理法实施细则》第八十六条，应为 30 日内退还。

21. 在填写“调取账簿资料清单”时，调取账簿资料的数量应以阿拉伯数字填写。（　）

【参考答案】×

【答案解析】依据《全国统一税收执法文书式样》中“调取账簿资料清单”填写说明中应注意的内容规定，“阿拉伯数字”应改为“大写”。

22. 税务机关对从事生产、经营的纳税人的纳税情况依法进行税务检查时，发现纳税人有逃避纳税义务行为，并有明显的转移、隐匿其应纳税的商品、货物以及其他财产或者应纳税的收入的迹象的，可以采取税收保全措施。（　）

【参考答案】×

【答案解析】根据《税收征收管理法》第五十五条，税务机关对从事生产、经营的纳税人以前纳税期的纳税情况依法进行税务检查时，发现纳税人有逃避纳税义务行为，并有明显的转移、隐匿其应纳税的商品、货物以及其他财产或者应纳税的收入的迹象的，可以按照本法规定的批准权限采取税收保全措施或者强制执行措施。

23. 对被检查对象要求检查人员回避的，检查人员是否回避，由上一级税务机关局长审定。（　）

【参考答案】×

【答案解析】根据《税务稽查工作规程》（国税发〔2009〕157号）第七条，被查对象要求税务稽查人员回避的，或者税务稽查人员自己提出回避的，由稽查局局长依法决定是否回避。

24. 检查完毕，检查部门应当将《税务稽查报告》《税务稽查工作底稿》及相关证据材料，在3个工作日内移交审理部门审理，并办理交接手续。（　）

【参考答案】×

【答案解析】根据《税务稽查工作规程》（国税发〔2009〕157号）第四十三条，是5个工作日内。

25. 被查对象拒不打开或者拒不提供的，经稽查局局长批准，可以采用适当的技术手段对该电子信息系统进行直接检查。（　）

【参考答案】√

【答案解析】参见《税务稽查工作规程》（国税发〔2009〕157号）第二十三条。

26. 调查取证时，不得违反法定程序收集证据材料；不得以偷拍、偷录、窃听等手段获取侵害他人合法权益的证据材料；不得以利诱、欺诈、胁迫、暴力等不正当手段获取证据材料。（　）

【参考答案】√

【答案解析】参见《税务稽查工作规程》（国税发〔2009〕157号）第二十四条。

27. 调取账簿、记账凭证、报表和其他有关资料时，应当向被查对象出具《调取账簿资料通知书》，并填写《调取证据专用收据》交其核对后签章确认。（　）

【参考答案】×

【答案解析】根据《税务稽查工作规程》（国税发〔2009〕157号）第二十五条第一款，调取账簿、记账凭证、报表和其他有关资料时，应当向被查对象出具《调取账簿资料通知书》，并填写《调取账簿资料清单》交其核对后签章确认。

28. 提取证据材料复印件的，应当由原件保存单位或者个人在复印件上注明“此件由我公司提供，经核无误”，并由提供人签章。（　　）

【参考答案】×

【答案解析】根据《税务稽查工作规程》（国税发〔2009〕157号）第二十六条第二款，提取证据材料复制件的，应当由原件保存单位或者个人在复制件上注明“与原件核对无误，原件存于我处”，并由提供人签章。

29. 询问应当由两名以上检查人员实施并应当向被询问人送达《询问通知书》。（　　）

【参考答案】×

【答案解析】根据《税务稽查工作规程》（国税发〔2009〕157号）第二十七条第一款，询问应当由两名以上检查人员实施。除在被查对象生产、经营场所询问外，应当向被询问人送达《询问通知书》。

30. 笔录可使用能够长期保持字迹的书写工具书写，也可使用计算机记录并打印，陈述或者证言应当由陈述人或者证人逐页签章、捺指印。（　　）

【参考答案】×

【答案解析】根据《税务稽查工作规程》（国税发〔2009〕157号）第二十八条第一条，笔录应当使用能够长期保持字迹的书写工具书写，也可使用计算机记录并打印，陈述或者证言应当由陈述人或者证人逐页签章、捺指印。

31. 调取视听资料时，应当调取有关资料的原始载体，不得调取复印件。（　　）

【参考答案】×

【答案解析】根据《税务稽查工作规程》（国税发〔2009〕157号）

第二十九条第二款，调取视听资料时，应当调取有关资料的原始载体；难以调取原始载体的，可以调取复制件，但应当说明复制方法、人员、时间和原件存放处等事项。

32. 以电子数据的内容证明案件事实的，应当要求当事人将电子数据打印成纸质资料，在纸质资料上注明数据出处、打印场所，注明“与电子数据核对无误”，并由当事人签章。（ ）

【参考答案】√

【答案解析】根据《税务稽查工作规程》（国税发〔2009〕157 号）第三十条，以电子数据的内容证明案件事实的，应当要求当事人将电子数据打印成纸质资料，在纸质资料上注明数据出处、打印场所，注明“与电子数据核对无误”，并由当事人签章。

33. 制作现场笔录、勘验笔录，应当载明时间、地点和事件等内容，并由检查人员签名或当事人签章。（ ）

【参考答案】×

【答案解析】根据《税务稽查工作规程》（国税发〔2009〕157 号）第三十一条第二款，制作现场笔录、勘验笔录，应当载明时间、地点和事件等内容，并由检查人员签名和当事人签章。

34. 税务检查部门可以填制“税收违法案件终止检查审批表”，附相关证据材料，直接经稽查局局长批准后，终止检查。（ ）

【参考答案】×

【答案解析】根据《税务稽查工作规程》（国税发〔2009〕157 号）第四十五条，检查部门可以填制“税收违法案件终结检查审批表”，附相关证据材料，移交审理部门审核，经稽查局局长批准后，终结检查。

35. 省级以下的稽查局在行使法律法规赋予的职权时，其执法行为受法律的保护，除了局长以外任何部门、任何人不得以任何理由进行干预。（ ）

【参考答案】×

【答案解析】省级以下的稽查局在行使法律法规赋予的职权时，其执法行为受法律的保护，任何部门、任何人不得以任何理由进行干预。这也是依法独立原则的表现之一。

36. 客观性是诉讼证据的最基本的特征，它包括证据内容的客观性和证据形式的合理性。（　　）

【参考答案】×

【答案解析】客观性是诉讼证据的最基本的特征，它包括证据内容的客观性和证据形式的客观性。

37. 通常情况下，原始证据要比传来证据更可靠些，证明力更强些，传来证据不可以替代原始证据。（　　）

【参考答案】×

【答案解析】通常情况下，原始证据要比传来证据更可靠些，证明力更强些。但是，在一定情况下，传来证据可以替代原始证据。如对于那些易于消失或难以搬动的物证来讲，只有通过照相、复制模型等方法形成的物证的复制品在法庭上出示，才能使原有的物证发挥证明作用。

38. 行政诉讼举证，是指行政诉讼的当事人向法庭提供证据，证明被诉具体行政行为或事实损害行为、损害行为与损害结果的因果关系是否存在、是否合法、应否承担行政赔偿责任、承担何种赔偿责任的诉讼活动。（　　）

【参考答案】√

【答案解析】行政诉讼举证，是指行政诉讼的当事人向法庭提供证据，证明被诉具体行政行为或事实损害行为、损害行为与损害结果的因果关系是否存在、是否合法、应否承担行政赔偿责任、承担何种赔偿责任的诉讼活动。

39. 增值税一般纳税人购进的货物发生非正常损失的，其增值税进项税额不得从销项税中抵扣。（　　）

【参考答案】√

【答案解析】企业发生非正常损失的购进货物，其进项税额不得从销项税中抵扣。如果企业在货物发生非正常损失之前，已将该购进货物的增值税进项税实际申报抵扣，则应当在该批货物发生非正常损失的当期，将该批货物的进项税予以转出。

40. 商业企业向供货方收取的与商品销售量、销售额挂钩（如以一定比例、金额、数量计）的各种返还收入，应冲减进项税新。（　　）

【参考答案】√

【答案解析】对商业企业向供货方收取的与商品销售量、销售额挂钩（如以一定比例、金额、数量计算）的各种返还收入，均应按照平销返利行为的有关规定冲减当期增值税进项税金，并不得开具增值税专用发票。

41. 增值税一般纳税人将委托加工收回的货物用于职工福利和无偿赠送时，其进项税额均不得抵扣。 （ ）

【参考答案】×

【答案解析】用于职工福利进项税额不允许抵扣，无偿赠送应视同销售，其进项税均可以抵扣。

42. 企业委托其他纳税人代销货物，对于发出代销货物超过180日仍未收到代销清单及贷款的，视同销售实现，一律征收增值税。 （ ）

【参考答案】√

43. 营业税改征增值税试点后，一项销售行为如果既涉及货物又涉及服务，为混合销售。 （ ）

【参考答案】√

44. 办理出口退、免税的企业，应将出口的不同税率的应税消费品分开核算和申报，凡是因未分开核算而划分不清适用税率的，一律从高适用税率计算退、免税税额。 （ ）

【参考答案】×

【答案解析】办理出口退、免税的企业，应将出口的不同税率的应税消费品分开核算和申报，凡是因未分开核算而划分不清适用税率的，一律从低适用税率计算退、免税税额。

45. 纳税人用应税消费品抵偿债务的，应按同类应税消费品的最高售价计算增值税和消费税。 （ ）

【参考答案】×

【答案解析】以应税消费品抵偿债务，应按同类应税消费品的最高售价计算消费税，但不能按最高售价计算增值税。

46. 外贸企业委托加工出口产品，按出口产品的退税率计算应退税款。 （ ）

【参考答案】×

【答案解析】外贸企业委托加工出口产品，应按原料的退税率和加工费的退税率分别计算应退税款，加工费的退税率按出口产品的退税率确定。

47. “营改增”试点纳税人提供有形动产融资性售后回租服务，向承租方收取的有形动产价款本金，可以开具增值税专用发票，也可以开具普通发票。（ ）

【参考答案】×

【答案解析】试点纳税人提供有形动产融资性售后回租服务，向承租方收取的有形动产价款本金，不得开具增值税专用发票，可以开具普通发票。

48. 纳税人采取分期付款方式购进原材料，支付首期货款并取得增值税专用发票，应在当期申报抵扣进项税额。（ ）

【参考答案】√

【答案解析】增值税抵扣是凭票抵扣，取得发票就可以全额抵扣。

49. 依据消费税的有关规定，电动汽车属于消费税征税范围。（ ）

【参考答案】×

【答案解析】“消费税税目税率表”显示电动汽车不在消费税征税范围内。

50. 消费税共设置11个税目。（ ）

【参考答案】×

【答案解析】目前消费税税目15个，有烟、酒及酒精、化妆品、贵重金属及珠宝玉石、鞭炮焰火、成品油、摩托车、小汽车、高尔夫球及球具、高档手表、游艇、木制一次性筷子、实木地板、铅蓄电池、涂料。

51. 自产自用应税消费品用于连续生产应税消费品的，不缴纳消费税。（ ）

【参考答案】√

【答案解析】参考《消费税暂行条例》第四条。

52. 按照《消费税暂行条例》规定，委托加工的应税消费品，应当由委托方在向受托方交货时代收代缴税款。（ ）

【参考答案】×

【答案解析】参考《消费税暂行条例》第13条。

53. 某酒厂主要生产白酒和其他酒，现将白酒和药酒各1斤组装套装，白酒80元/斤，药酒100元/斤，组装套装每套不含税价格为200元。应缴纳的消费税是40元。（　　）

【参考答案】×

【答案解析】应缴纳的消费税＝200×20%＋2×0.5＝41（元）。

54. 某化妆品公司（一般纳税人）2014年9月将自产的低档洗发水（不含税价70 000元）全部和自产的高档化妆品搭配成套化妆品5 000套，当月对外销售成套化妆品3 000套，不含税价140 000元；销售中低档自产护发素，取得不含税价款90 000元。该公司上述业务应纳消费税是49 200元。（　　）

【参考答案】×

【答案解析】中低档自产护发素不缴纳消费税。

化妆品公司上述业务应纳消费税＝140 000×30%＝420 000（元）

55. 税务稽查人员对某酒厂进行税务稽查，发现该酒厂2014年4月用10吨特制粮食白酒与供货方换取原材料，合同规定，该特制粮食白酒按平均售价计价，供货方提供的原材料价款40 000元，供货方开具了税款为68 000元的增值税专用发票，酒厂开具了税款为74 800元的增值税专用发票。特制粮食白酒平均售价22元/斤；最高售价25元/斤。则该酒厂当月申报增值税6 800元，申报消费税10 000元。（　　）

【参考答案】×

【答案解析】用应税消费品换取生产资料和消费资料，应按最高售价计算消费税：用粮食白酒换取原材料是特殊的销售方式，不是视同销售。

应纳消费税＝10×2 000×25×20%÷10 000＝11（万元）

应纳增值税＝7.48－6.8－0.68（万元）

56. 税务稽查人员对某烟丝加工厂进行税务稽查，该烟丝加工厂为增值税一般纳税人，2015年4月接受某烟厂委托加工烟丝，烟丝加工厂自行提供烟叶的成本为32 000元，代垫辅助材料2 000元，加工费支出5 000元；烟丝厂上月留抵增值税税额为3 400元。该烟丝加工厂当月申报增值税5 100元，消费税15 000元。（已知：烟丝消费税税率为30%，

成本利润率为 5%，上述价格均为不含税价格，加工费专用发票经过认证。）（　　）

【参考答案】×

【答案解析】受托方自行提供原材料，不符合委托加工的定义，应按自制应税消费品计算征收增值税和消费税。

消费税组成计税价格 =（32 000 + 2 000 + 5 000）×（1 + 5%）+（1 - 30%）= 58 500（元）

增值税销项税 = 58 500 × 17% = 9 945（元）

本期缴纳增值税 = 9 945 - 3 400 = 6 545（元）

烟丝加工厂应纳消费税 = 58 500 × 30% = 17 550（元）

57. 税务稽查人员对某鞭炮厂进行税务稽查，检查发现该鞭炮厂 2014 年 11 月委托某厂家加工一批鞭炮、焰火，该鞭炮厂发给厂家的原材料成本为 30 000 元。厂家当月加工完毕并于 11 月 20 日将该批鞭炮、焰火送交该鞭炮厂，收取含税加工费 11 700 元，代垫辅助材料款 5 850 元，厂家无同类鞭炮、焰火的销售价格。该鞭炮厂于 11 月底将该批鞭炮、焰火全部销售，取得不含增值税价款 60 000 元。该鞭炮厂当月申报消费税 1 058.82元。（　　）

【参考答案】×

【答案解析】委托加工收回的应税消费品，委托方以高于受托方计税价格销售，需按照规定中申报缴纳消费税，在计税时准予扣除受托方已代收代缴的消费税。

受托方计税价格 = [30 000 +（11 700 + 5 850）÷（1 + 17%）] ÷（1 - 15%）= 52 941.18（元）

委托方收回后的销售价格 60 000 元，所以：

鞭炮厂当月应纳消费税 = [60 000 × 15% - 30 000 +（11 700 + 5 850）÷（1 + 17%）] +（1 - 15%）× 13% = 2 117.65（元）

58. 某轿车厂将自产轿车对外投资，在账务处理时按照同期对外销售价格计算应纳消费税。（　　）

【参考答案】×

【答案解析】将自产轿车对外投资，应按照最高售价计算消费税。按照最高售价计算消费税必须同时符合两个条件：一是属于应税消费品；二是用于换取生产资料和消费资料、投资入股和抵偿债务等方面。

59. 涉及国家秘密、商业秘密和个人隐私或者经济利益的证据，不得在开庭时公开质证。（ ）

【参考答案】×

【答案解析】涉及国家秘密、商业秘密和个人隐私或者法律规定的其他应当保密的证据，不得在开庭时公开质证。

60. 对行政机关在行政程序中采纳的鉴定意见，人民法院必须采纳。（ ）

【参考答案】×

【答案解析】对行政机关在行政程序中采纳的鉴定意见，原告或者第三人提出证据证明有下列情形之一的，人民法院不予采纳：①鉴定人不具备鉴定资格；②鉴定程序严重违法；③鉴定意见不明确或者内容不完整。

61. 对于众所周知的事实，法庭可以直接认定，当事人不能推翻。（ ）

【参考答案】×

【答案解析】对于众所周知的事实，法庭可以直接认定，当事人有相反证据足以推翻的除外。

62. 提取由有关部门保管的书证原件的复制件、影印件或者抄录件的，应当注明出处，经该部门核对无异后加盖其印章。（ ）

【参考答案】√

【答案解析】提取由有关部门保管的书证原件的复制件、影印件或者抄录件的，应当注明出处，经该部门核对无异后加盖其印章。

63. 询问应当由两名以上检查人员实施，并且必须向被询问人送达《询问通知书》。（ ）

【参考答案】×

【答案解析】询问应当由两名以上检查人员实施。除在被查对象生产、经营场所询问外，应当向被询问人送达《询问通知书》。

64. 税务机关在调查税收违法案件时，对与案件有关的情况和资料，

可以记录、录音、录像、照相、复制和拍卖。　　（　　）

【参考答案】×

【答案解析】根据《税收征收管理法》第五十八条，税务机关在调查税收违法案件时，对与案件有关的情况和资料，可以记录、录音、录像、照相和复制。

65. 根据稽查对象和稽查目的的不同，调查验证方法可分为实地盘存法、外调法、观察法、查询法、检查法。　　（　　）

【参考答案】×

【答案解析】根据稽查对象和稽查目的的不同，调查验证方法可分为实地盘存法、外调法、观察法、查询法。

66. 面询法，又称询证法，是指根据检查需要，将需要询证的问题、事项制成规定格式的函件，寄给有关单位和人员，根据对方的回答获取有关资料，以查实问题的一种检查方法。　　（　　）

【参考答案】×

【答案解析】函询法，又称询证法，是指根据检查需要，将需要询证的问题、事项制成规定格式的函件，寄给有关单位和人员，根据对方的回答获取有关资料，以查实问题的一种检查方法。

67. 被督察单位未按照《税收执法督察处理决定书》和《税收执法督察处理意见书》的要求执行，由实施执法督察的税务机关责令限期改正，并对其主要负责人和有关责任人予以通报批评。　　（　　）

【参考答案】×

【答案解析】被督察单位未按照《税收执法督察处理决定书》和《税收执法督察处理意见书》的要求执行，由实施执法督察的税务机关责令限期改正，并对其主要负责人和有关责任人予以责任追究。

68. 税收执法过错责任是指税务执法人员在执行职务过程中，因过失，导致税收执法行为违法应当承担的责任。　　（　　）

【参考答案】×

【答案解析】税收执法过错责任是指税务执法人员在执行职务过程中，因故意或者过失，导致税收执法行为违法应当承担的责任。

69. 执法过错行为由集体研究决定的，由主要领导承担次要责任，其

他责任人承担主要责任。（ ）

【参考答案】×

【答案解析】执法过错行为由集体研究决定的，由主要领导承担主要责任，其他责任人承担次要责任。

70. 为了发挥税务稽查的打击、震慑作用，有效弥补企业所得税税收征管漏洞，企业所得税稽查可根据每年国家税务总局稽查任务安排结合行业专项检查、发票专项整治行动以及其他涉税重点领域检查工作同步展开。（ ）

【参考答案】√

【答案解析】为了发挥税务稽查的打击、震慑作用，有效弥补企业所得税税收征管漏洞，企业所得税稽查可根据每年国家税务总局稽查任务安排结合行业专项检查、发票专项整治行动以及其他涉税重点领域检查工作同步展开，依法对企业从设立、经营、发展到清算等各个期间的应纳税所得额和应纳税额实施分级分类稽查。

71. 税务稽查法律关系的内容表现为对税务稽查的权力和责任、稽查对象的权利与义务。（ ）

【参考答案】×

【答案解析】税务稽查法律关系的内容表现为对税务稽查的权力和责任、稽查对象的权利与义务。

72. 税务稽查人员进行税务检查时，可以出示税务检查证和《税务检查通知书》，未出示税务检查证和《税务检查通知书》的，被检查人有权拒绝检查。（ ）

【参考答案】×

【答案解析】税务稽查人员进行税务检查时，应当出示税务检查证和《税务检查通知书》，而不是“可以”。

73. 税务检查前，必须告知被查对象检查时间、需要准备的资料等。（ ）

【参考答案】×

【答案解析】税务检查前，应当告知被查对象检查时间、需要准备的资料等，但预先通知有碍检查的除外。

74. 依据特别法优于一般法原则，对同一事项行政法规和规章分别制定有一般和特别规定时，特别规章的效力高于一般行政法规的效力。（　）

【参考答案】×

【答案解析】必须是同一位阶的法律时，特别法优于一般法。

75. 对于从事生产经营的纳税人所欠税款、滞纳金，由于《税收征收管理法》及其实施细则并未明确作出规定，所以税务机关有权请求法院强制执行。（　）

【参考答案】×

【答案解析】《行政强制法》第五十三条规定，当事人在法定期限内不申请行政复议或者提起行政诉讼，又不履行行政决定的，没有行政强制执行权的行政机关可以自期限届满之日起三个月内，申请人民法院强制执行。根据的上述规定，对于从事生产、经营的纳税人所欠税款、滞纳金，因税务机关具有强制执行权，所以不可以申请人民法院强制执行。

76. 在税务稽查实施过程中，稽查人员要判断被查企业获取的外来原始凭证是否真实，除应该关注经济合同或购销协议的签订与履行情况外，还必须关注资金流、货物流、票据流，以及运输流和仓储流的情况。（　）

【参考答案】√

77. 某市税务稽查局在查处某发票案件时，对非法印制发票的行政相对人，同时处以收缴发票、没收非法所得和罚款的处罚。这种做法违背了一事不再罚原则。（　）

【参考答案】×

78. 需要以有形载体形式固定电子数据的，应当与提供电子数据的个人、单位的法定代表人或者财务负责人一起将电子数据复制到存储介质上并封存，同时在封存包装物上注明制作方法、制作时间、制作人、文件格式及长度等，注明“电子数据由我公司提供，与计算机中数据核对无误”，并由电子数据提供人签章。（　）

【参考答案】√

79. 稽查人员在对纳税人实施检查时，在不违反法律禁止性规定且不

侵犯他人合法权益的前提下，未告知被检查对象而录拍与案件有关的声像资料，可以作为有效证据的使用。（ ）

【参考答案】√

80. 非固定业户到外县（市）销售货物或者应税劳务未向销售地主管税务机关申报缴纳增值税，由其机构所在地或者居住地主管税务机关补征税款。（ ）

【参考答案】√

81. 纳税人A委托纳税人B加工应税消费品，交货时由B代收代缴A应缴纳的消费税，A收回的产品直接出售时，不再征收消费税。（ ）

【参考答案】×

82. 适用不同退税率的货物劳务，应分开报关、核算并申报退（免）税，未分开报关、核算或划分不清的，不予退免税。（ ）

【参考答案】×

83. 税务机关在决定移送涉嫌犯罪案件前未实施行政处罚的，在移送时和移送后原则上不实施行政处罚，待公安、司法机关对案件有了结论后再考虑是否给予行政处罚。（ ）

【参考答案】√

84. Q公司财务负责人张某，在申请听证的最后一天下午到税务机关递交听证申请，因交通拥堵，赶到稽查局时已经下班了，张某找到稽查局值班人员小李递交了申请书。第二天，小李将申请书交给审理人员，审理人员认为该申请已经超过申请期限。（ ）

【参考答案】×

85. 检查人员制作了一份询问笔录，但被询问人不愿在笔录上签名或捺指印，两名检查人遂于笔录上注明情况并签名。该份询问笔录不能作为认定案件事实的证据，但可以作为检查人员履行职责开展了此次询问工作的证据。（ ）

【参考答案】√

86. 《税务稽查报告》认定的税收违法事实清楚、证据充分，但适用法律、行政法规、规章及其他规范性文件，审理部门应当另行提出税务处理、处罚意见。（ ）

【参考答案】√

87. 居民企业直接投资另外一家居民企业，应按照持股比例分配股息红利，超过其持有股权部分的股息红利，不享受免征企业所得税优惠政策。（ ）

【参考答案】√

88. 黄某将自有的两间商铺分别划转到自己设立的个人独资企业和一人有限公司，均免征契税。（ ）

【参考答案】√

89. A公司分别持有M1、M2公司90%股份，张先生分别持有M1、M2公司10%股份，M1公司向M2公司划转资产，如果同时满足其他法定条件，可以享受企业所得税特殊性税务处理。（ ）

【参考答案】×

90. 人民法院审理行政案件，不适用调解。但是，行政赔偿、补偿以及行政机关行使法律、法规规定的自由裁量权的案件可以调解。（ ）

【参考答案】√

91. 在行政复议中，具体行政行为违反法定程序的，复议机关一般应当作出撤销该具体行政行为，责令重新作出具体行政行为的决定。

（ ）

【参考答案】√

92. 检查企业“其他应付款——包装物押金”明细账中包装物押金的收取情况，对照企业合同协议有关包装物押金处理的约定，核实是否存在逾期未退押金未作收入的情况。（ ）

【参考答案】√

93. 纳税人善意取得虚开的增值税专用发票被依法追缴已抵扣税款的，应同时对其加收滞纳金。（ ）

【参考答案】×

94. 对生产企业直接出口应税消费品或通过外贸企业出口应税消费品，重点审查“主营业务收入”“主营业务税金及附加”“应交税费——应交消费税”“库存商品”等明细账，核实出口报关单等退税申报资料是否真实、完整、准确、合法、有效。（ ）

【参考答案】√

95. 房地产企业集团或其成员企业统一向金融机构借款分摊集团内部其他成员企业使用的，借入方凡能出具从金融机构取得借款的证明文件，可以在使用借款的企业间合理分摊利息费用，使用借款的企业分摊的合理利息准予在税前扣除。（ ）

【参考答案】√

96. 纳税人欠缴的税款发生在纳税人以其财产设定抵押、质押或者纳税人的财产被留置之前的，税收应当先于抵押权、质权、留置权执行。纳税人欠缴税款，同时又被行政机关决定处以罚款、没收违法所得的，税收优先于罚款、没收违法所得。（ ）

【参考答案】√

【答案解析】《税收征收管理法》第四十五条规定，税务机关征收税款，税收优先于无担保债权，法律另有规定的除外；纳税人欠缴的税款发生在纳税人以其财产设定抵押、质押或者纳税人的财产被留置之前的，税收应当先于抵押权、质权、留置权执行。纳税人欠缴税款，同时又被行政机关决定处以罚款、没收违法所得的，税收优先于罚款、没收违法所得。

97. 在税收代位权诉讼中，税务机关胜诉的，诉讼费由债务人负担，从实现的债权中优先支付。（ ）

【参考答案】×

【答案解析】在税收代位权诉讼中，税务机关胜诉的，诉讼费由次债务人负担，从实现的债权中优先支付。

98. 在税务行政处罚与刑罚竞合的情况下，应当实行“刑罚优先”的原则，即当税务机关发现了涉税犯罪行为，应先移送司法机关进行刑事制裁，而后再视司法机关处理情况决定是否由税务机关给予行政处罚。（ ）

【参考答案】√

【答案解析】在税务行政处罚与刑罚竞合的情况下，应当实行“刑罚优先”的原则，即当税务机关发现了涉税犯罪行为，应先移送司法机关进行刑事制裁，而后再视司法机关处理情况决定是否由税务机关给予行政处罚。

99. 采取委托送达的，受托机关责任人在送达回证上签字备注的时间即为送达的日期。（　）

【参考答案】×

【答案解析】《税收征收管理法实施细则》第一百零五条规定，直接或者委托送达税务文书的，以签收人或者见证人在送达回证上的签收或者注明的收件日期为送达日期。

100. 对稽查局查补税款和滞纳金也可以申请人民法院强制执行。（　）

【参考答案】×

【答案解析】对稽查局查补的税款及滞纳金，国家已赋予税务机关税收强制执行的权力。在一般情况下，当事人拒不依法缴纳应补税款及滞纳金的，由稽查局依法采取税收强制执行措施，不申请人民法院强制执行。

101. 填制“税务文书送达回证”是稽查局送达税务稽查文书时必须履行的法定手续。（　）

【参考答案】√

【答案解析】根据《税收征收管理法实施细则》的规定，送达税务文书必须填制送达回证，并由受送达人或者其他签收人在送达回证上注明收到日期，亲笔签名或者盖章，即为送达。因此，填制税务文书送达回证是稽查局送达税务稽查文书时必须履行的法定手续。

102. 留置送达方式中，见证人可以是非本案执行人员的税务机关工作人员。（　）

【参考答案】×

【答案解析】留置送达方式中，见证人应是税务部门以外的人员。

103. 稽查局在采取税收强制执行措施过程中，如滥用职权违法采取税收强制执行措施，或者采取税收强制执行措施不当，使纳税人、扣缴义务人或者纳税担保人的合法权益遭受损失的，税务机关应依法对其直接损失和间接损失承担赔偿责任。（　）

【参考答案】×

【答案解析】稽查局在采取税收强制执行措施过程中，如滥用职权违法采取税收强制执行措施，或者采取税收强制执行措施不当，使纳税人、扣缴义务人或者纳税担保人的合法权益遭受损失的，税务机关应依法对其直接损失承担赔偿责任。

104. 当事人对税务行政处罚决定逾期不予履行的，作出税务行政处罚决定的税务机关可以申请人民法院强制执行。 （ ）

【参考答案】×

【答案解析】司法强制执行是有前置条件的，只有在当事人对税务行政处罚决定逾期不申请行政复议，不提起行政诉讼，也不予履行的情况下，作出税务行政处罚决定的税务机关才可以申请人民法院强制执行。

105. 当事人既有银行存款又有商品、货物或者其他财产的，一般情况下，可先采取通知银行扣缴税款的措施；如果银行存款不足以扣缴的，则可将两项措施并用。 （ ）

【参考答案】√

【答案解析】税务机关采取的税收强制执行措施包括以下两种方式：（1）书面通知其开户银行或者其他金融机构从其存款中扣缴税款；（2）扣押、查封、依法拍卖或变卖其价值相当于应纳税款的商品、货物或者其他财产，以拍卖或变卖所得抵缴税款。前者适用于在银行或其他金融机构中有存款的当事人，后者适用于在银行或者其他金融机构中没有存款的当事人。如果当事人既有银行存款又有商品、货物或者其他财产的，一般情况下，可先采取通知银行扣缴税款的措施；如果银行存款不足以扣缴的，则可将两项措施并用。

106. 欠缴税款的纳税人因怠于行使到期债权，对国家税收造成损害的，税务机关可以依照《合同法》的规定直接自行行使代位权。 （ ）

【参考答案】×

【答案解析】欠缴税款的纳税人因怠于行使到期债权，对国家税收造成损害的，税务机关可以依照《合同法》的规定向法院请求以自己的名义代位行使纳税人对第三人的权利。

107. 实施扣押、查封、拍卖或变卖等税收强制执行措施时，应当通知被执行人或者他的成年家属到场，否则，不能直接采取扣押、查封措

施，但被执行人或家属接到通知后拒不到场的，不影响执行。（　　）

【参考答案】√

【答案解析】《税收征收管理法实施细则》第六十三条，税务机关执行扣押、查封商品、货物或者其他财产时，应当由两名以上税务人员执行，并通知被执行人。被执行人是自然人的，应当通知被执行人本人或者其成年家属到场；被执行人是法人或者其他组织的，应当通知其法定代表人或者主要负责人到场；拒不到场的，不影响执行。

108. 纳税人、扣缴义务人、纳税担保人未按规定期限缴纳税款的，由税务机关发出限期缴纳税款通知书，责令限期缴纳税款，但最长期限为7日。（　　）

【参考答案】×

【答案解析】纳税人、扣缴义务人、纳税担保人未按规定期限缴纳税款的，由税务机关发出限期缴纳税款通知书，责令限期缴纳税款，但最长期限不得超过15日。

109. 被查封的财产，税务机关不允许被执行人继续使用。（　　）

【参考答案】×

【答案解析】依据《税收征收管理法实施细则》第六十七条，对查封的商品、货物或者其他财产，税务机关可以指令被执行人负责保管，保管责任由被执行人承担。继续使用被查封的财产不会减少其价值的，税务机关可以允许被执行人继续使用；因被执行人保管或者使用的过错造成的损失，由被执行人承担。

110. 国务院机构改革将省级和省级以下国税务合并具体承担所辖区内的各项税收、非税收入征管等职能。（　　）

【参考答案】√

111. 被执行人确实没有财产抵缴税款或者依照破产清算程序确实无法清缴税款，或者有其他法定终结执行情形的，稽查局可以填制“税收违法案件终结执行审批表”，依照国家税务总局规定权限和程序，经税务局相关部门审核并报所属税务局局长批准后，终结执行。（　　）

【参考答案】√

【答案解析】参见《税务稽查工作规程》（国税发〔2009〕157号）

第七十一条。

112. A公司经营范围有销售货物、加工修理修配、提供运输服务，2014年度账上记载货物销售额80万元，加工收入额20万元，交通运输收入额420万元。该公司按小规模纳税人申报缴纳增值税，2015年1月5日市第一稽查局两名稽查人员对该公司进行稽查过程中发现该公司已达到一般纳税人认定标准，但未按一般纳税人纳税，于是对该公司2014年度的销售额一律按适用税率计税补征税款，并且不允许抵扣进项税额。（　　）

【参考答案】×

【答案解析】因一般纳税人认定需要下达税务事项通知书，通知后如果企业不申请一般纳税人，则一律按适用税率计税补征税款，并且不允许抵扣进项税额。本题中稽查直接查处时，主管局并未下达一般纳税人认定税务事项通知书，所以应按3%征收率。

113. 稽查案头分析包括申报表分析、指标分析、涉税疑点分析和银行明细账分析。（　　）

【参考答案】×

【答案解析】稽查案头分析包括申报表分析、指标分析、涉税疑点分析。

114. 国税务合并后将实行以国家税务总局为主与省（区、市）人民政府双重领导的管理体制。（　　）

【参考答案】√

115. 稽查人员可以通过检查仓库出库单，审核是否存在非应税项目、集体福利和个人消费领用自产、委托加工货物的情况。（　　）

【参考答案】√

【答案解析】稽查人员可以通过检查仓库出库单，审核是否存在非应税项目、集体福利和个人消费领用自产、委托加工货物的情况。

116. 稽查人员在入户检查前分析的过程中，对可能存在账外经营，隐藏销售收入的企业，不宜采取突击检查的方法。（　　）

【参考答案】×

【答案解析】稽查人员在入户检查前分析的过程中，对可能存在账外经营，隐藏销售收入的企业，宜采取突击检查的方法，在第一时间尽可能多地获取纳税人的涉税资料，收集有效的证据。

117. 骗税分子一般需要通过主控、配单、报关、虚开、资金、退税六个涉案平台的操作，才能达到骗取出口退税的目的。（　　）

【参考答案】×

【答案解析】骗税分子一般需要通过主控、炒单、配单、报关、虚开、资金、退税七个涉案平台的操作，才能达到骗取出口退税的目的。

118. 骗税团伙通过地下钱庄将外汇汇入其控制的境外公司账户或离岸账户，再将外汇支付给境外退税平台，退税平台以支付货款的名义付给虚开企业，虚开企业再以其他名目付给骗税团伙，从而实现资金回流。（　　）

【参考答案】×

【答案解析】骗税团伙通过地下钱庄将外汇汇入其控制的境外公司账户或离岸账户，再将外汇支付给境内退税平台，退税平台以支付货款的名义付给虚开企业，虚开企业再以其他名目付给骗税团伙，从而实现资金回流。

119. 王某是一家餐馆的老板，主要经营饮食业，兼卖自酿的啤酒，由于王某销售的啤酒是现酿现卖，新鲜爽口，故生意非常红火，由于餐馆属于饮食业，所以应缴营业税，而不应该缴纳消费税。（　　）

【参考答案】×

【答案解析】《国家税务总局关于消费税若干征税问题的通知》（国税发〔1997〕84号）规定，对饮食业、商业、娱乐业举办的啤酒屋（啤酒坊）利用啤酒生产设备生产的啤酒，应当征收消费税。

120. 对企业所得税成本费用总额的检查，主要是检查企业在收入总额确认的完整性、真实性，计量和申报及纳税调整的准确性、及时性等方面是否存在涉税违法问题，尤其要关注企业取得非货币性形式收入是否依法及时申报并计算纳税。（　　）

【参考答案】×

【答案解析】对企业所得税收入总额的检查，主要是检查企业在收入总额确认的完整性、真实性，计量和申报及纳税调整的准确性、及时性等方面是否存在涉税违法问题，尤其要关注企业取得非货币性形式收入是否依法及时申报并计算纳税。

121. 企业生产过程中发生的各项直接成本，借记“生产成本”（基本生产成本、辅助生产成本）“开发成本”等科目，贷记“库存商品”“库存现金”“银行存款”“应付职工薪酬”等科目。 （ ）

【参考答案】×

【答案解析】企业生产过程中发生的各项直接成本，借记“生产成本”（基本生产成本、辅助生产成本）、“开发成本”等科目，贷记“原材料”“库存现金”“银行存款”“应付职工薪酬”等科目。

122. 企业的各项资产，包括固定资产、生物资产、无形资产、长期待摊费用、投资资产、存货。 （ ）

【参考答案】√

【答案解析】企业的各项资产，包括固定资产、生物资产、无形资产、长期待摊费用、投资资产、存货。

123. 企业之间支付的管理费、企业内营业机构之间支付的租金和特许权使用费，以及银行企业内营业机构之间支付的利息，不得扣除。

（ ）

【参考答案】×

【答案解析】企业之间支付的管理费、企业内营业机构之间支付的租金和特许权使用费，以及非银行企业内营业机构之间支付的利息，不得扣除。

124. 企业计提的职工福利费支出，不超过工资薪金总额14%的部分，准予扣除。 （ ）

【参考答案】×

【答案解析】企业发生的职工福利费支出，不超过工资薪金总额14%的部分，准予扣除。

125. 企业发生的职工教育经费支出，不超过工资薪金总额2.5%的部分，准予扣除；超过部分，不准予在以后纳税年度结转扣除。 （ ）

【参考答案】×

【答案解析】企业发生的职工教育经费支出，不超过工资薪金总额

2.5%的部分，准予扣除；超过部分，准予在以后纳税年度结转扣除。

126. 企业固定资产的大修理支出作为长期待摊费用的条件是符合下列条件之一的：修理支出达到取得固定资产时的计税基础50%以上；修理后固定资产的使用年限延长2年以上。（　　）

【参考答案】×

【答案解析】《企业所得税法实施条例》第六十九条规定，《企业所得税法》第十三条第（三）项所称固定资产的大修理支出，是指同时符合下列条件的支出：（1）修理支出达到取得固定资产时的计税基础50%以上；（2）修理后固定资产的使用年限延长2年以上。注意是“同时”，因此，该题答案应该是“×”。

127. 对原材料结存进行检查时，如果账面结存数量和金额都为红字，在检查库存数量的基础上，对凡不属于因借入材料或货到票未到而发生领用的原因等所致，而是属于多转发出材料成本造成的，计算和确认多转材料成本，调增利润。（　　）

【参考答案】×

【答案解析】对原材料结存进行检查时，如果账面结存数量和金额都为红字，在检查库存数量的基础上，对凡不属于因借入材料或货到票未到而发生领用的原因等所致，而是属于多转发出材料成本造成的，计算和确认多转材料成本，并视实际情况调整成本或利润。

128. 自行开发的无形资产，以开发过程中该资产符合资本化条件后至达到预定用途后发生的支出为计税基础。（　　）

【参考答案】×

【答案解析】自行开发的无形资产，以开发过程中该资产符合资本化条件后至达到预定用途前发生的支出为计税基础。

129. 国家需要重点扶持的高新技术产业区内的高新技术企业，减按15%的税率征收企业所得税；高新技术产业区外的高新技术企业不得享受此项优惠。（　　）

【参考答案】×

【答案解析】国家需要重点扶持的高新技术企业，减按15%的税率征收企业所得税。

130. 在查核有无扩大固定资产折旧范围时，可运用核对法和实地察看法，结合“固定资产”明细账的记录与“折旧计算表”，对房屋、建筑物以外未使用的、不使用的、封存的和与生产经营无关的、以经营租赁方式租入的固定资产进行全面审核，核实是否存在将税法不允许计提折旧的固定资产计算折旧而未做纳税调整。 （ ）

【参考答案】√

【答案解析】在查核有无扩大固定资产折旧范围时，可运用核对法和实地察看法，结合“固定资产”明细账的记录与“折旧计算表”，对房屋、建筑物以外未使用的、不使用的、封存的和与生产经营无关的、以经营租赁方式租入的固定资产进行全面审核，核实是否存在将税法不允许计提折旧的固定资产计算折旧而未做纳税调整。

131. 企业与其关联方之间的业务往来，不符合独立交易原则，或者企业实施其他不具有合理商业目的的安排的，税务机关有权在该业务发生的纳税年度起 5 年内，进行纳税调整。 （ ）

【参考答案】×

【答案解析】企业与其关联方之间的业务往来，不符合独立交易原则，或者企业实施其他不具有合理商业目的的安排的，税务机关有权在该业务发生的纳税年度起 10 年内，进行纳税调整。

132. 居民企业登记注册地在境外的，以实际经营所在地为纳税地点。 （ ）

【参考答案】×

【答案解析】居民企业登记注册地在境外的，以实际管理机构所在地为纳税地点。

133. 中止执行情形消失后，应当及时填制“税收违法案件解除中止执行审批表”，经稽查局局长批准后，恢复执行。 （ ）

【参考答案】√

【答案解析】参见《税务稽查工作规程》（国税发〔2009〕157 号）第七十条。

134. 税务处理决定文书一经审定，即具有法律效力。 （ ）

【参考答案】×

【答案解析】税务处理决定文书一经送达，即具有法律效力。

135. 纳税人超过应纳税额缴纳的税款，税务机关发现后应当在 1 个月内退还。（　　）

【参考答案】×

【答案解析】纳税人超过应纳税额缴纳的税款，税务机关发现后应当立即退还。

136. 纳税担保的担保方式包括纳税保证、纳税抵押、纳税质押留置。（　　）

【参考答案】×

【答案解析】根据《税收征收管理法实施细则》第六十一条和《纳税担保试行办法》第二条第二款的规定，纳税担保的担保方式包括纳税保证、纳税抵押和纳税质押。

137. 有权向税务机关提出国家赔偿请求的当事人仅指纳税人。（　　）

【参考答案】×

【答案解析】《税收征收管理法》第八条规定，纳税人、扣缴义务人对税务机关所作出的决定，享有陈述权、申辩权；依法享有申请行政复议、提起行政诉讼、请求国家赔偿等权利。也就是说，有权向税务机关提出国家赔偿请求的当事人包括纳税人和扣缴义务人。

138. 在税务稽查中，运用相关比率比较分析法比绝对数比较分析法更容易发现问题。（　　）

【参考答案】×

【答案解析】在税务稽查中，虽然有时运用相关比率比较分析法比绝对数比较分析法更容易发现问题。但不是所有情况下都是如此。

139. 税务稽查是税务局依法对纳税人、扣缴义务人和其他涉税当事人履行纳税义务、扣缴义务情况及涉税事项进行检查处理，以及围绕检查处理开展的其他相关工作。（　　）

【参考答案】×

【答案解析】税务稽查的主体是稽查局，不是税务局。

140. 纳税评估中的实地核查与税务稽查在目的、内容和程序上完全

一致，均要经过立案程序。 （ ）

【参考答案】×

【答案解析】实地核查和税务稽查在目的、内容和程序上不尽相同，纳税评估中的实地核查不必立案。

141. 按照税务稽查对象来源性质的不同，税务稽查可以分为日常稽查、专项稽查和专案稽查三类。某市稽查局根据年初拟定的稽查计划对某企业实施了检查，这属于日常稽查。 （ ）

【参考答案】√

【答案解析】日常稽查是稽查局有计划地对税收管辖范围内纳税人及扣缴义务人履行纳税义务和扣缴义务情况进行检查和处理的执法行为。

142. 企业某项产品月初结存数量 50 件，本月完工数量 400 件，本月月末结存 70 件，则当月销售数量应为 380 件。 （ ）

【参考答案】√

【答案解析】产品销售数量 = 期初结存数量 + 本期完工数量 - 期末结存数量。

143. 稽查局依法通知银行或其他金融机构冻结纳税人、扣缴义务人在银行或者其他金融机构的存款账户时，除应当依法送达《冻结存款通知书》外，还应当附送《税收保全措施决定书（冻结存款适用）》。

【参考答案】×

144. 出现拒绝签收情形的，“税务文书送达回证”中“受送达人拒收理由和日期”一栏，由受送达人填写此栏。 （ ）

【参考答案】√

145. 税务处理决定文书一经审定，即具有法律效力。 （ ）

【参考答案】×

146. 纳税人超过应纳税额缴纳的税款，税务机关发现后应当在 1 个月内退还。 （ ）

【参考答案】×

147. 按照规定，所有的税务稽查文书一律使用 A4 中幅面纸张。

（ ）

【参考答案】×

【答案解析】税务稽查文书一般使用A4幅面，但“检举纳税人税收违法行为奖金领款财务凭证”“检举纳税人税收违法行为奖金付款专用凭证”等少数使用32开纸张的除外。

148. 《税务稽查任务通知书》是稽查局向对检查对象使用的外部统一执法文书。（ ）

【参考答案】×

【答案解析】该通知书是稽查局内部管理文书，不对外使用。

149. 某市稽查局向自然人张某送达《税务检查通知书》时，因本人不在交由其父亲老张签收，该送达方式属于委托送达。（ ）

【参考答案】×

【答案解析】本题属于直接送达。

150. 对当事人口头陈述、申辩意见，税务人员应当制作《陈述申辩笔录》，经当事人核对无误后，签署“上述笔录经核对无误”字样，当场签名或押印并注明时间。（ ）

【参考答案】√

【答案解析】《陈述申辩笔录》由陈述人、申辩人核对后签章。

151. 规范使用税务文书是税务人员依法行政的书面依据，体现执法水平和工作质量，是衡量和检验税务人员执法水平的重要标志。（ ）

【参考答案】√

【答案解析】税务文书的作用和意义。

152. 某市稽查局对被查企业送达了《不予税务行政处罚决定书》，这表明被查对象在检查时段内不存在任何税收违法行为。（ ）

【参考答案】×

【答案解析】《不予税务行政处罚决定书》的使用范围：税务机关对违法行为轻微，依法可以不予行政处罚的案件；或者违反税收法律、行政法规应当给予行政处罚的行为，五年后发现的案件作出决定时使用。

153. 检查人员制作的《税务稽查报告》应附有“拟查补、退税款汇总表（一）”和“拟查补、退税款汇总表（二）”。其中表（一）用于增值税，表（二）用于其他税种。（ ）

【参考答案】√

【答案解析】“拟查补、退税款汇总表（一）”和“拟查补、退税款汇总表（二）”作为《税务稽查报告》附件使用，前者用于统计增值税，后者用于统计其他税种。

154. 税务机关对企业以前年度纳税情况进行检查时调增的应纳税所得额，不得用于弥补以前年度亏损。（ ）

【参考答案】×

155. 采取邮寄送达税务文书的，以挂号函件发出的日期为送达日期，视为已送达给当事人。（ ）

【参考答案】×

【答案解析】《税收征收管理法实施细则》第一百零五条规定，邮寄送达的，以挂号函件回执上注明的收件日期为送达日期，并视为已送达。

156. 检查人员拟对某企业的银行存款账户进行查询，按规定应先向查询银行送达《税务检查通知书（一）》。（ ）

【参考答案】×

【答案解析】应为“检查存款账户许可证明”。

157. 《税务文书送达回证》中的“受送达人拒收理由”栏，受送达人或其他法定签收人拒收时，由送达人填写此栏。（ ）

【参考答案】√

【答案解析】参见《国家税务总局关于印发全国统一税收执法文书式样的通知》（国税发〔2005〕179号文）中“送达回证”的使用说明。

158. 人民法院审理行政案件，以法律、行政法规、地方性法规及部门规章为依据。（ ）

【参考答案】×

159. 审理部门应当在接到检查部门移交的《税务稽查报告》及有关资料后15日内审理结束。（ ）

【参考答案】×

160. 对投资者从对中国证监会批准设立的开放式证券投资基金分配中获得的股票的股息、红利收入，由基金向个人投资者分配股息、红利、利息时，代扣代缴个人所得税。（ ）

【参考答案】×

161. 《土地增值税暂行条例实施细则》规定，所有纳税人，只要对取得的国有土地使用权投入开发使生地变成熟地的，可按取得土地使用权所支付的金额、房地产开发成本之和，加计 20% 的扣除。（ ）

【参考答案】×

162. 除了税务部门监制的发票和财政部门监制的票据，其他票据均不属于合法有效票据，不得作为企业税前列支的成本费用财务凭证。（ ）

【参考答案】×

163. 企业发现以前年度实际发生的、按照税收规定应在企业所得税前扣除而未扣除或者少扣除的支出，企业做出专项申报及说明后，准予在申报年度计算扣除。（ ）

【参考答案】×

164. 举报中心受理实名检举，应当向检举人出具书面回执。（ ）

【参考答案】×

165. 2014 年 1 月 1 日新施行的《企业产品成本核算制度》定义的“产品”包括服务和劳务。（ ）

【参考答案】×

166. 房地产开发企业将开发的部分房地产转为自用、出租等商业用途时，如果产权未发生转移，不征收土地增值税，在税款清算时不列收入，不扣除相应的成本费用。（ ）

【参考答案】×

167. 纳税人改建、扩建房屋的，改建、扩建的房屋其增值部分应加值计算房产税，已拆除的房屋其减值部分不得在房产原值中扣除。（ ）

【参考答案】×

168. A 公司有房产一栋，房屋价值 100 万元，房屋占用的国有土地使用权价值 200 万元。2015 年 2 月 A 公司无力缴纳欠税 50 万元，其法定代表人又欲出境。A 公司向税务机关提出，因房屋价值已远超欠税额，用房屋作纳税抵押即可，其占用的国有土地使用权就不必抵押了。税务机关认为 A 公司请求合理，通知其到税务机关办理相关手续。（ ）

【参考答案】×

169. 稽查局选择和确定稽查对象时，应当通过多种渠道获取案源信

息，并集体研究。（ ）

【参考答案】×

170. 在土地增值税清算中，房地产开发企业开发建造的与清算项目配套的变电站、水厂、居委会用房等公共设施，其成本、费用可以扣除。（ ）

【参考答案】×

171. 2014 年 1 月 1 日起，企业年金的企业缴费计入个人账户的部分，在计入个人账户时，个人暂不缴纳个人所得税。（ ）

【参考答案】×

172. 当事人、证人口头提出变更陈述或者证言的，检查人员应当就变更部分重新制作笔录；当事人、证人变更书面陈述或者证言的，检查人员应当替换与新提供陈述或者证言不一致的原件。（ ）

【参考答案】×

173. 企业的铁路专用线，在厂区以外、与社会公用地段未加隔离的，暂免征收土地使用税。（ ）

【参考答案】×

174. 2015 年 5 月 15 日，甲公司对 A 市税务局稽查局的处理决定不服提起行政复议，A 市税务局维持了原行政行为。甲公司认为税务机关处理不公，可以将 A 市税务局稽查局及 A 市税务局作为共同被告，诉至人民法院。（ ）

【参考答案】×

175. 检举事项不完整或者内容不清、线索不明的，经本级税务机关稽查局负责人批准，可以暂存待查。（ ）

【参考答案】×

176. 个体工商户陈某欠税，其用于购货的私家车属于税收强制执行措施的执行范围。（ ）

【参考答案】×

177. 被查对象在行政诉讼程序中提供的，稽查局检查过程中以《税务事项通知书》要求提供的资料，人民法院一般不予采纳。（ ）

【参考答案】×

178. 企业固定资产会计折旧年限如果长于税法规定的最低折旧年限，其按会计折旧年限计提的折旧低于按税法规定的最低折旧年限计提的折旧部分，可调减当期应纳税所得额。（　）

【参考答案】×

179. 检查人员实地调查取证时，可以制作现场笔录，对实地检查情况予以记录或者说明。当事人拒绝在现场笔录上签章的，应当由其他在场人员签章证明。（　）

【参考答案】×

180. 按照《企业会计准则》和《企业产品成本核算制度》的规定，建筑企业临时设施计入直接费用，单独设置临时设施科目的单位，期末应该将该科目余额并入固定资产项目。（　）

【参考答案】×

181. 拍卖、变卖抵税财物进行时，应当通知被执行人到场；被执行人未到场的，中止执行。（　）

【参考答案】×

182. 2001 年 5 月之后，因扣缴义务人责任未征或少征税款的，税务机关应当按《税收征收管理法》的规定向代征人按日加收未征少征税款万分之五的滞纳金。（　）

【参考答案】×

183. 在计算房地产开发企业土地增值税时，对于县级以上人民政府要求房地产开发企业在售房时代收的各项费用，如果代收费用是计入房价中向购买方一并收取的，应作为转让房地产所取得的收入计税。

（　）

【参考答案】×

184. 对企业委托给外单位进行开发的研发费用，由委托方按照规定计算加计扣除，受托方不得再进行加计扣除。（　）

【参考答案】×

185. 开具发票应当按照规定的时限、顺序、栏目，全部联次一次性如实开具，并加盖单位财务印章或者发票专用章。（　）

【参考答案】×

186. 已经使用增值税发票管理系统的小规模纳税人，月销售额未超过 10 万元的，可以继续使用现有税控设备开具发票；已经自行开具增值税专用发票的，可以继续自行开具增值税专用发票，并无需对开具增值税专用发票的销售额计算缴纳增值税。

【参考答案】×

【答案解析】参见《国家税务总局关于小规模纳税人免征增值税政策有关征管问题的公告》第十条。

187. 适用增值税差额征税政策的小规模纳税人，以差额后的销售额确定是否可以享受免征增值税政策。

【参考答案】√

【答案解析】参见《国家税务总局关于小规模纳税人免征增值税政策有关征管问题的公告》第二条。

188. 小型微利企业无论按查账征收方式或核定征收方式缴纳企业所得税，均可享受小型微利企业优惠政策。 （ ）

【参考答案】√

【答案解析】参见《国家税务总局关于实施小型微利企业普惠性所得税减免政策有关问题的公告》第一条。

189. 2019 年度，预缴企业所得税时，企业要根据上一年度的资产总额、从业人数、应纳税所得额等情况判断是否为小型微利企业。 （ ）

【参考答案】×

【答案解析】参见《国家税务总局关于实施小型微利企业普惠性所得税减免政策有关问题的公告》第三条。

190. 小型微利企业在预缴企业所得税时，可以按季预缴，也可以按月预缴。 （ ）

【参考答案】×

【答案解析】参见《国家税务总局关于实施小型微利企业普惠性所得税减免政策有关问题的公告》第三条。

第四部分　简答题

1. 近年来，甲市税务局稽查局积极推行开展主辅查制度和预案竞争制。按照工作计划，该局本月拟对本市一户房地产企业进行检查。作为一名检查主查人员，请你简要阐述制定检查预案一般包括哪几个方面内容。

【参考答案】

税务稽查预案的主要内容一般包括以下几个方面：

（1）预案应对金税三期等税收应用软件中收录的企业基本信息、经营信息、经营范围及检查对象或同类纳税人的产品工艺流程、经营特点进行必要的说明。

（2）预案应对检查对象能够了解掌握到的纳税申报信息、财务信息、纳税评估疑点信息、互联网公开信息、其他经济行政管理部门第三方信息等财务、非财务信息进行细致的分析。根据分析结果对检查对象可能存在的涉税问题进行合理的推测，并进行清晰明确的表述。

（3）预案撰写者应结合自身稽查工作经验，对检查对象同类型、同行业纳税人经常或较易出现的典型涉税问题进行归纳分析。

（4）预案应对分析推测出的检查对象可能出现的涉税问题及同行业、同类型纳税人的典型涉税问题提出有针对性的检查思路、方法和手段。

（5）预案应对检查阶段的工作进行详细、明确、切实可行的规划，包括人员分工、实施进度计划，以及检查过程中可能出现的情况及应对处理计划等。

2. 2017 年甲市税务局稽查局按照国家税务总局专项检查计划对 A 公司资本交易情况进行检查。经查发现 2010 年 5 月 29 日，A 公司向 C 公司投资5 000万元，持有C公司10%股份。2015年10月21日，A公司与B公司签订《股权转让协议》（A公司为B公司的子公司，双方为关联企业），A公司提供的协议上说按照5 150万元的价格转让给B公司，并于2015年11月6日在国家工商行政管理部门办理股权变更手续。A公司按照150万元的股权转让所得申报缴纳了企业所得税。但是经检查人员外部核实发现，B公司发布的上市公司公告中注明该笔股权实际收购价格为7 000万元（含A公司应享有的C公司可能分配的股东留存收益2 000万元）。

根据以上情况，请回答以下问题：

（1）作为一名检查人员，请简要论述你对股权转让业务的检查思路。

（2）请提出对本案中A公司该笔股权转让业务的税务处理意见。

【参考答案】

（1）第一，检查企业初始投资成本，一般与工商信息一致。

第二，检查企业持有股权期间是否发生增资、减资、分红等影响投资企业长期股权投资计税基础的事项发生，以及上述事项计入成本的核算方法是否正确，权益法核算下计提的投资收益是否已在计提当年作纳税调整。

第三，检查企业转让收入是否按照合同约定的价款确认；是否违反税法规定扣减了应享受未享受的被投资方留存收益。

第四，检查收入与计税成本的差额即转让所得（或损失）是否及时、准确（损失的递减限额问题）地计入当期的损益。

（2）根据国家税务总局《关于贯彻落实企业所得税法若干税收问题的通知》（国税函〔2010〕79号）规定，企业在计算股权转让所得时，不得扣除被投资企业未分配利润等股东留存收益中按该项股权所可能分配的金额。A公司股权转让取得的实际所得为2 000万元，减除已经申报纳税股权转让所得150万元后，应补缴所得税462.5万元，并按规定加收滞纳金。

3. 在税务稽查中，纳税人增值税特殊销售行为常见的涉税疑点有哪些？针对性的常用检查方法是什么？

【参考答案】

常见的涉税疑点有：(1) 纳税人是否有视同销售或视同提供应税服务的行为而未申报纳税；(2) 纳税人销售货物、加工修理修配劳务、服务、无形资产或者不动产适用不同税率或者征收率的，未分别核算或不能准确核算销售货物、应税劳务、劳务、无形资产或者不动产的销售额，未按规定申报缴纳增值税；(3) 纳税人发生混合销售行为，是否混淆经营主体按低税率申报缴纳增值税。

常用检查方法有：

(1) 视同销售货物、视同提供应税服务的稽查。

①视同销售货物的稽查。委托代销业务的精查；对受托代销业务的稽查；在不同县（市）移送货物用于销售的稽查；将自产或委托加工的货物用于非应税项目、集体福利和个人消费的稽查；将自产、委托加工或购买的货物用于对外投资、分配给股东或投资者的稽查；将自产、委托加工或购买的货物无偿赠送的稽查。

②视同提供应税服务的稽查。在稽查时关注纳税人是否存在视同提供应税服务的行为。在实际工作中，很难找到视同提供应税服务的证据，因为应税服务项目提供后，企业不进行账务上的核算和记载，一般事后很难核实业务是否已发生。除非企业内控制度健全，核算制度完善。实际工作中对视同提供应税服务的把握仍是工作中的难点。

(2) 兼营销售货物、加工修理修配劳务、服务、无形资产或者不动产的稽查。

查阅工商登记情况，采取询问、实地观察等方法，核实其是否有兼营销售货物、加工修理修配劳务、服务、无形资产或者不动产的情况；检查“其他业务收入”“营业外收入”“其他业务支出”“营业外支出”以及费用类账户，审核兼营非应税业务是否分别核算，不分别核算或者不能准确核算的，是否一并缴纳了增值税。

稽查中要注意兼营行为和混合销售的区别。按照现行税收政策规定，一项销售行为如果既涉及服务又涉及货物为混合销售。注意审查关注纳税人有无将混合销售转化为兼营行为，少申报增值税的情形。

(3) 查阅工商营业执照和税务登记证件，了解企业的经营范围，检查纳税人的生产经营场所，了解有无混合销售业务。检查“主营业务收入”“其他业务收入”账户，核实有无将一项混合销售业务分割成销售货物和应税服务分别核算的情况。

（4）审查经营主体的性质，从事货物的生产批发或者零售的单位和个体工商户的混合销售行为有无按照销售服务缴纳增值税。

（5）审查有关成本、费用账户，核实是否存在将收取的混合销售收入直接冲减成本费用。

4. 在税务稽查中，纳税人增值税适用税率方面常见涉税疑点有哪些？

【参考答案】

（1）纳税人兼营不同税率的货物或应税劳务、服务，是否未分别核算不同税率的货物或应税劳务、服务的销售额；是否不能准确核算不同税率的货物或应税劳务、服务的销售额，或将高税率的销售额混入低税率的销售额进行核算。（2）纳税人是否将按适用税率计税的经营项目采用按简易办法计算缴纳增值税。（3）纳税人是否未规定预缴增值税。

5. 在税务稽查中，纳税人增值税销项税额方面常见涉税疑点有哪些？

【参考答案】

（1）纳税人是否人为推迟确认销售以及提供应税劳务、服务收入，延迟缴纳税款。

（2）纳税人是否账面已确认销售但未计提销项税额，未申报纳税；是否账面已确认销售、已计提销项税额，但未申报或少申报纳税。

（3）纳税人是否在账内隐匿了销售货物销售额以及提供应税劳务、服务销售额；是否虚构了销售退回以及中止提供应税服务的业务；是否未将价外费用计提销项税额。

（4）纳税人接受委托加工业务是否以委托方提供的材料、余料抵顶加工费，未计收入未申报纳税。

（5）纳税人是否采用了以旧换新方式销售货物，按实际收取的销售款项计税（金银首饰除外）；是否采取了还本销售方式销售货物却按减除还本支出后的销售额计税。

（6）纳税人是否随同产品出售单独计价机装物不计或少计收入，是否有逾期包装物押金收入而未及时计税；是否存在除啤酒、黄酒之外的酒类包装物押金收取时来计税行为。

（7）纳税人是否销售了残次品、皮品、材料、边角废料等却隐匿账外；或直接冲减原材料、成本、费用等账户；或确认为营业外收入，来计提销项税额。

（8）纳税人是否将全额纳税的应税服务项目列入差额纳税项目来计税，扣除的差额部分是否准确。

（9）纳税人是否存在账外经营行为而未申报纳税。

6. 在税务稽查中，纳税人增值税进项税额方面常见涉税疑点有哪些?

【参考答案】

（1）申报抵扣凭证不合法，小规模纳税人转为一般纳税人后抵扣其小规模纳税人期间发生的进项税额。

（2）用于集体福利的生产性货物、应税服务相关的进项未作转出处理。

（3）发生退货、应税服务中止或取得销售折让而未按规定作进项税额转出。

（4）将购进货物、应税服务用于简易征收项目、非增值税应税项目、免税项目、发生非正常损失而未按规定作进项税额转出处理。

7. 在税务稽查中，纳税人消费税适用税目税率方面常见涉税疑点有哪些?

【参考答案】

（1）兼营非应税消费品，采取混淆产品性能、类别、名称，隐瞒、虚报销售价格等手段，故意混淆应税与非应税的界限。

（2）兼营不同税率应税消费品从低适用税率。

（3）不同税率应税消费品，或者应税消费品与非应税消费品组成成套应税消费品对外销售的，从低适用税率。

（4）对税目税率发生变化的应税消费品从低适用税率等。

8. 在税务稽查中，纳税人消费税纳税环节和纳税义务发生时间方面常见涉税疑点有哪些?

【参考答案】

（1）生产销售应税消费品常见涉税疑点。

①将自产应税消费品（不包括金银首饰）用于连续生产应税消费品以外用途的，未在移送使用时申报纳税。

②生产、批发、零售单位用于馈赠、赞助、集资、广告、样品、职工福利、奖励等方面的金银首饰，未按视同销售在移送使用时申报。

③纳税人将自产石脑油用于连续生产乙烯等非应税消费品或其他方面的，未按规定建立移送使用台账，或未于移送使用环节申报纳税。

（2）委托加工应税消费品常见涉税疑点。

①委托加工应税消费品（不包括金银首饰）的应纳消费税，受托方未按规定代收代缴，委托方也未主动申报纳税。

②委托个体经营者加工应税消费品（不包括金银首饰）的纳税人，未按规定申报纳税。

③将非委托加工应税消费品混入委托加工应税消费品直接销售而不申报纳税，隐匿或部分隐匿委托加工的应税消费品。

④委托方以委托加工的部分应税消费品抵偿加工费，少申报缴纳消费税。

⑤受托代销金银首饰，未将受托代销收入申报纳税。

⑥接受除消费者个人外的单位委托加工金银首饰及珠宝玉石时，故意将委托方变为消费者个人，仅就加工费缴纳消费税，从而少缴消费税。

（3）进口应税消费品常见涉税疑点。

①进口应税消费品（不包括金银首饰），在报关进口时，未足额申报消费税。

②进口金银首饰（除个人携带、邮寄进境外）和超豪华小汽车，在零售环节未申报纳税或未足额申报纳税。

（4）纳税义务发生时间常见涉税疑点。纳税人未按规定的纳税义务发生时间申报缴纳消费税。

9. 2011 年 6 月 1 日，安徽省甲市税务稽查局与公安部门密切配合，联合开展打击制售假发票和非法代开发票专项整治行动。此次行动重点是对我市某家电商城 28 户个体经营户开展突击检查。经检查，初步发现以下问题：

（1）有 A、B 两户 2011 年初领取营业执照经营，既未办理税务登记证，也未申报纳税。

（2）查获C户为其他经营户非法代开“安徽省货物销售统一发票”，收取手续费5 000元，造成其他经营户少缴增值税20 000元。

（3）从D户柜台中查获三本“安徽省货物销售统一发票”，初步查实属假发票，已开具30份，取得收入50 000元，未进行申报。经进一步查实，该户在前几月还出售上述假发票2本（50份）。

根据以上资料，按相关规定回答以下问题：

（1）对于上述专项整治行动中发现的税收违法问题，作为参加检查人员，应如何分别做出处理建议？并请说明理由。

（2）专项整治活动结束后，市税务稽查局应以什么形式向主管税务局进行反馈？反馈的重点应包括哪些方面内容？

【参考答案】

（1）对在专项整治行动中发现的税收违法问题，处理建议：

第一，对A、B两户：①责令限期改正，对未按规定办理税务登记处以罚款。《税收征收管理法》规定，对未按规定办理税务登记证，责令限期改正，可处以2 000元以下罚款。②核实经营收入情况，核定应纳税额，责令缴纳。《税收征收管理法》规定，未办理税务登记从事生产经营活动，由税务机关核定应纳税额，责令缴纳。

第二，对C户：没收非法所得，可以并处20 000元以下罚款。《发票管理办法》的规定，导致其他单位或个人未缴，少缴或骗取税款的，没收非法所得，可以并处未缴，少缴或骗取的税款1倍以下的罚款。

第三，对D户：①按纳税期分别核实收入，按规定补缴税款，并按规定加收滞纳金。②按照发票管理办法规定，知道或者应当知道是私自印制、伪造、变造、非法取得或者废止的发票而受让、开具、存放、携带、邮寄、运输的，由税务机关处1万元以上5万元以下的罚款；情节严重的，处5万元以上50万元以下的罚款；有违法所得的予以没收。③对出售假发票行为移送公安机关查处。《安徽省涉嫌危害税收征管犯罪案件移送暂行办法》规定：非法制造或者出售非法制造的普通发票50份以上的，达到涉税犯罪案件移送标准。

（2）专项整治活动结束后，市税务稽查局应通过制作稽查建议书的形式向主管税务局进行反馈。反馈的重点：加强征管的建议。①存在漏征漏管户，应加强巡查；②定额明显偏低，应加强典型户调查，重新核定定额；③部分经营者营业额已达建账标准，应督促其建账，达到新标准要认定一般纳税人；④存在发票违法行为，应加强发票的管理。

10. 2015 年 4 月，某市税务稽查局在对 A 企业进行稽查时，发现该企业财务资料比较规范，仅有少量调整项目存在一定问题，涉及的问题不大。经过一天的检查，还剩部分财务资料没有查阅，检查人员认为既然问题不大，企业也比较配合检查，没有必要办理调账手续，在征得该企业负责人同意，并经电话请示稽查局局长同意后，将尚未检查的部分账本拿回税务机关检查。

第二天，稽查局接到举报，说企业交出的财务资料是请专业人员制作的假账，企业的原始账本存放于企业另一房间。检查人员准备好调账通知，再次前往企业，要求企业打开那间房子，该企业称钥匙保管人员出差，并且该房间是一间空置房，里面没有什么东西，没有必要检查，稽查人员遂撬开房门查找，但没有找到举报人所说的账本。

由于没有查找到账本，房门又被撬坏，企业的保卫科长指责税务干部，双方发生口角，并发生相互推搡，造成一税务干部手部轻微擦伤。企业负责人赶到后，对保卫科长进行了批评，并向税务干部道歉。税务机关以纳税人暴力抗税为由向公安机关报案，公安机关传唤当事人调查后未做处理。

稽查局后来正式调取了企业 2014 年账本进行检查。发现申报的应纳税所得额为 -19 万元，但存在广告费超过规定标准，未进行纳税调整问题，应调增应纳税所得额 20 万元。

稽查局在讨论处罚时，存在三种不同意见：第一种意见拟按查补的 20 万元计算企业应纳税额，并按偷税处 1 倍罚款；第二种意见拟按企业调整后的应纳税所得额 1 万元计算应纳税额，按偷税罚款，并按编造虚假计税依据罚款；第三种意见拟按企业调整后的应纳税所得额 1 万元计算应纳税额，按偷税罚款。

问：请指出本案中稽查局执法中存在的错误，并说明理由；对本案的处罚意见谈谈自己的意见，并说明理由。

【参考答案】

（1）未办理调账手续，将纳税人账簿带回税务机关检查违法。《税收征收管理法》规定，调账检查须依法办理调账检查通知，并向纳税人开具清单；调账检查须经县以上税务局（分局）局长批准，稽查局长无权批准。

（2）稽查局撬开纳税人的房门查找账本违法。理由是：税务机关撬开房门查找账本的行为，构成一种搜查行为，而税务机关依法没有搜查权。

（3）稽查局以抗税为由报案不成立。理由：税务机关违法搜查并损害纳税人权益在先，双方发生口角并相互推搡，难以分清责任，且企业负责人对当事人进行了批评；不能据此认定纳税人有拒绝缴纳税款的故意。

（4）三种意见都不正确。本案为2015年4月，2014年汇算清缴期尚未结束，只能辅导纳税人作纳税调整不能认定为偷税。

11. 2017年7月，A市税务稽查局检查一科接到《税务稽查任务通知书》及其附件资料，资料显示为群众举报案件，检查科决定由王某、李某和张某三名检查人员组成检查组，由王某任检查组长。检查人员于7月14日向被查对象送达《税务稽查通知书》，并取得了相应的《税务文书送达回证》，16日到实地进行税务检查。检查人员向被查对象出示了税务检查证，并向被查对象下达了由市税务局稽查局长签发的《调取账簿资料通知书》，调取该企业2016年度账簿、凭证、报表和其他有关资料，开具了《调取账簿资料清单》一份，详细列明了调取的资料种类、数量和所属期间等，并由双方经办人员签字，交被查对象保存。

检查过程中，检查人员根据情况，决定实施询问调查。询问前，检查人员向被询问人发出了《询问通知书》，出示了税务检查证，取得了相应的《税务文书送达回证》。询问调查由李某负责提问，张某记录。询问结束后，张某将《询问（调查）笔录》共三页交被询问人阅读并当场核对，被询问人认为有两处需要修改，分别在第一页和第二页。经修改后，被询问人在笔录的第三页上签名并押印，张某也在笔录末端签署了日期并在询问人和记录人处签名。

检查过程中，检查组需要查询被查对象在银行的存款情况，派王某持市税务局局长签发的“税务机关检查纳税人、扣缴义务人存款账户许可证明”，到被查对象开户银行进行查询，王某向银行相关人员出示了税务检查证，取得了需要的资料。

检查过程中，检查人员复印了被查对象部分账簿资料，并由被查对象财务人员在复印件上写明了“此件与原件核对无误”字样，并加盖单位印章，作为书证。

要求：根据以上资料，指出税务检查人员在执法过程中存在的问题。

【参考答案】

（1）举报案件不必事先通知纳税人。

（2）使用文书应当为《税务检查通知书》。

（3）向被查对象出示税务检查证，应当取得“已出示检查证”的书面证明。

（4）《调取账簿资料通知书》应当由县以上税务局（分局）局长批准，《调取账簿资料清单》应一式两份，双方各执一份。

（5）询问笔录有修改的，应当由当事人在改动处签章或者押印，被询问人应当在笔录的每一页上都签名并押印，签署日期，最后一页应注明“以上三页已阅无误”，并在三页笔录的边上骑缝处押印。询问人和记录人应分别签字，不可代签。

（6）查询存款情况应当至少由两人一同前往。

（7）复印的账簿资料，财务人员应当在每页的复印件上必须注明原件的保存单位（个人）和出处，签署“与原件核对无误”字样，并加盖单位印章，由经办人签名，注明日期。

12. 2015 年 1 月 4 日，某市税务稽查局接到群众来信，称该镇陈某从事柳编加工销售业务，却从来没有办理税务登记证和缴纳任何税款。税务机关派工作人员张某和李某乔装一单位采购员到陈某处谈生意。张某与陈某谈生意时，李某偷偷录音，录下了陈某全年的销售额及有关产品的销售价格。第二天，稽查局再派工作人员张某和李某着正装到陈某处，并口头告之自己是税务局的工作人员，之后对陈某进行询问说：“我们昨天的谈话已经录音，你若实事求是交代，我们可以不罚你。否则，我们将把你交给公安机关。”陈某称自2010年11月至2014年12月底，自己在家中雇用工人从事柳编加工销售业务，销售额累计达32.8万元，已经领取了营业执照，但没有到主管税务机关申报办理税务登记证和缴纳税款。请问：

（1）本案中检查人员执法行为有哪些不妥？

（2）检查人员在案件检查时，检查方法有哪些？

（3）上述李某取得的证据能否作为本案定案的依据，为什么？

【参考答案】

（1）本案为举报案件，但检查时未下达《税务检查通知书》，也未出示税务检查证；税务机关无侦查权，不能采用乔装打扮的方式进行秘密调查。

（2）税务机关调查税务违法案件时，对与案件有关的情况和资料，可以记录、录音、录像、照相和复制；对纳税人及相关人员进行询问、责成提供资料，外调和协查，或凭全国统一格式的检查存款账记许可证明到银行查询该单位的资金往来、盘库等。

（3）李某取得的证据不能作为本案定案的依据，证据的取得必须合法，只有经过合法途径取得的证据才能作为定案的根据。未经对方当事人同意私自录制其谈话，系不合法行为，以这种手段取得的录音资料，不能作为证据使用。最高人民法院2002年10月1日施行的《关于行政诉讼证据的若干规定》第57条列举的不能作为定案依据的证据材料包括：“以偷拍、偷录、窃听等手段侵害他人合法权益的证据材料。”本案中检查人员的录音未经当事人同意，且无法证明录音是否侵害纳税人的合法权益和商业秘密。

13. 某稽查案件询问笔录如下：

询问单位：×××税务稽查局检查十科

询问时间：2015年6月9日15时至20时　　地点：科办公室

询问人：李××　　记录人：刘××

被询问人：庞××　　曾用名：

政治面目：群众　　性别：男　　年龄：34　　民族：汉

工作单位：××市××××机电设备有限公司　职务：销售部经理

社会任职：　无　　　　　　　　　　　文化程度：大专

身份证号：×××××××××××××　　　原籍：××××

现在住址：×××××××××××××　　　电话：××××××××

问：我们是××××税务局工作人员，现向你调查你公司隐瞒收入偷税案件的有关情况。根据《中华人民共和国税收征收管理法》第五十六条的规定，你必须如实反映情况，提供有关资料，不得拒绝隐瞒，否则按《中华人民共和国税收征收管理法》第七十条、《中华人民共和国税收征收管理法实施细则》第九十六条规定，将对你进行处罚。以上内容你听清楚了没有？

答：听清楚了。

问：你公司除了在A银行梅林支行开设基本账户（账号×××××××××××）外，在B银行梅林银丽支行（账号×××××××××××）、C银行车工庙支行（账号×××××××××××××）、D银行景苑支行（账号×××××××××××××）、E银行深圳湾支行（账号××××××××××××），F银行水贝支行（账号××××××××××××）五家银行开设往来账户用于账内经营。除据此向税务机关申报纳税外，还都开设了哪些往来账户用于账外经营？

答：我公司在G银行香蜜湖支行（账号×××××××××××××）、H银行华富支行（账号×××××××××××××），I银行景田支行（账号×××××××××××××），E银行车公庙支行（账号×××××××××××），I银行莲花北支行（账号×××××××××××××）、F银行振华支行（账号×××××××××××××）六个往来账户用于收取账外经营的货款。

问：以上用于账外经营的往来账户中收取的款项，除银行支付的存款利息外，都是你公司销售设备取得的货款吗？

答：以上账号中收取的款项，剔除银行支付的存款利息，均是我公司销售设备取得的货款。

问：这些货款是否已经入账？

答：都没有入账，这些银行账户上的收入都是我公司账外经营的收入，没有在会计账簿上体现，没有申报纳税。

问：你还有什么要补充的吗?

答：没有了。

问：以上情况是否属实？

答：属实。

询问人：李 × ×　　　记录人：刘 × ×　　被询问人：庞 × ×

要求：指出询问笔录文书中的错误之处。

【参考答案】（1）询问单位错误，应为企业。（2）询问地点错误。（3）询问时间超过办公时间。（4）询问人应当为 2 人。（5）曾用名未划线。（6）年龄和身份证号码不一致。（7）社会任职未划线。（8）单位职务与询问内容不一致。（9）住址不清晰缺少楼房号码。（10）缺少“以上内容与我说的一致。庞 × ×　2008/6/9”字样。（11）缺少页码次序。（12）询问开始中应当表明身份。（13）应表明出示执法证件。（14）先“扣帽子”不妥，且涉诱逼，应中性表达事由。（15）询问法律依据错误。（16）相关人员的询问依据应为 57 条。（17）有关法律责任的告知有误。（18）未告知回避申请权。

14. A 县塑钢厂系私营企业，成立于 2015 年 8 月，主要生产塑钢及其构造件，为增值税一般纳税人，企业所得税查账征收。2018 年 6 月，A 县税务稽查局接群众举报，称该企业有不开票收入进私人账户，并提供线索说账外流水账本就在单位保险柜里锁着。A 县税务稽查局立即立案对该企业自成立以来至 2018 年 5 月的经营情况进行检查。经县税务局局长批准，稽查局对该企业自成立以来至 2018 年 5 月的经营情况进行了调账检查。通过对所有的账簿、凭证、票据和报表进行认真检查，发现与报送到税务局的财务税务资料一致。由于没有发现举报中的线索，又由于保险柜钥匙在出纳手上（出纳是该公司老板的妻子，见机早就溜走了，并关掉了通信工具），于是稽查局检查人员将该企业老板张某带到某宾馆进行突击审讯。经过审讯，张某交代了举报中的事实。承认真实的流水账确实在保险柜里，并当着税务人员的面，自己动手将保险柜砸开，将账外账本交给了检查人员。经与实际申报纳税情况核对，查出该企业自成立以来，利用收入不入账的方法，偷逃税款共 10 万元的事实。事实查明后，稽查局于 2018 年 8 月 29 日直接下达了《税务处理决定书》和

《税务行政处罚决定书》。决定补缴税款，加收滞纳金并处5元罚款。稽查员小李将处理、处罚决定文书送达企业时，遭到拒收。稽查人员小李将情况做了一个文字说明后将文书留置在企业。8月30日，该塑钢厂提出税务行政处罚听证要求。9月10日，该稽查局口头通知将于9月20日举行听证。

要求：请指出稽查局在该案件的查处过程中的违法或不适当行为，并说明理由。

【参考答案】

（1）县局局长无权调取当年账，调当年账应由设区的市（自治州）以上税务局局长批准。

（2）检查人员超越权限行使讯问权。

（3）允许企业自己砸开保险柜行为不适当，很可能给税务机关带来执法风险。为了预防执法风险，在企业自己砸保险柜之前，应固定一些证据证明是企业自愿行为，以防企业反咬说是税务人员砸开的。

（4）税务行政处罚前未履行告知义务。

（5）小李一人送达执法文书错误。税务行政执法应由两人及以上执法人员进行；执法文书直接送达遭到拒签时，由执法人员将情况做一个文字说明后将文书留置在企业的做法错误，关键是要有第三方见证人签字证明才可留置送达。

（6）9月20日举行听证超过了规定的15日期限。

（7）口头通知不对，应书面通知申请人。

15. 2017年5月，某市稽查局检查中发现P公司（一般纳税人）采取设两套账的手段隐匿销售收入，共计偷税32万元。经过稽查局调查核实，对P公司作出了追补32万元税款的处理决定，根据《税收征收管理法》第六十条规定对设两套账给予罚款5 000元和根据《税收征收管理法》第六十三条处以50%偷税罚款16万元的处罚决定。P公司以“对当事人的同一违法行为不得给予两次以上罚款的行政处罚”和未处罚告知为由，向市税务局提交书面申请要求复议。市税务局以P公司未缴纳税款、滞纳金为由，不受理复议申请。

问：（1）稽查局的处罚行为是否违反了“一事不二罚”的原则？

（2）本案处罚过程中未履行告知程序的后果是什么？

（3）市税务局能否以 P 公司未缴纳税款、滞纳金为由，拒绝受理复议申请？

【参考答案】

（1）市稽查局的处罚行为违反了“一事不二罚”的原则。理由是：该公司用两套账的手段实施了隐匿销售收入，不缴、少缴税款的偷税行为，二者不可分割，是手段与结果的关系，属于牵连行为，应判定为同一行为，不应实施两次或两次以上的罚款。

（2）处罚过程中未履行告知程序的，作出的处罚决定无效。因为《行政处罚法》第 3 条规定，不遵守法定程序的行政处罚无效；而《行政处罚法》第 42 条规定，在作出较大税额罚款的行政处罚前，应告知当事人有要求听证的权利。本案中区税务局在未履行告知程序的情况下进行 16 万元偷税罚款，该处罚无效。

（3）市税务局不能以 P 公司未缴纳税款、滞纳金为由，拒绝受理复议申请。因为 P 公司不是对征税行为不服提起复议。《税收征收管理法》第 88 条规定：“在纳税上发生争议时，必须先……缴纳或解缴税款及滞纳金或者提供相应的担保，然后可依法申请行政复议”；“对税务机关的处罚决定……不服的，可以依法申请行政复议”。因此，P 公司对处罚决定有异议提起复议，市税务局应当受理。

16. 市稽查局于 2018 年 5 月对某加工厂 2017 年度纳税情况实施税务检查，发现该厂采取在成本中列支固定资产，隐瞒收入等手段少缴税款 12 万元。市稽查局确认该厂的上述行为属于偷税，要求其补缴税款，并加收滞纳金 1 万元，同时处 5 万元罚款，以上款项限其在 15 日内全部缴清。此后，市稽查局发现该厂在限期内有明显转移资金迹象，为保证税款、滞纳金和罚款及时入库，立即采取税收保全措施，冻结其银行存款 30 万元，该厂对税务机关采取的保全措施不服，向省税务局申请行政复议。

要求：请你运用《税收征收管理法》进行以下分析：

（1）税务机关对该厂的定性是否正确？

（2）罚款是否符合规定？

（3）税务机关采取保全措施是否恰当？

（4）税务机关能否同时对罚款采取税收保全措施？

（5）该厂向省税务局申请行政复议是否正确？

【参考答案】

（1）定性准确。根据《税收征收管理法》，在账簿上多列支出，不列或少列收入，构成偷税行为。

（2）罚款金额不符合规定。《税收征收管理法》规定，对纳税人偷税的，由税务机关追缴其不缴或少缴的税款、滞纳金，并处不缴或者少缴税款50%以上5倍以下的罚款；构成犯罪的，依法追究刑事责任。本题中，罚款金额5万元低于最低罚款标准 $12\times50\%=6$ 万元，不符合《税收征收管理法》规定。

（3）税务机关采取保全措施不当。根据《税收征收管理法》规定，税务机关可书面通知纳税人开户银行或其他金融机构冻结纳税人的金额相当于应纳税款的存款。本题中税务机关采取保全措施，冻结的存款30万元远远大于纳税人的应纳税额，不符合规定。

（4）罚款不能采取税收保全。当事人对税务机关的处罚决定逾期不申请行政复议也不向人民法院起诉，又不履行的，作出处罚决定的税务机关可以按《税收征收管理法》规定，采取强制执行措施或申请人民法院强制执行。

（5）该厂向省税务局申请行政复议不正确，应向市稽查局的上一级市税务机关申请行政复议；对处罚决定不服的，可依法向人民法院起诉。

17. 某县税务局稽查局接群众举报称某商贸企业有采取少列收入进行偷税的情况。该县税务局稽查局于2018年5月25日派两名稽查人员对该商贸企业实施了检查，稽查人员在出示税务检查证后，对账簿及记账凭证进行核查；同时，经县税务局局长批准，对案件涉嫌人员的储蓄存款进行了查询。查实了该商贸企业1～4月利用收入不入账方式偷税12 000元的事实。在取得证据后，县税务局稽查局于5月30日作出了补税、加收滞纳金的税务处理决定和处以1倍即12 000元罚款的行政处罚决定，下达了《税务处理决定书》和《税务行政处罚决定书》。该商贸企业在依法提供纳税担保后，于6月3日向该县税务局申请行政复议。县税务局在接到复议申请书后的第10天以未缴纳税款、滞纳金及罚款为由作出不予受理的决定。

根据上述资料，回答下列问题：

（1）税务部门在该案处理中有哪些违法行为，并说明理由。

（2）如该商贸企业对不予受理的决定不服，可通过什么途径寻求帮助？

【参考答案】

（1）税务部门在该案处理中违法行为如下：

①未出示《税务检查通知书》。《税收征收管理法》第 59 条规定，税务机关派人实施税务检查时，应出示税务检查证和《税务检查通知书》。该案中，检查人员未出示《税务检查通知书》属于程序违法。

②查询储蓄存款没有合法手续。《税收征收管理法》第 54 条第 6 款规定，查询案件涉嫌人员的储蓄存款，必须经设区的市、自治州以上税务局（分局）局长批准，凭全国统一格式的检查存款账户许可证明进行查询。县税务局局长无权批准查询案件涉嫌人员的储蓄存款。

③处罚程序违法。根据《行政处罚法》有关规定，在作出行政处罚决定之前，应告知当事人作出行政处罚的事实、依据及理由，并告知当事人依法享有的陈述权、申辩权、要求举行听证权。本案中，稽查局未履行告知法定程序，未下达《税务行政处罚事项告知书》。

④县税务局作出复议申请不予受理的决定超越了法定期限。《税务行政复议规则》规定，税务机关应自收到复议申请之日起 5 日内作出受理或不予受理的决定，5 日内不作出不予受理的决定，视为受理。县税务局在接到《复议申请书》后的第十天才作出不予受理的决定属无效决定。

⑤县税务局对复议申请不予受理的理由不成立。一是按《税收征收管理法》第 88 条第 1 款规定，纳税人对征税行为不服，在提供相应担保后，可依法申请行政复议；二是按《税收征收管理法》第 88 条第 2 款规定，对税务机关作出的行政处罚决定不服的，可依法申请行政复议。缴纳税款、滞纳金或提供相应的担保是对征税行为不服申请复议的前置条件。缴纳罚款不是对行政处罚不服申请复议的前置条件。

（2）如该商贸企业对复议申请不予受理的决定不服，可在收到不予受理决定书之日起 15 日内向县人民法院提起行政诉讼，请求司法救济。

18. 某市稽查局于2018年7月1日，对××公司下达了《税务处理决定书》，要求企业补缴以前年度税款16万元。由于资金困难，企业在规定时间内上缴税款10万元后，于8月1日提出复议要求，并保证其余6万元税款将尽快入库，税务机关负责法制工作的机构决定受理，并于8月10日将行政复议申请书副本送稽查局。为弄清问题，检查人员于次日到企业重新调查补证，稽查局于8月30日提出书面答复。在此期间，企业千方百计筹措资金，已于8月5日缴清了全部税款。

在复议过程中，××公司和稽查局委托各自的法律顾问作为代理人，参与行政复议。由于案情复杂，10月1日经市局领导批准，决定延长复议期限，并告知双方当事人。11月5日，××公司以税务部门在规定的期限内未做出复议决定为由，诉至人民法院。法院以行政复议机关可以适当延长复议时间和复议案件在复议期间不得向法院提请诉讼为由，退回××公司的诉讼请求。税务机关于11月6日作出行政复议决定。

要求：指出申请人、被申请人、税务复议机构、法院在案件处理中的错误，并简要阐明理由。

【参考答案】

（1）税务机关受理纳税人的复议申请错误。根据有关规定，纳税人同税务机关在纳税上发生争议时，必须先依照税务机关的纳税决定缴纳或者解缴税款和滞纳金或者提供相应的纳税担保，然后可以依法申请行政复议。本案中的纳税人在未交清税款或提供相应的纳税担保的情况下申请行政复议，税务机关不应当受理。

（2）税务机关负责法制工作的机构自受理行政复议申请之日起10日内，将行政复议申请书副本送达稽查局错误，超出了《行政复议法》规定的7天期限。

（3）稽查局8月30日提出书面答复错误。稽查局应于收到行政复议申请书副本10日内提出书面答复，超出了《行政复议法》规定的期限。

（4）检查人员到企业重新调查取证错误。《行政复议法》规定，在行政复议过程中，被申请人不得自行向申请人和其他有关组织或者个人收集证据。

（5）稽查局委托法律顾问作为代理人参与行政复议错误。根据《行政复议法》规定，申请人、第三人可以委托代理人代为参加行政复议，被申请人不得委托代理人代为参加行政复议。

（6）法院不受理错误。《行政复议法》规定，复议机关应当自受理申请之日起六十日内作出行政复议决定，情况复杂的，可适当延长，但延长期限最长不超过三十日。在本案中，税务机关负责法制工作的机构在法定的复议期限内未作出行政复议决定，纳税人向法院起诉，法院应当受理。

（7）税务机关负责法制工作的机构11月6日作出的行政复议决定错误，超出了《行政复议法》规定的期限。

第五部分　计算题

1. 2019年1月孙先生因企业改制被解聘，于2019年2月15日取得一次性补偿收入36.5万元，孙先生在该企业工作15年。北京市人力社保局统计局联合发布了北京市2018年度全市职工平均工资为95 038元。孙先生1月至2月工资为15 000元，每月专项附加扣除3 000元，企业和个人分别按规定比例实际缴存了住房公积金、医疗保险费、基本养老保险费、失业保险费。其中，个人实际缴存部分为3 000元，1月受聘企业已按规定扣缴个人所得税。2月取得劳务报酬所得10 000元。

请计算2月份孙先生应缴纳（预缴）的个人所得税。

【参考答案】

（1）计算一次性补偿收入应缴个人所得税。

计算超过上年职工平均工资三倍的部分 = 365 000 − 95 038 × 3 = 79 886（元）

查找个人所得税预扣率表，适用10%预扣率，速算扣除数为2 520。

一次性经济补偿收入应纳个人所得税额 = 79 886 × 10% − 2 520 = 5 468.6（元）

依据《关于个人所得税法修改后有关优惠政策衔接问题的通知》（财税〔2018〕164号）第五条第（一）款，个人与用人单位解除劳动关系取得一次性补偿收入（包括用人单位发放的经济补偿金、生活补助费和其他补助费），在当地上年职工平均工资3倍数额以内的部分，免征个人所得税；超过3倍数额的部分，不并入当年综合所得，单独适用综合所得税率表，计算纳税。《财政部　国家税务总局关于个人与用人单位解除劳动关系取得的一次性补偿收入征免个人所得税问题的通知》（财税

〔2001〕157 号）第一条废止。

（2）工资应预缴个人所得税计算

1 月应预扣预缴税额。

累计预扣预缴应纳税所得额 = 15 000 − 5 000 − 3 000 − 3 000
= 4 000（元）

查找个人所得税预扣率表，适用 3% 预扣率，速算扣除数为 0。

1 月应预扣预缴税额 = 4 000 × 3% = 120（元）

1 月至 2 月累计预扣预缴应纳税所得额 = 30 000 − 10 000 − 6 000 − 6 000
= 8 000（元）

查找个人所得税预扣率表，适用 3% 预扣率，速算扣除数为 0。

1 月至 2 月累计应预扣预缴税额 = 8 000 × 3% = 240（元）

2 月应预扣预缴税额 = 240 − 120 = 120（元）

（3）劳务报酬应预缴个人所得税计算

应预缴个人所得税额 = 10 000 ×（1 − 20%）× 20% = 1 600（元）

2 月孙先生应缴（预缴）个人所得税合计 = 1 600 + 120 + 5 468.6
= 7 188.6（元）

2. 2015 年 3 月，中国公民李先生以 20 万元购买一项专利，购买过程中支付评估费、公证费等费用 5 万元。2016 年 2 月，李先生以该专利作价 500 万元出资取得甲公司 50% 股权。李先生一次性缴税有困难的，确定了分期缴纳计划，自发生上述投资行为之日 5 个公历年度内平均缴纳个人所得税，每年 3 月缴纳，并报主管税务机关备案。2018 年 9 月，乙公司以 1 000 万股丙上市公司股票（面值 1 000 万元、市值 2 000 万元）和 500 万元现金，取得张先生拥有的甲公司 50% 股份。双方交易过程中，李先生缴纳评估费 10 万元。不考虑李先生的其他收入，其他税费忽略不计，李先生按规定履行纳税义务。

根据上述资料，回答下列问题：

（1）李先生以专利投资所得应向哪个税务机关申报纳税？

（2）计算李先生 2016 年以专利投资取得股权应纳个人所得税额。

（3）计算李先生 2018 年应缴纳的个人所得税。

【参考答案】

（1）李先生以专利权投资所得应向被投资企业所在地税务机关申报纳税。

参见《国家税务总局关于个人非货币性资产投资有关个人所得税征管问题的公告》（国家税务总局公告 2015 年第 20 号）第三条。

（2）李先生以专利投资取得股权应纳个人所得税额 =（500 - 20 - 5）×20% =95（万元）

因分期缴纳李先生 2016 年应缴纳个人所得税 =95 ÷5 =19（万元）

（3）李先生 2018 年应缴纳的个人所得税 =（2 000 +500 -500 -10）×20% +（95 -19 -19）=455（万元）

参见《财政部　国家税务总局关于个人非货币性资产投资有关个人所得税政策的通知》（财税〔2015〕41 号）第二条、第四条，《股权转让所得个人所得税管理办法（试行）》（国家税务总局公告 2014 年第 67 号）第四条、第七条。

3. 王先生在甲企业任职，2019 年 1 ~12 月每月在甲企业取得工资薪金收入 20 000 元，每季度最后一个月取得 30 000 元季度考核奖金收入；每月按规定缴纳“三险一金”为 3 200 元，每月符合规定的专项附加扣除为 3 000 元，无其他扣除。另外，2019 年 3 月取得劳务报酬收入 3 000 元，稿酬收入 20 000 元，6 月取得劳务报酬收入 30 000 元，特许权使用费收入 20 000 元，12 月从甲公司取得年终奖 60 000 元。假设王先生 2019 年可扣符合专项附加扣除条件的大病医疗支出 70 000 元。无免税收入和减免税额，年终奖选择不并入当年综合所得的计税方法。

计算各项收入应预扣预缴的个人所得税？

计算汇算清缴应补或应退的个人所得税？

【参考答案】

（1）工资薪金所得预扣预缴计算。

2019 年 1 月：

1 月份累计预扣预缴应纳税所得额 = 累计收入 - 累计免税收入 - 累计基本减除费用 - 累计专项扣除 - 累计专项附加扣除 - 累计依法确定的其他扣除 =20 000 -5 000 -3 200 -3 000 =8 800（元）

对应税率为3%。

1月份应预扣预缴税额=（累计预扣预缴应纳税所得额×预扣率－速算扣除数）－累计减免税额－累计已预扣预缴税额=8 800×3%=264（元）

2019年2月：

累计收入=截至当前月累计取得的工资薪金所得收入额
=20 000+20 000=40 000（元）

累计基本减除费用=5 000元/月×当前月份=5 000×2
=10 000（元）

累计专项扣除=截至当前月累计专项扣除
=3 200+3 200=6 400（元）

累计专项附加扣除=截至当前月累计专项附加扣除
=3 000+3 000=6 000（元）

累计依法确定的其他扣除=0

2月累计预扣预缴应纳税所得额=累计收入－累计免税收入－累计基本减除费用－累计专项扣除－累计专项附加扣除－累计依法确定的其他扣除
=40 000－10 000－6 400－6 000
=17 600（元）

对应税率为3%。

2月应预扣预缴税额=（累计预扣预缴应纳税所得额×预扣率－速算扣除数）－累计减免税额－累计已预扣预缴税额
=17 600×3%－264=264（元）

以此类推，计算得出王先生各月个人所得税预扣预缴情况明细见下表：

2019 年 1 月至 12 月工资薪金个人所得税预扣预缴计算表 （单位：元）

月份	工资收入	累计工资收入	累计减出费用	累计专项扣除	累计专项附加扣除	累计应纳税所得额	适用税率	速算扣除数	累计应纳税额	本期预扣预交税额	累计预缴税额
1	20 000	20 000	5 000	3 200	3 000	8 800	3%	0	264	264	264
2	20 000	40 000	10 000	6 400	6 000	17 600	3%	0	528	264	528
3	50 000	90 000	15 000	9 600	9 000	56 400	10%	2 520	3 120	2 592	3 120
4	20 000	110 000	20 000	12 800	12 000	65 200	10%	2 520	4 000	880	4 000
5	20 000	130 000	25 000	16 000	15 000	74 000	10%	2 520	4 880	880	4 880
6	50 000	180 000	30 000	19 200	18 000	112 800	10%	2 520	8 760	3 880	8 760
7	20 000	200 000	35 000	22 400	21 000	121 600	10%	2 520	9 640	880	9 640
8	20 000	220 000	40 000	25 600	24 000	130 400	10%	2 520	10 520	880	10 520
9	50 000	270 000	45 000	28 800	27 000	169 200	20%	16 920	16 920	6 400	16 920
10	20 000	290 000	50 000	32 000	30 000	178 000	20%	16 920	18 680	1 760	18 680
11	20 000	310 000	55 000	35 200	33 000	186 800	20%	16 920	20 440	1 760	20 440
12	50 000	360 000	60 000	38 400	36 000	225 600	20%	16 920	28 200	7 760	28 200

依据《关于调整个人取得全年一次性奖金等计算征收个人所得税方法问题的通知［条款废止］》（国税发〔2005〕9 号）第五条规定，雇员取得除全年一次性奖金以外的其他各种名目奖金，如半年奖、季度奖、加班奖、先进奖、考勤奖等，一律与当月工资、薪金收入合并，按税法规定缴纳个人所得税。

《国家税务总局关于全面实施新个人所得税法若干征管衔接问题的公告》（国家税务总局公告 2018 年第 56 号）规定，扣缴义务人向居民个人支付工资、薪金所得时，应当按照累计预扣法计算预扣税款，并按月办理全员全额扣缴申报。具体计算公式如下：

本期应预扣预缴税额 =（累计预扣预缴应纳税所得额 × 预扣率 − 速算扣除数）− 累计减免税额 − 累计已预扣预缴税额

累计预扣预缴应纳税所得额 = 累计收入 − 累计免税收入 − 累计减除费用 − 累计专项扣除 − 累计专项附加扣除 − 累计依法确定的其他扣除

其中：累计减除费用，按照 5 000 元/月乘以纳税人当年截至本月在本单位的任职受雇月数计算。

上述公式中，计算居民个人工资、薪金所得预扣预缴税额的预扣率、速算扣除数，按“个人所得税预扣率表一”执行。

（2）其他综合所得（劳务报酬、稿酬、特许权使用费所得）预扣预缴个人所得税计算。

2019 年 3 月：

3 月取得劳务报酬收入 3 000 元，稿酬收入 20 000 元。

劳务报酬所得预缴个人所得税 =（3 000 − 800）× 20% = 440（元）

稿酬所得预缴个人所得税 = 20 000 ×（1 − 20%）×（1 − 30%）× 20%

= 2 240（元）

稿酬所得以收入减除费用后的余额为收入额（稿酬所得的收入额减按 70% 计算）。

2019 年 6 月：

6 月，取得劳务报酬 30 000 元，特许权使用费所得 20 000 元。

劳务报酬收入预扣预缴个人所得税 = [30 000 ×（1 − 20%）] × 30% − 2 000

= 5 200（元）

特许权使用费所得预扣预缴个人所得税 = 20 000 ×（1 − 20%）× 20%

= 3 200（元）

依据《国家税务总局关于全面实施新个人所得税法若干征管衔接问题的公告》（国家税务总局公告 2018 年第 56 号）规定，扣缴义务人向居民个人支付劳务报酬所得、稿酬所得、特许权使用费所得，按次或者按月预扣预缴个人所得税。具体预扣预缴方法如下：劳务报酬所得、稿酬所得、特许权使用费所得以收入减除费用后的余额为收入额。其中，稿酬所得的收入额减按 70% 计算。减除费用：劳务报酬所得、稿酬所得、特许权使用费所得每次收入不超过 4 000 元的，减除费用按 800 元计算；每次收入 4 000 元以上的，减除费用按 20% 计算。

应纳税所得额：劳务报酬所得、稿酬所得、特许权使用费所得，以每次收入额为预扣预缴应纳税所得额。劳务报酬所得适用 20% 至 40% 的超额累进预扣率，稿酬所得、特许权使用费所得适用 20% 的比例预扣率。劳务报酬所得应预扣预缴税额 = 预扣预缴应纳税所得额 × 预扣率 − 速算扣除数。

稿酬所得、特许权使用费所得应预扣预缴税额 = 预扣预缴应纳税所得额 ×20%

12 月年终奖 60 000 元。

年终奖月平均数 =60 000 ÷12 =5 000（元）

适用税率 10%，速算扣除数 210。

应纳税额 =60 000 ×10% −210 =5 790（元）

依据《关于个人所得税法修改后有关优惠政策衔接问题的通知》（财税〔2018〕164 号）规定，居民个人取得全年一次性奖金，符合《国家税务总局关于调整个人取得全年一次性奖金等计算征收个人所得税方法问题的通知》（国税发〔2005〕9 号）规定的，在 2021 年 12 月 31 日前，不并入当年综合所得，以全年一次性奖金收入除以 12 个月得到的数额，按照本通知所附按月换算后的综合所得税率表（以下简称月度税率表），确定适用税率和速算扣除数，单独计算纳税。计算公式为：

应纳税额 = 全年一次性奖金收入 × 适用税率 − 速算扣除数

居民个人取得全年一次性奖金，也可以选择并入当年综合所得计算纳税。

自 2022 年 1 月 1 日起，居民个人取得全年一次性奖金，应并入当年综合所得计算缴纳个人所得税。

（3）汇算清缴

工资薪金收入额 = 工资 + 季度考核奖金 =360 000（元）

劳务报酬收入额 =（3 000 +30 000）×（1 −20%）=26 400（元）

稿酬收入额 =20 000 ×（1 −20%）×70% =11 200（元）

特许权使用费收入额 =20 000 ×（1 −20%）=16 000（元）

收入额 =360 000 +26 400 +11 200 +16 000 =413 600（元）

依据《中华人民共和国个人所得税法》第六条规定，居民个人的综合所得，以每一纳税年度的收入额减除费用 6 万元以及专项扣除、专项附加扣除和依法确定的其他扣除后的余额，为应纳税所得额。劳务报酬所得、稿酬所得、特许权使用费所得以收入减除 20% 的费用后的余额为收入额。稿酬所得的收入额减按 70% 计算。

应纳税所得额 =413 600 −60 000 −38 400 −36 000 −70 000

=209 200（元）

汇算清缴应纳税额 =209 200×20% −16 920 =24 920（元）

综合所得已交纳税额 =28 200 +440 +2 240 +5 200 +3 200

=39 280（元）

汇算清缴应退个人所得税 =39 280 −24 920 =14 360（元）

4. 甲企业为生产型外商投资企业，2018 年 11 月发生以下业务：

（1）接受投资 1 000 万元；设立记载资金以外的账簿 10 本。

（2）销售自产产品，签订销售合同，合同注明含税销售额为 400 万元。

（3）转让一项专利申请权，签订转让合同，协议转让金额 100 万元，在当月取得转让收入。

（4）购买一项土地使用权，签订土地使用权转让合同，合同注明价款为 600 万元。

（5）出租设备一台，签订财产租赁合同，合同约定年租金 18 万元，租赁期两年。

已知：购销合同印花税税率为 0.3‰，技术合同印花税税率为 0.3‰，产权转移书据印花税税率为 0.5‰，财产租赁合同印花税税率为 1‰。

请计算 2018 年 11 月应纳的印花税额？

【参考答案】

（1）资金账簿应缴纳印花税 =1 000×10 000×0.5‰÷2

=2 500（元）

其他账簿免征印花税。

参见《财政部 税务总局关于对营业账簿减免印花税的通知》（财税〔2018〕50 号）规定，自 2018 年 5 月 1 日起，对按万分之五税率贴花的资金账簿减半征收印花税，对按件贴花五元的其他账簿免征印花税。

（2）甲企业产品销售合同应缴纳印花税 =400×10 000×0.3‰ =1 200（元）

参见《中华人民共和国印花税暂行条例》。

（3）甲企业专利申请权转让合同应缴纳印花税 =100×10 000×0.3‰

=300（元）

参见《中华人民共和国印花税暂行条例》。

（4）甲企业土地使用权转让合同应缴纳印花税 = 600 × 10 000 × 0.5‰

= 3 000（元）

参见《中华人民共和国印花税暂行条例》。

（5）甲企业财产租赁合同应缴纳印花税 = 18 × 2 × 10 000 × 1‰

= 360（元）

参见《中华人民共和国印花税暂行条例》。

2018 年 11 月应纳的印花税额 = 2 500 + 1 200 + 300 + 3 000 + 360

= 7 360（元）

5. 某钒铁矿开采企业为增值税一般纳税人，2018 年 3 月发生下列业务：

（1）开采钒土原矿并伴生铁矿石，开采总量 800 吨，其中钒土原矿 500 吨。本月对外销售钒土原矿 200 吨，每吨不含税价格 0.5 万元。

（2）将开采的部分钒土原矿连续加工为精矿，本月对外销售钒土精矿 100 吨，每吨不含税价格 1.5 万元，另向购买方一并收取从矿区到指定运达地点运费 1 万元（能提供有效凭证）。

（3）本月将开采的铁矿石原矿全部销售每吨不含税价格 0.04 万元，由于购货方延期付款，收取延期付款利息 2 万元。

（4）以部分钒土原矿作价 81.20 万元（含税）抵偿所欠供应商货款。

（其他相关资料：按照市场法计算资源税，钒土矿原矿与精矿换算比为 2。铁矿石原矿与精矿换算比为 1.8。钒土精矿资源税税率为 10%，铁矿石精矿资源税税率为 2%。）

要求：根据上述资料，回答下列问题。

（1）该企业业务（1）应缴纳资源税多少万元？

（2）该企业业务（2）应缴纳资源税多少万元？

（3）企业业务（3）应缴纳资源税多少万元？

（4）该企业业务（4）应缴纳资源税多少万元？

【参考答案】

（1）应缴纳资源税 = 200 × 0.5 × 2 × 10%

= 20（万元）

依据《中华人民共和国资源税暂行条例》第四条规定、国家税务总局《资源税征收管理规程》（国家税务总局公告 2018 年第 13 号）第八条规定。

（2）应缴纳资源税 $=100\times1.5\times10\%=15$（万元）

依据《中华人民共和国资源税暂行条例》第四条。《关于资源税改革具体政策问题的通知》（财税〔2016〕54 号）第一条第一款规定，销售额是指纳税人销售应税产品向购买方收取的全部价款和价外费用，不包括增值税销项税额和运杂费用。

（3）应缴纳资源税 $=0$

参见财政部、国家税务总局《关于资源税改革具体政策问题的通知》（财税〔2016〕54 号）第四条（关于共伴生矿产的征免税的处理）规定，为促进共伴生矿的综合利用，纳税人开采销售共伴生矿，共伴生矿与主矿产品销售额分开核算的，对共伴生矿暂不计征资源税。

（4）应缴纳资源税 $=81.2\div(1+16\%)\times2\times10\%$

$=14$（万元）

参见《中华人民共和国资源税暂行条例》第六条。

6. 宏运公司为增值税一般纳税人，2015 年 12 月发生业务如下：

（1）为某企业提供运输服务，取得收入 20 000 元。

（2）销售货物一批，税率 17%，取得收入 40 000 元。

（3）销售不动产，取得收入 120 000 元。

（4）销售散装蔬菜一批，取得收入 20 000 元。

（5）当期进项税额共 5 000 元，其中该公司无法准确划分不得抵扣的进项税额为 4 000 元。

以上收入均为不含税收入，要求：

（1）计算该公司 12 月销项税额。

（2）计算不得抵扣的进项税额。

（3）计算 12 月的应纳税额。

【参考答案】

（1）12 月销项税额 $=20\,000\times11\%+40\,000\times17\%=9\,000$（元）

参见《关于在全国开展交通运输业和部分现代服务业营业税改征增

值税试点税收政策的通知》（财税〔2013〕37号）。

（2）不得抵扣的进项税额 = 4 000 ×（120 000 + 20 000）÷（20 000 + 40 000 + 120 000 + 20 000）= 2 800（元）

参见《关于在全国开展交通运输业和部分现代服务业营业税改征增值税试点税收政策的通知》（财税〔2013〕37号）。

（3）12月应纳税额 = 9 000 -（1 000 + 4 000 - 2 800）= 6 800（元）

参见《财政部 国家税务总局关于在全国开展交通运输业和部分现代服务业营业税改征增值税试点税收政策的通知》（财税〔2013〕37号）

7. 某电子产品生产企业，实收资本1 000万元，2017年该企业自行核算的主营业务收入为25 000万元，其他业务收入1 000万元，实现利润总额为8 150万元。经税务师审核，发现下列情况：

（1）管理费用账户列支600万元，其中包含业务招待费120万元、环境保护专项资金支出20万元、新产品研究开发支出60万元。

（2）财务费用账户列支150万元，其中向非关联方企业借款500万元，期限1年，支付利息50万元，同期同类银行利率是5%。

（3）销售费用账户列支1 250万元，其中含全年实际支出的广告费1 185万元。

（4）将自产产品通过政府部门捐赠给贫困地区，产品成本120万元，市场不含税销售价格170万元，增值税销项税额28.9万元，该项业务未反映在账务中。

（5）企业接受非关联企业赠予的原材料一批，取得增值税专用发票，注明价款为250万元，增值税42.5万元，该项业务未反映在账务中。

（6）计入成本费用的工资总额300万元（其中包含福利部门职工的工资20万元），发生的职工福利费支出35万元，职工教育经费支出6万元，职工工会经费支出7万元，取得合法、有效的工会经费收据。

（7）购进安全生产专用设备，设备的投资额120万元，2月投入使用，该设备按直线法计提折旧，期限为10年，无残值率。企业当年未计提该设备的折旧。

（8）营业外支出账户列支100万元，其中税务机关的处罚10万元。

（9）投资收益账户列支金额245万元，其中从境内A居民企业（小型微利企业）分回股息 210 万元，购买国债取得利息收入 35 万元。

其他资料：企业上年未扣除结转本年的广告费 30 万元，上年发生亏损 15 万元。

假定：不考其他相关税费，期间费用的计算均考虑加计扣除金额和上年结转金额。

要求：根据上述资料，回答下列问题。

（1）2017 年度企业所得税前可以扣除的“管理费用”和“财务费用”共计是多少（包括加计扣除的部分）？

（2）2017 年度企业所得税前可以扣除的销售费用是多少？

（3）2017 年度该企业实际会计利润是多少？

（4）企业 2017 年度所得税前允许扣除的营业外支出是多少？

（5）企业当年应纳的企业所得税是多少？

【参考答案】

（1）业务招待费扣除限额 =（25 000 + 1 000 + 170）×5‰

= 130. 85（万元）

允许扣除额 = 120 ×60% = 72（万元）

实际发生额为 120 万元，允许扣除 72 万元。

纳税调整 = 120 − 72 = 48（万元）

加计扣除 = 60 ×50% = 30（万元）

财务费用纳税调整额 = 50 − 500 ×5% = 25（万元）

可以扣除的“管理费用”和“财务费用” = 600 − 48 + 30 + 150 − 25

= 707（万元）

（2）广告费扣除限额 =（25 000 + 1 000 + 170）×15%

= 3 925. 5（万元）

实际发生了 1 185 万元，允许全部扣除，上年没有扣除结转本年的广告费用 30 万元也可以扣除。

税前可以扣除的销售费用 = 1 250 + 30 = 1 280（万元）。

（3）会计利润 = 8 150 − 120 − 28. 9 + 292. 5（接受捐赠）− 10（折旧）

= 8 283. 6（万元）

（4）捐赠扣除的限额 = 8 283. 6 ×12% = 994. 03（万元）

实际捐赠支出 120 + 28.9 = 148.9（万元）

允许全部扣除，税务处罚 10 万元不能在所得税前扣除。

税前允许扣除的营业外支出为 100 - 10 + 148.9 = 238.9（万元）

（5）职工福利费扣除限额 = 280 × 14% = 39.2（万元）＜（35 + 20）= 55（万元）

福利费应纳税调整 = 55 - 39.2 = 15.8（万元）

职工教育经费扣除限额 = 280 × 2.5% = 7（万元）＞6 万元，无须调整。

职工工会经费支出扣除限额 = 280 × 2% = 5.6（万元）＜7 万元

所以职工工会经费应纳税调整 = 7 - 5.6 = 1.4（万元）

应纳所得税额 = [8 283.6 +（600 + 150 - 707）（管理费用和财务费用纳税调增）+（170 - 120）（捐赠产品视同销售所得）- 30（结转上年广告费）- 35（国债利息免税）- 210（居民企业之间符合条件的投资收益免税）+ 15.8（福利费纳税调增）+ 1.4（职工工会经费纳税调增）+ 10（税务机关处罚纳税调增）- 15（弥补上年亏损）] × 25% - 120 × 10%

= 2 016.45（万元）

8. 某日化厂为增值税一般纳税人，主要生产化妆品和护肤品，化妆品的最高价 210 元/箱、平均价 200 元/箱（均为不含税价格）。2015 年 12 月生产经营情况如下：

业务 1：进口一批口红，支付货价 58 万元，运抵我国境内输入地点起卸前发生的运费、保险费合计 2 万元，缴纳关税 3 万元，将货物从海关监管区运至本企业仓库发生不含税运输费用 2 万元，取得运输企业开具的货运专票；进口一辆中轻型商务客车用于生产经营，支付货价 35 万元，境外运输费用和保险费合计 5 万元，商务客车的关税为 5 万元，消费税税率为 5%，缴纳进口环节税金后海关放行。

业务 2：向农户收购鲜芦荟，收购凭证 124 张，注明价款合计 25 万元，日化厂直接将其运往 A 企业加工普通护肤品，日化厂支付不含税运输费用 3 万元，取得运输企业开具的货物运输业增值税专用发票；当月收回，取得增值税专用发票，注明加工费10万元，增值税额1.7万元。

业务3：从A生产企业购进胭脂，取得增值税专用发票，注明销售额20万元；从B生产企业购进香粉，取得专用发票，注明不含税价款212万元，支付运输单位不含税运费10万元，取得了专用发票。购进其他材料，取得增值税专用发票，注明销售额140万元，增值税额23.8万元，其他材料运输途中损失了4%，经查属于管理不善造成的非正常损失；从某超市购进劳保用品，取得增值税专用发票，注明销售额10万元。

业务4：本月生产领用部分库存外购已税化妆品继续生产高档化妆品，向商场销售取得不含税销售额300万元，由于货款收回及时，给予商场2%的折扣，实际取得收入294万元，支付销货不含税运输费用6万元，并取得了运输公司开具的货运专票。销售给专卖店化妆品1批，取得不含税销售额80万元，并取得专卖店延期付款利息收入2.34万元，已向对方开具了普通发票。销售普通护肤品一批，取得不含税销售额120万元，优质服务费5.85万元，开具普通发票。

业务5：将600箱化妆品换取原材料。合同规定，日化厂按平均价计价，供货方等价提供原材料，双方均按合同规定的价格开具了增值税专用发票。

业务6：将500箱化妆品和护肤品组成套装，对外销售，取得不含税收入15万元（其中护肤品每箱对外售价100元）；将1箱化妆品分给职工作节日福利。

业务7：为某影视公司定做演员用的油彩和上妆油一批，收取价税合计67.86万元。另外，赠送5箱自产化妆品给影视公司试用。

业务8：本期自某再生资源经营单位购进一批再生物资，取得增值税专用发票，注明价款11.76万元，发生不含税运费2万元，取得货物运输业增值税专用发票。

本月取得的合规发票均在本月认证并抵扣。本期期初库存外购化妆品账面价格为15万元。期末库存外购化妆品账面价格为50万元。

要求：根据上述资料，按下列顺序回答问题：

（1）本月可以抵扣的进项税是多少？

（2）本月增值税销项税额为多少？

（3）本月可以抵扣的已纳消费税是多少？

（4）本月应纳消费税是多少？

（5）本月应纳增值税是多少？

【参考答案】

业务1：进口口红应纳增值税 =（58 +2 +3）÷（1 −30%）×17%

=15.30（万元）

进口口红应纳消费税 =（58 +2 +3）÷（1 −30%）×30% =27（万元）

进口商用客车应纳增值税 =（35 +5 +5）÷（1 −5%）×17%

=8.05（万元）

进口商用客车应纳消费税 =（35 +5 +5）÷（1 −5%）×5%

=2.37（万元）

自2013年8月1日起，在全国范围内实行交通运输业和部分现代服务业营改增政策，原增值税一般纳税人购进自用的应征消费税的汽车，可以抵扣进项税。所以本题中进口中轻型商用客车自用，可以抵扣进项税。

业务2：收购免税农产品，可以按照收购价款的13%计算抵扣进项税。

该业务可以抵扣的进项税 =25 ×13% +3 ×11% +1.7 =5.28（万元）

业务3：可以抵扣的进项税 =20 ×17% +212 ×17% +10 ×11% +23.8 ×（1 −4%）+10 ×17% =65.09（万元）

业务4：可以抵扣的进项税额 =6 ×11% =0.66（万元）

该业务增值税销项税额 =［300 +80 +2.34 ÷（1 +17%）+120 +5.85 ÷（1 +17%）］×17% =86.19（万元）

该业务应纳消费税 =［300 +80 +2.34 ÷（1 +17%）］×30%

=114.6（万元）

业务5：用自产应税消费品换取生产资料，按平均售价计算增值税，按最高售价计算消费税。

应纳增值税销项税 =600 ×200 ×17% ÷10 000 =2.04（万元）

当期进项税 =2.04（万元）

应纳消费税 =600 ×210 ×30% ÷10 000 =3.78（万元）

业务 6：该业务应纳增值税 $=15\times17\%+200\times17\%\div10\ 000$

$=2.55$（万元）

应纳消费税 $=15\times30\%+200\times30\%\div10\ 000=4.51$（万元）

业务 7：油彩和上妆油不属于应税消费品，不征收消费税。

应纳增值税 $=67.86\div(1+17\%)\times17\%+5\times200\times17\%\div10\ 000$

$=9.88$（万元）

应纳消费税 $=5\times200\times30\%\div10\ 000=0.03$（万元）

业务 8：可以抵扣的进项税 $=11.76\times17\%+2\times11\%=2.22$（万元）

本期可以抵扣的已纳消费税：

本期领用库存外购化妆品账面价格 $=15+(58+2+3)\div(1-30\%)+20+212-50=287$（万元）

可抵扣已纳消费税 $=287\times30\%=86.1$（万元）

本期可抵扣的进项税合计 $=2\times11\%+15.3+8.05+5.28+65.09+0.66+2.04+2.22$

$=98.86$（万元）

本期销项税合计 $=86.19+2.04+2.55+9.88=100.66$（万元）

该企业 12 月国内销售应缴纳的增值税：

本期应纳增值税 $=100.66-98.86=1.80$（万元）

该企业 12 月国内销售应缴纳的消费税：

应纳消费税 $=114.6+3.78+4.51+0.03-86.1=36.82$（万元）

9. 位于县城的某工业企业为增值税一般纳税人，主要生产、销售各类机械设备。2015 年 9 月发生如下业务：

业务 1：8 月以预收货款方式销售给某建筑公司机械设备 3 台并收讫全部货款，每台不含税售价 80 000 元，本月发出货物。另向购买方收取优质服务费 4 680 元。

业务 2：本月采取分期收款方式向某制药厂销售大型机械设备 1 台，含税金额为 561 600 元。合同规定购买方 9 月、10 月、11 月和 12 月每月支付货款 140 400 元。

业务 3：当年 3 月委托某机械专营商代销 8 台小型机械设备。协议规定，商场按每台含税价格 3 510 元对外销售，双方按该价格结算，本企业另外向机械专营商支付5%的手续费。本月收到代销清单。

业务4：将新研制的1台机械设备作为投资，投入到一家新设立的有限公司，本月已运抵接受该投资的公司。该设备尚无同类型产品的市场销售价格，已知账面成本为32 000元。

业务5：进口原材料1批，关税完税价格折合人民币140 000元，进口关税税率为30%。另从报关地运到企业，发生不含税运费4 000元，取得货运增值税专用发票。原材料尚未验收入库。

业务6：在国内采购原材料1批，增值税专用发票上注明的进项税额为8 500元，货款已经支付，防伪税控发票尚未通过认证。

已知该企业上期无留抵税款，成本利润率是10%。

根据上述资料，回答下列问题：

（1）业务1的销项税是多少？

（2）该企业当月的销项税合计为多少？

（3）该企业当月准予抵扣的进项税额合计为多少？

（4）该企业当月应纳增值税是多少？

（5）该企业9月应缴纳的城市维护建设税及教育费附加为多少？

【参考答案】

业务1：预收货款方式销售货物的，实际发出货物时为纳税义务发生时间，所以9月计算销项税而非8月。向购货方收取的优质服务费，属于价外费用，应注意换算成不含税销售额进行计算。

销项税额 $=[3\times 80\ 000+4\ 680\div(1+17\%)]\times 17\%=41\ 480$（元）

业务2：采取赊销或分期收款方式销售货物的，纳税义务发生时间为书面合同约定的收款日期当天。

9月计提的销项税额 $=140\ 400\div(1+17\%)\times 17\%=20\ 400$（元）

业务3：销项税额 $=3\ 510\div(1+17\%)\times 17\%\times 8=4\ 080$（元）

业务4：将自产货物用于投资的，视同销售。

销项税额 $=32\ 000\times(1+10\%)\times 17\%=5\ 984$（元）

业务5：进口原材料缴纳的增值税 = 组成计税价格 × 税率 =（关税完税价格 + 关税）× 税率 $=(140\ 000+140\ 000\times 30\%)\times 17\%=30\ 940$（元）

运费进项税额 $=4\ 000\times 11\%=440$（元）

业务6：企业购进货物取得的专用发票必须在认证后才能申报抵扣，在国内采购原材料发生的进项税8 500元，不可以抵扣。

该企业当月销项税额合计 = 41 480 + 20 400 + 4 080 + 5 984

= 71 944（元）

进项税额合计 = 30 940 + 440 = 31 380（元）

应纳增值税额 = 销项税额 - 进项税额 = 71 944 - 31 380 = 40 564（元）

应缴纳的城建税及教育费附加 = 40 564 ×（5% + 3%）

= 3 245.12（元）

10. 某市电器生产企业，为增值税一般纳税人，2014年销售产品取得不含税收入2 500万元，会计利润600万元，已预缴所得税150万元。2014年年末经税务师事务所审核，发现以下问题：

（1）期间费用中广告费450万元、业务招待费15万元、研究开发费用20万元。

（2）营业外支出50万元（含通过公益性社会团体向贫困山区捐款30万元，直接捐赠6万元）。

（3）计入成本、费用中的实发工资总额150万元、拨缴职工工会经费3万元、支出职工福利费23万元和职工教育经费6万元。

（4）4月购置并投入使用的安全生产专用设备企业未进行账务处理。取得购置设备增值税普通发票上注明含税价款81.9万元，预计使用10年无残值。

（5）实缴“三税”40万元，企业未计城建税及教育费附加。

（6）在A国设有分支机构，A国分支机构当年应纳税所得额300万元，其中生产经营所得200万元，A国规定税率为20%；特许权使用费所得100万元，A国规定的税率为30%；从A国分回税后利润230万元，尚未入账处理。

根据上述资料，按下列序号回答问题，每个问题都需计算出合计数：

（1）企业当年调账后的会计利润总额为多少？

（2）企业当年对外捐赠的纳税调整额为多少？

（3）企业当年工资及“三项经费”的纳税调整额为多少？

（4）企业当年广告费和业务招待费的纳税调整额为多少？

（5）企业 A 国所得在我国境内应补缴的企业所得税额为多少？

（6）企业年终汇算清缴实际缴纳的企业所得税为多少？

【参考答案】

（1）专用设备对会计利润的影响额 = 81.9 ÷ 10 ÷ 12 × 8
= 5.46（万元）

调账后的会计利润总额 = 600 − 5.46 − 40 ×（7% + 3%）+ 230
= 820.54（万元）

（2）公益捐赠扣除限额 = 820.54 × 12% = 98.46（万元）

公益捐赠扣除限额大于实际公益捐赠 30 万元，公益捐赠不需纳税调整。

直接捐赠不得税前扣除，对外捐赠的纳税调整额为 6 万元。

（3）实发的工资可以据实扣除。

工会经费扣除限额 = 150 × 2% = 3（万元）

实际拨缴职工工会经费 3 万元，未超过扣除限额，不用调整。

职工福利费扣除限额 = 150 × 14% = 21（万元）

实际支出 23 万元，应当调增所得额 2 万元。

职工教育经费扣除限额 = 150 × 2.5% = 3.75（万元）

实际支出 6 万元，应当调增所得额 = 6 − 3.75 = 2.25（万元）

工资及“三项经费”的纳税调整额 = 2 + 2.25 = 4.25（万元）

（4）广告费的纳税调整额 = 450 − 2 500 × 15% = 450 − 375 = 75（万元）

业务招待费扣除限额 = 2 500 × 5‰ = 12.5（万元）> 15 × 60%
= 9（万元）

业务招待费纳税调整额 = 15 − 9 = 6（万元）

当年广告费和业务招待费的纳税调整额 = 75 + 6 = 81（万元）

（5）A 国分支机构在境外实际缴纳的税额 = 200 × 20% + 100 × 30%
= 70（万元）

A 国的分支机构境外所得的税收扣除限额 = 300 × 25% = 75（万元）

A 国所得在我国应补缴企业所得税额 = 75 − 70 = 5（万元）

（6）研究开发费用加计扣除 = 20 × 50% = 10 万元，可以调减所得额。

境内应纳税所得额 = 820.54 + 75 + 6 + 6 + 4.25 − 10 − 230

$=671.79$（万元）

企业年终汇算清缴实际缴纳的企业所得税 $=671.79\times25\%-81.9\times10\%+5-150=14.76$（万元）

11. 位于县城的某卷烟厂为增值税一般纳税人，主要生产销售同一牌号规格的卷烟，2016 年有关经营业务如下：

（1）全年共销售卷烟 5 000 标准箱，取得不含税收入 26 000 万元，与卷烟配比的销售成本为 5 350 万元。

（2）全年发生管理费用 1 100 万元，其中含业务招待费 300 万元，卷烟厂为全体职工支付的补充养老保险费 130 万元，当年发生诉讼费 10 万元。

（3）全年发生销售费用 1 300 万元，其中含当年发生的卷烟广告费 500 万元，以现金方式支付给中介服务公司佣金 50 万元（所签订的协议注明相关交易实现收入 1 500 万元）。

（4）全年发生财务费用 700 万元，其中 2016 年 1 月 1 日含向某工业企业（非关联企业）借款 1 000 万元所支付的全年借款利息 100 万元（金融企业同期同类贷款利率为 7%）。

（5）营业外支出共计 250 万元，包括通过省级人民政府向贫困地区捐款 200 万元，因违规经营被工商管理部门处以罚款 20 万元，订购的一批材料因临时取消而支付给供货方违约金 30 万元。

（6）计入成本、费用中的实发合理工资总额为 2 000 万元，实际发生职工福利费 300 万元、职工教育经费 60 万元，拨缴工会经费 48 万元。

（7）取得投资收益 260 万元。其中包括：当年 3 月购买了境内甲上市公司的流通股股票 30 万股，12 月收到甲上市公司发放的现金股利 80 万元；取得国债利息收入 180 万元。

（8）当年购入原材料等取得增值税专用发票，注明价款 5 000 万元，增值税 850 万元；从小规模纳税人处购进符合规定的环境保护专用设备，支付价税合计金额 123.6 万元，取得税务机关代开的增值税专用发票，该专用设备当期已投入使用。

其他相关资料：假定企业每月销项税额均大于进项税额，取得的相关发票均已按规定进行了认证；该卷烟厂生产销售的卷烟适用的消费税比例税率为56%、定额税率为150元/标准箱，不考虑地方教育附加。

根据上述资料，回答下列问题。

（1）全年应缴增值税、消费税、城建税和教育费附加是多少？

（2）2014年卷烟厂实现的会计利润为多少？

（3）计算企业所得税应纳税所得额时，管理费用和销售费用共计应调整的金额是多少？

（4）2014年该卷烟厂的企业所得税应纳税所得额为多少？

（5）2014年该卷烟厂应缴纳企业所得税多少？

【参考答案】

（1）全年应缴纳增值税 = 26 000 × 17% − 850 − 123.6 ÷（1 + 3%）× 3% = 3 566.4（万元）

全年应缴纳消费税 = 26 000 × 56% + 5 000 × 150/10 000 = 14 635（万元）

全年应缴纳城市维护建设税 =（3 566.4 + 14 635）× 5% = 910.07（万元）

全年应缴纳教育费附加 =（3 566.4 + 14 635）× 3% = 546.04（万元）

（2）会计利润 = 26 000 − 5 350 − 1 100 − 1 300 − 700 − 250 + 260 − 14 635 − 910.07 − 546.04 = 1 468.89（万元）

（3）业务招待费实际发生额 = 60% = 300 × 60% = 180（万元）

销售（营业）收入的5‰ = 26 000 × 5‰ = 130（万元）

税前可扣除业务招待费130万元。

应调增应纳税所得额 = 300 − 130 = 170（万元）

支付的补充养老保险费应调增应纳税所得额 = 130 − 100 = 30（万元）

烟草企业的烟草广告费和业务宣传费支出，一律不得在计算企业所得税应纳税所得额时扣除，广告费应调增应纳税所得额500万元。支付给中介服务公司的佣金应调增应纳税所得额50万元。

管理费用和销售费用共计应调增应纳税所得额 = 170 + 30 + 500 + 50 = 750（万元）

（4）利息费用应调增应纳税所得额 = 100 − 1 000 × 7% = 30（万元）

捐赠支出税前扣除限额 = 1 468.89 × 12% = 176.27（万元）

实际发生捐赠支出200万元，超过扣除限额。

应调增应纳税所得额 = 200 − 176.27 = 23.73（万元）

被工商管理部门处以罚款 20 万元，不得在企业所得税前扣除，应调增应纳税所得额 20 万元。

职工福利费税前扣除限额 $=2\ 000\times14\%=280$（万元）

实际发生 300 万元，应调增应纳税所得额 $=300-280=20$（万元）

职工教育经费税前扣除限额 $=2\ 000\times2.5\%=50$（万元）

实际发生 60 万元，应调增应纳税所得额 $=60-50=10$（万元）

工会经费税前扣除限额 $=2\ 000\times2\%=40$（万元）

实际发生 48 万元，应调增应纳税所得额 $=48-40=8$（万元）

国债利息收入免征企业所得税，应调减应纳税所得额 180 万元。

该卷烟厂的企业所得税应纳税所得额 $=1\ 468.89+750+30+23.73+20+20+10+8-180=2\ 150.62$（万元）

（5）2014 年该卷烟厂应缴纳企业所得税 $=2\ 150.62\times25\%-123.6\div(1+3\%)\times10\%=525.66$（万元）

12. 某电子设备制造企业为增值税一般纳税人，适用 17% 的增值税税率。2016 年，该企业自行核算主营业务收入为 2 700 万元，其他业务收入 200 万元，投资收益 1 100 万元；扣除项目金额合计 2 865 万元，实现利润总额 1 135 万元。经注册会计师审核，发现下列情况：

业务 1：“管理费用”账户列支 100 万元。其中：与生产经营有关的业务招待费 30 万元，新产品技术开发费 40 万元，支付给母公司的管理费 10 万元。

业务 2：“财务费用”账户列支 40 万元。其中：2014 年 6 月 1 日向关联企业借入资金 200 万元用于生产经营，当年支付利息 12 万元并在财务费用账户中列支（注：关联企业对该企业的权益性投资额为 80 万元。企业能够提供相关资料，证明相关借款交易活动符合独立交易原则）。同期当地其他企业向工商银行贷款 1 000 万元，借款期 1 年，利息 60 万元。

业务 3：“营业外支出”账户列支 166.6 万元。其中：对外捐款 156.6 万元（通过省级政府向贫困地区捐款 146.6 万元，直接向某学校捐款 10 万元）；被环保部门处以罚款 10 万元。

业务 4：“投资收益”账户贷方发生额 1 100 万元。其中，从直接投资的境内 A 公司（小型微利企业）分回股息 10 万元；国债利息收入 205

万元；从境外甲国 D 公司分回税后股息 30 万元，因享受了当地优惠。D 公司适用企业所得税税率 15%，甲国实际名义企业所得税率 20%。甲国和中国之间签订了税收饶让协议。拥有在丁国的 F 公司 60% 的股权，从 F 公司分回股息 855 万元，其中 F 公司当年利润中有 25 万元按照我国企业所得税法政策规定属于免税所得。丁国的企业所得税税率为 10%，预提所得税税率为 5%。F 公司 2012 年度未弥补的亏损 75 万元，2013 年结转未抵免税款 100 万元。另外，本电子设备制造企业在乙国的 B 公司拥有股权。

具体为：电子企业 60% 持股乙国 B 公司，而 B 公司 50% 持股丙国 C 公司。乙国为 30% 税率、丙国为 20% 税率。电子企业从 B 公司收到股息 262.5 万元；B 公司税前利润 500 万元，B 公司从 C 公司收到股息 100 万元；C 公司税前利润 250 万元（注：在此企业的税前利润等于当年企业的应纳税所得额。乙国、丙国均不征收预提税）

业务 5：实际支付工资总额 319.6 万元（其中，支付给残疾人员工资 50 万元，新员工安家费 10 万元，劳务派遣用工的费用支出 24 万元），公司拥有劳务派遣用工 10 人，每人月收入 2 000 元，其中 4 人是职工幼儿园的老师，另外 4 人是生产车间工人，还有 2 人是企业办公室的行政职员。发生职工福利费支出 25.4 万元，实际拨缴工会经费 6 万元，发生职工教育经费 7 万元。为职工支付商业保险费 20 万元，均已计入相关的成本、费用。

业务 6：2014 年 2 月购进并实际使用规定的安全生产专用设备，取得的普通发票上注明金额 20 万元，当月投入使用，该设备按照直线法计提折旧，折旧年限 10 年，残值率 10%。企业将设备购置支出一次性在成本中列支。另知该设备生产的产品全部在当年销售，成本已结转；会计上对该设备折旧的计算与税法规定相同。5 月，企业从国内购入 2 台 A 生产设备并于当月投入使用，增值税专用发票注明价款共 400 万元，进项税 68 万元，企业采用直线法按 10 年计提折旧，残值率 8%，税法规定该设备直线法折旧年限为不低于 5 年。2014 年 6 月购入价值 40 万元的研发设备，购入用于研发的笔记本 5 台，总计价款 2 万元，研发设备和笔记本，企业选择税收优惠最大化扣除（研发设备会计上采用直线法 10 年折旧，笔记本会计上采用

直线法4年折旧，两设备的研发费用加计扣除不用考虑）

业务7：接受某公司捐赠的原材料一批，取得普通发票，价税合计金额为11.7万元，该项业务未反映在账务中。

业务8：用自产产品对非关联企业进行投资，产品成本70万元，不含税销售价格100万元，企业直接按照成本结转，将87万元计入长期股权投资账户。经审核，该业务相关的增值税、城市维护建设税和教育费附加处理正确。

根据上述资料回答下列问题，计算结果保留两位小数。

（1）该企业业务招待费应调增企业所得税应纳税所得额是多少？

【参考答案】

业务8中自产产品对外投资，企业所得税视同销售确认收入。所以业务招待费的扣除限额＝（2 700＋200＋100）×5‰＝15（万元）

实际发生额的60%＝30×60%＝18（万元）

业务招待费支出税前可扣除15万元：

需要调增应纳税所得额＝30－15＝15（万元）

（2）该企业2014年度企业所得税纳税申报表上应当列示的会计利润是多少？

【参考答案】

业务6中应调增会计利润＝20－20×（1－10%）÷10×10÷12

＝18.5（万元）

业务7中应调增会计利润＝11.7（万元）

业务8中应调增会计利润＝100－70＝30（万元）

企业的会计利润＝1 135＋18.5＋11.7＋30＝1 195.2（万元）

（3）该企业“营业外支出”项目应调整应纳税所得额是多少？

【参考答案】

①直接捐赠支出10万元不能在税前扣除。

②被环保部门处以的罚款10万元，不能在税前扣除。

③公益性捐赠支出扣除限额＝1 195.2×12%＝143.42（万元）＜146.60万元

应调增应纳税所得额＝146.60－143.42＝3.18（万元）

营业外支出项目应调增应纳税所得额 = 10 + 10 + 3.18
= 23.18（万元）

（4）企业所得税前可以扣除的工薪金额和职工福利费金额是多少？

【参考答案】

税法认可的工薪总额 = 319.6 − 0.2 × 4 × 12 − 10 = 300（万元）

企业实际发生的职工福利费 = 0.2 × 4 × 12 + 10 + 25.4 = 45（万元）

可扣福利费 = 300 × 0.14 = 42（万元）

企业所得税前可扣除工薪和职工福利费 = 300 + 42 = 342（万元）

（5）企业所得税前研发设备和笔记本的扣除应做的纳税调整金额是多少？

【参考答案】

税法上规定电子制造业属于六大行业，其购进的100万元以下的研发设备可以一次性扣除，购进5 000元以下的固定资产，可以一次性税前扣除。因此：

研发设备和笔记本应当做纳税调减 = 40 − 40 ÷ 10 ÷ 12 × 6 + 2 − 2 ÷ 4 ÷ 12 × 6 = 39.75（万元）

（6）2014年度该企业在实际应缴纳企业所得税是多少？

【参考答案】

（1）支付给残疾人员的工资准予100%加计扣除50万元。

职工福利费扣除限额 = 300 × 14% = 42（万元）

应调增应纳税所得额 = 45 − 42 = 3（万元）

工会经费扣除限额 = 300 × 2% = 6（万元），工会经费准予据实扣除。

职工教育经费扣除限额 = 300 × 2.5% = 7.5（万元）> 实际发生额7万元，据实扣除。

为职工支付商业保险费，不得税前扣除。

合计纳税调整金额 = −50 + 3 + 20 = −27（万元）

则共计应调减应纳税所得额27万元。

（2）同期当地其他企业向工商银行贷款1 000万元，借款期1年，利息60万元。同期同类银行贷款年利率为6%。

利息费用，向关联企业借款，不得超过同期同类银行贷款利率计算的部分准予扣除，超过部分不得扣除；会计上扣除 12 万元，需纳税调增 $=12-200\times6\%\times7\div12=12-7=5$（万元）。

该笔关联企业借款，不用考虑债资比，因为企业如果能够按照税法及其实施条例的有关规定提供相关资料，并证明相关交易活动符合独立交易原则的，不需要再考虑关联债资比例。

（3）企业从国内购入 2 台生产设备并于当月投入使用，会计 10 年计提折旧，税法折旧年限为 5 年，会计年限 > 税法最低年限，按会计年限计算扣除，不需要调整。

（4）境内应纳税所得额 $=1\ 195.2+15$（业务招待费）$-40\times50\%$（新产品技术开发费加计扣除）$+10$（母公司管理费）$+5$（财务费用）$+23.18$（营业外支出）$-1\ 100$（投资收益）-27（工资及三项费用、保险费）$-39.75=61.63$（万元）

（5）境外甲国 D 公司分回股息应补缴企业所得税 $=30\div(1-20\%)\times(25\%-20\%)=1.88$（万元）

（6）境外丁国 F 公司的税额抵免。

①计算国外分回所得税前应纳税所得额：

F 公司税前所得 $=855\div(1-5\%)\div(1-10\%)=1\ 000$（万元）

②计算境外所得按我国税法规定的应纳税额（可抵免限额）：

F 公司应纳税额 $=(1\ 000-25)\times25\%=243.75$（万元）

③计算境外所得可抵免税额：

F 公司境外所得可抵免税额 $=1\ 000\times10\%+1\ 000\times(1-10\%)\times5\%$

$=100+45=145$（万元）

④确认当年应抵免税额：

F 公司本年抵免境外所得税款 145 万元（243.75 > 145）。对未抵免的剩余部分 98.75 万元（243.75 − 145），可用于抵免以前年度结转本年抵免的所得税额 100 万元，剩余部分 1.25 万元继续结转以后年度抵免。

所以，来自丁国的所得，不涉及补税。

（7）境外乙国和丙国的股息的抵免：

B 公司收到股息在丙国的实缴税款 $=100\div(1-20\%)\times20\%$

$=25$（万元）

B 公司收到股息的抵免限额 = 100 ÷ (1 − 20%) × 30% = 37.5（万元）

B 公司收到股息的可抵免额 = 25 万元

乙国政府应征 B 公司税款 = (500 + 125) × 30% − 25 = 162.5（万元）

电子公司收到股息所负担的乙国和丙国税款 = （162.5 + 25）× {262.5 ÷ [(500 + 125) − (162.5 + 25)]} = 112.5（万元）

电子公司收到股息的抵免限额 = (262.5 + 112.5) × 25% = 93.75（万元）

实际可抵免额：93.75 万元，超过部分，结转以后年度抵免。

所以来源于乙国丙国的股息，不涉及补税。

（8）购进安全设备的抵免。

购进安全生产专用设备，其投资额的 10% 可以从企业当年的应纳税额中抵免。

所以，该企业在境内实际应缴纳企业所得税 = 61.63 × 25% + 1.88 − 20 × 10% = 15.29（万元）

13. 某混凝土有限公司 2015 年 4 月成立，4 月至 5 月为筹建期，6 月开始正式生产，2015 年 8 月认定为增值税一般纳税人，税率 17%。主要经营混凝土加工、小型预制件加工及销售，产品主要销往建筑企业。混凝土行业的特点是产成品无法保存；前期需要投入的资金较大，资金结算时间滞后；销售货物开具发票时间滞后或不开具发票，该行业的平均税负率 1.92%。该公司 2015 年 9 月、2015 年 10 月资产负债表相关情况如下表所示。

资产负债表　　（单位：万元）

时间	应收账款	实收资本	固定资产	固定资产清理	在建工程
2015 年 9 月	1 900	1 000	2 000	0	300
2015 年 10 月	2 500	1 000	2 800	10	500

10 月已开具发票 3 834 万元，未开具发票 66 万元，未开票额占全部销售额的比例 1.69%。实地核查企业时发现新改造厂房地面大部分由混凝土铺制而成，企业销售合同和账务处理中显示客户大部分为外地客户，本地客户很少，但获得的第三方信息显示该企业销售形势大好。

该企业 2015 年 9 月至 10 月增值税纳税申报表所列情况如下表。

增值税纳税申报表　（单位：万元）

时间	销售收入	销项税额	进项税额	进项转出	留抵税额	缴纳增值税
2015 年 9 月	4 600	782	720	20		82
2015 年 10 月	3 900	663	724		61	

问题一：根据企业的基本信息内容，作为稽查人员应如何进行案头分析？

【参考答案】

（1）根据资产负债表上反映的应收账款余额 2 500 万元，实收资本 1 000万元，固定资产 2 800 万元，可以分析出该企业资金相对不多，应收账款余额大，资金回流不畅，但企业运营正常，这种情况较为可疑，可能存在销售收入不入账进行体外循环的情况。

（2）10 月资产负债表上比 9 月增加了固定资产清理，分析企业是否存在销售使用过的设备未计税问题，另外在建工程的增加，是否存在自产产品自用未计税问题。

（3）根据企业增值税纳税申报情况，9 月税负率为 1.78%，10 月税负率为 0，而该行业的平均税负率为 1.92%，10 月存在税负率不正常疑点，而且 10 月虽固定资产规模扩大（资产负债表显示），但企业收入反而下降，存在疑点。

（4）从申报的销售收入构成来看，当月已开具发票 3 834 万元，未开具发票 66 万元，未开票额占全部销售额的比例 1.69%，结合混凝土行业特点分析，未开票销售额占总销售额比例之小很不寻常，表明很可能存在迟记收入或销售不入账情况。

（5）该企业 10 月比 9 月收入下降 15% 左右，但进项税额却加大，分析是否存在接受虚开增值税专用发票问题。

问题二：如何根据分析情况制作稽查预案？

【参考答案】

（1）检查所耗原材料情况。混凝土生产原材料投料比例固定，检查纳税人生产领用的各类材料比例是否均衡，是否存在投入原材料产出的产成品账外销售未记收入的问题。

（2）通过检查账簿，结合实地检查，检查纳税人是否存在将自产的混凝土自用，却未作视同销售处理，未计提增值税的问题。

（3）对纳税人购入原材料发票进行协查，重点协查纳税人购入原材料取得的发票业务是否真实，同时检查纳税人取得的发票是否存在第三方付款，是否存在付款的资金回流问题。

（4）对纳税人所在地的建安企业抽查（外围调查取证），是否有购进其混凝土而未记销售的问题。

问题三：针对企业问题如何分步骤实施检查？

【参考答案】

（1）实地调查了解纳税人的资金来源和运用情况，各类资产和负债的构成、比例及增减变动原因。

（2）实地调查了解纳税人的生产工艺、流程，核实企业的生产能力，重点了解纳税人原材料实际耗用情况及产品的出库管理情况，对企业在建工程、固定资产增加部分核查是否有自产自用混凝土的问题，对此应进行重点核查。

（3）通过发协查函，核实被检查企业购进环节取得增值税专用发票的真实性、合法性等问题。

（4）账簿检查

①核对纳税人固定资产和在建工程账簿，查看是否存在产品自产自用情况。将“产成品”和“主营业务成本”科目核对。

②将“应交税费——应交增值税”科目记载内容与“增值税纳税申报表”填报内容对审，核实账表是否一致。

（5）外围调查。

到本地区建安企业营业项目所在地实地进行外调，如有使用被检查企业混凝土的问题，应补税，并找到充足的证据证明其存在账外经营问题。

14. 某机械制造企业成立于 2013 年，为增值税一般纳税人，适用 17% 的增值税率，执行企业会计准则，企业所得税实行查账征收。2013 年度，该企业经主管税务机关核准结转以后年度弥补的亏损额为 45 万元。2014 年度，该企业自行核算主营业务收入为 2 700 万元，其他业务收入 200 万元，投资收益 15 万元，扣除项目金额合计 2 820 万元，实现利润总额 95 万元。经注册税务师审核，发现下列情况：

（1）“管理费用”账户列支200万元。其中：业务招待费30万元，新产品技术开发费40万元。

（2）“营业外支出”账户列支50万元。其中：对外捐赠30万元（通过县民政局向贫困地区捐赠20万元，直接向某希望小学捐赠10万元），被环保部门处以罚款10万元。

（3）“投资收益”账户贷方发生额15万元。其中：从境内A公司（未上市高新技术企业）分回股息10万元，国债利息收入5万元。

（4）实际支付工资总额300万元（税务机关认定该企业支付的工资属于合理的工资薪金支出，可以全额在税前扣除，其中残疾人员工资50万元），发生职工福利费支出45万元，工会经费支出6万元，职工教育经费支出7万元，为职工支付普通商业保险费20万元。

（5）2014年1月购进“安全生产专用设备企业所得税优惠目录”范围内的安全生产专用设备一台，取得的增值税专用发票上注明价款20万元、增值税额3.4万元，2月份投入使用并已按规定计提折旧费用。

（6）接受某公司捐赠的原材料一批，取得增值税专用发票，注明价款10万元，增值税额1.7万元，该项业务未反映在账务中。

注：假定该企业的优惠事项均按规定办理了备案手续，不考虑地方税费因素。

请根据上述资料回答下列问题：

（1）计算该企业当年可以税前扣除的管理费用（考虑加计扣除因素）。

（2）计算该企业当年可以税前扣除的工资、职工福利费、工会经费、职工教育经费和职工保险费金额（考虑加计扣除因素）。

（3）计算该企业当年实际会计利润。

（4）计算该企业当年“营业外支出”科目纳税调整金额。

（5）计算该企业当年应纳税所得额。

（6）计算该企业当年实际应缴纳的企业所得税。

【参考答案】

（1）销售（营业）收入＝2 700＋200＝2 900（万元）

2 900×5‰＝14.5（万元）＜30×60%＝18（万元），业务招待费扣

除限额为14.5万元，纳税调整金额 = 30 - 14.5 = 15.5（万元）。

新产品技术开发费加计扣除额 = 40 × 50% = 20（万元）

当年可以税前扣除的管理费用 = 200 - 15.5 + 20 = 204.5（万元）

（2）残疾人员工资加计扣除额 = 50 × 100% = 50（万元）

职工福利费扣除限额 = 300 × 14% = 42（万元）

纳税调整金额 = 45 - 42 = 3（万元）

工会经费扣除限额 = 300 × 2% = 6（万元）

工会经费支出未超限额，可据实扣除。

职工教育经费扣除限额 = 300 × 2.5% = 7.5（万元）

职工教育经费支出未超限额，可据实扣除。

支付普通商业保险费20万元，不得扣除。

当年可以税前扣除的工资、职工福利费、工会经费、职工教育经费和职工保险费金额合计 = 300 + 50 + 42 + 6 + 7 = 405（万元）

（3）接受捐赠原材料调增利润 = 10 + 1.7 = 11.7（万元）

该企业当年实际会计利润 = 95 + 11.7 = 106.7（万元）

（4）公益性捐赠扣除限额 = 106.7 × 12% = 12.8（万元）

向贫困地区捐赠调增金额 = 20 - 12.8 = 7.2（万元）

直接向某希望小学捐赠10万元不得扣除。环保部门罚款10万元不得扣除。

“营业外支出”科目纳税调整金额合计 = 7.2 + 10 + 10 = 27.2（万元）

（5）纳税调整后所得 = 106.7 + 15.5 - 20 - 50 + 3 + 20 - 15 + 27.2
= 87.4（万元）

应纳税所得额 = 87.4 - 45（以前年度亏损） = 42.4（万元）

（6）购进安全生产专用设备抵免税额 = 20 × 10% = 2（万元）

当年实际应缴纳企业所得税 = 42.4 × 25% - 2 = 8.6（万元）

15. 某市房地产开发公司在该市某区于2012年1月至2014年12月开发“××家园”住宅项目，全部为145m^2以上的非普通住宅，发生相关业务如下：

（1）2012年1月通过竞拍获得一宗国有土地使用权，合同记载总价款4 200万元，并按规定缴纳了契税。

（2）开发期间发生开发成本7 050万元，其中650万元为向银行贷款发生的利息支出，按期归还，并能提供金融机构贷款证明。土地出让合同约定，该房地产开发公司负责拍得土地被拆迁户安置，由于资金问题开发延误，未妥善解决拆迁户问题，原计划以本项目安置的改为异地安置，于2013年3月，支付1 250万元购入异地房产用于安置。

（3）2014年11月开盘，当月全部销售完毕，取得收入23 000万元。

（4）发生并实际支出管理费用760万元，财务费用30万元。

（5）2014年12月，将该市某区已使用过的职工宿舍楼转让给政府作为公租房房源，并当月签订相关转让合同和开具发票，取得收入3 000万元。该职工宿舍楼为2010年6月向其他房地产开发公司购买的全部为$90m^2$以下的普通住宅，并于当月签订买卖合同并向房管部门备案。2010年8月支付购房款并开具发票并按规定缴纳契税，所载购买金额为1 900万元（该公司未提供评估价格但有提供购房发票和契税完税凭证）。

根据上述情况，按下列序号计算回答问题，每个问题都需计算出合计数。

（1）计算该公司转让其开发的“××家园”住宅项目应纳土地增值税时可扣除的取得土地使用权所支付的金额。

（2）计算该公司转让其开发的“××家园”住宅项目应纳土地增值税时可扣除开发成本、开发费用。

（3）计算该公司转让其开发的“××家园”住宅项目应纳土地增值税时可扣除的项目金额合计。

（4）计算该公司转让其开发的“××家园”住宅项目应纳土地增值税。

（5）计算该公司转让职工宿舍楼扣除项目可按规定加计几年？应纳土地增值税的扣除项目金额。

（6）计算公司转让职工宿舍楼应纳的土地增值税。注：“××家园”项目不考虑印花税；计算时涉及小数点后超过3位数的，四舍五入保留2位数。土地增值税税率表附后。契税税率3%。

【参考答案】

（1）“东丽家园”住宅项目：

可扣除的取得土地使用权所支付的金额 = 4 200 ×（1 + 3%）

= 4 326（万元）

可以扣除的开发成本 = 7 050 − 650 + 1 250 ×（1 + 3%）= 7 687.5（万元）

可以扣除的开发费用 = 可据实扣除的利息650 + 其他开发费用（可扣

除的取地成本和开发成本之和的5%）×5%＝650＋（4 326＋7 687.5）×5%＝650＋600.68＝1 250.68（万元）

转让房地产有关的税金＝营业税23 000×5%＋城建税教育费附加地方教育附加23 000×5%×（7%＋3%＋2%）＝1 150＋1 150×12%＝1 288（万元）

加计扣除＝（取地成本4 326＋开发成本7 687.5）×20%
＝2 402.7（万元）

可扣除的项目金额合计＝4 326＋7 687.5＋1 250.68＋1 288＋2 402.7
＝16 954.88（万元）

"××家园"住宅项目增值额＝23 000－16 954.88＝6 045.12（万元）

增值率＝6 045.12÷16 954.88×100%＝35.66%

应纳土地增值税＝6 045.12×30%＝1 813.54（万元）

（2）转让旧房应缴土地增值税。

根据财税〔2006〕21号规定，按发票所载金额并从购买年度起至转让年度止每年加计5%计算扣除时，"每年"按购房发票所载日期起至售房发票开具之日止，每满12个月计一年；超过一年，未满12个月但超过6个月的，可以视同为一年。因此，2010年8月至2014年12月共4年零5个月，按规定可加计4年。

加计扣除的金额＝1 900×5%×4＝380（万元）

购房时缴纳的契税＝1 900×3%＝57（万元）

转让环节有关税金＝(3 000－1 900)×5%＋(3 000－19 000)×5%×(7%＋3%＋2%)＋3 000×0.05%＝55＋6.6＋1.5＝63.1（万元）

应纳土地增值税的可扣除的项目金额合计＝1 900＋380＋57＋63.1
＝2 400.1（万元）

增值额＝3 000－2 400.1＝599.9（万元）

增值率＝599.9÷2 400.1×100%＝24.99%

对企事业单位转让旧房作为公共租赁住房房源，增值额超过扣除项目金额20 %的，不能免征土地增值税。

应纳土地增值税税额＝(3 000－2 400.1)×30%＝599.9×30%
＝179.97（万元）

第六部分　综合实务和案例分析题

一、综合实务题

（一）

某市F百货公司，主营日用百货的零售业务。2016年1月，该市A区税务局在对其2015年的纳税情况进行检查中发现，其法人代表徐某指使有关人员采取发票大头小尾手段进行偷税，偷税数额共计3 196元。检查人员立即作出处罚决定，追缴该公司所偷税款，并处以该公司偷税数额4倍的罚款。当事人不服，于次日向该市税务局申请复议。复议机关经审理，作出维持原处罚的复议决定。当事人对该复议不服，以该市税务局为被告向管辖法院提起行政诉讼。

根据案情，依据有关法律规定，对以下问题作出肯定或否定的回答，并简要说明理由：

（1）检查人员对本案违法事实认定清楚，理由充分并有法定依据，可以当场作出处罚决定。

（2）检查人员无须告知当事人有要求听证权利。

（3）该案检查人员能否受领导指派主持处罚听证会。

（4）该市税务局作为行政复议机关，是该行政诉讼案的被告。

【参考答案】

（1）错误。本案F百货公司偷税共计3 196元，A区税务局处以该百货公司偷税数额4倍的罚款，计12 784元。根据《行政处罚法》规定，A区税务局必须依据行政处罚的一般程序作出处罚决定。

（2）错误。对F百货公司处罚12 784已经超过了10 000元，根据规定，A 区税务局应该告知该企业有要求听证的权利。

（3）不能。该案检查人员不能担任本案听证会的主持人。税务机关负责人应指定非本案调查人员主持听证会。

（4）错误。《行政诉讼法》规定，经复议机关决定维持原具体行政行为的，作出原具体行政行为的行政机关是被告。因此，在本案诉讼审理中，本案的被告是该市 A 区税务局。

（二）

2017 年 6 月，某市税务局稽查局接到群众举报，称该市某酒家有偷税行为。为获取证据，该稽查局派税务人员王某等四人扮作食客，到该酒家就餐。餐后索要发票，服务人员给开具了一张商业零售发票，且将饭菜写成了烟酒，当税务人员问是否可以打折时，对方称如果要白条，就可以打折。第二天，王某等四人又来到该酒家，称自己是市税务局稽查局的，有人举报酒家有偷税行为，并出示税务检查证，依法对酒家进行税务检查。检查中，该酒家老板不予配合。检查人员出示了前一天的就餐发票，同时当着老板的面强制性打开吧台抽屉，从中搜出大量该酒家的自制收据和数本商业零售发票。经核实，该酒家擅自印制收据并非法使用商业零售发票，偷逃营业税等地方税收 58 856.74 元。根据《税收征收管理法》及其有关规定，依法作出如下处理：补税 58 856.74 元，并处所偷税款 1 倍的罚款，对违反发票管理行为处以 9 000 元的罚款。翌日，该市税务局稽查局向该酒家下达了《税务违章处罚通知书》。该酒家不服，遂向当地人民法院提起行政诉讼。

请分析：

（1）税务机关的检查行为是否合法？

（2）行政处罚是否有效？

（3）行政处罚是否符合法律形式？

【参考答案】

（1）检查行为不合法。《税收征收管理法》第 54 条规定，税务机关具有以下六项税务检查职权：即账簿资料检查权、商品货物检查权、寄运货物单证检查权、责成提供纳税资料权、查核储蓄存款账户权和询问权。税务机关实施税务检查只能行使该六项法定职权，否则，就属违法。

本案中税务检查未出示检查通知书，而且税务机关采取强制性打开当事人抽屉，从中搜出大量的自制收据和数本商业零售发票。这实际是侦查和变相的搜查行为。税务机关作为税务行政管理机关实施该行为，于法无据。

根据最高人民法院《关于执行〈行政诉讼法〉若干问题的解释》第30条第（二）项规定，被告严重违反法定程序收集的证据不能作为认定被诉具体行政行为的合法根据，即是说行政机关根据未依法定程序取得的证据所作出的处理、处罚决定等具体行政行为是不合法具体行政行为，在行政诉讼中属于应予撤销的具体行政行为。

（2）行政处罚决定无效。根据《行政处罚法》第三十一条、第四十二条第一款第（一）项规定，行政机关在作出行政处罚决定之前，应当告知当事人作出行政处罚决定的事实、理由及依据，并告知当事人依法享有的权利；行政机关作出较大数额罚款时，还应当告知当事人有要求举行听证的权利。国家税务总局《税务行政处罚听证程序实施办法（试行)》第三条明确规定：税务机关对公民作出2 000元以上罚款、对法人或者其他组织作出1万元以上罚款的行政处罚之前，应当告知当事人有要求举行听证的权利。本案中，税务机关对当事人罚款达5万元以上，应当下达《税务行政处罚事项告知书》。该市税务局在实施税务检查后，翌日即下达处罚决定，违反了上述法定程序。根据《行政处罚法》第四十一条规定：其行政处罚决定不能成立。

（3）税务行政处罚不符合法定形式。《行政处罚法》第三十九条规定，行政机关作出行政处罚决定，应当制作行政处罚决定书。本案税务机关下达的是《税务违章处罚通知书》，显然不是法定文书，不符合法定处罚形式。

（三）

某地市税务局稽查局根据群众举报，经稽查局局长批准予以立案检查，安排陈某和张某两位税务稽查人员（其中陈某为检查组组长）到本市××大酒店实施税务稽查。

2017年3月10日，陈某和张某到达酒店后，依法出示“税务检查证”和《税务检查通知书》，被查对象在送达回证上签字后，实施稽查。

××大酒店法人代表李扬认为，稽查人员张某是其邻居，他们之间过去曾有私人恩怨，要求张某回避，稽查组长陈某认为，邻里关系不符合回避理由，当场拒绝了纳税人的要求。

稽查人员向企业出具并送达了《调取账簿资料通知书》（已经所属税务局局长批准），拟调取企业2016年全年和2017年第一季度全部会计账册检查。企业提供了2016年度的账簿资料，稽查人员并填写《调取账簿资料清单》交其核对后签章确认。但企业以影响会计核算为由，拒绝提供当年账册。稽查人员要求企业打开会计电算化系统进行检查，但企业担心泄露商业秘密拒绝提供用户账号和密码。

3月11日，稽查人员聘请信息技术维护人员拆卸了企业的服务器，并将电脑硬盘带回税务机关，复制了会计核算数据。

为进一步调查企业税务违法情况，加大稽查力度，稽查人员分别采取了三个办法收集税务违法证据：一是在企业会议室安装一部窃听器，以便了解有关企业管理层的应对策略；二是召开部分企业职工座谈会，并将座谈会议记录作为企业税务违法证据；三是请稽查局局长批准，另外安排两位稽查人员到外省某关联企业开展税务调查取证，并通过当地稽查局调取了某关联企业业务往来资料。

2017年7月10日，两位稽查人员通过三个月检查，基本调查清楚企业税务违法情况，根据《税务稽查工作底稿》及有关资料，制作了《税务稽查报告》，确认企业偷税150万元。次日，检查部门负责人审核确认了检查结果。为防止企业转移资金，经稽查局长批准开具《冻结存款通知书》，冻结了企业银行存款150万元。

2017年7月20日，检查部门将《税务稽查报告》《税务稽查工作底稿》及相关证据材料，移交审理部门审理，并办理交接手续。

2017年8月2日，审理部门根据《税务稽查报告》《税务稽查工作底稿》及相关证据资料，提出了相应的审理意见，并制作了《税务稽查审理报告》，制作并送达了《税务处理决定书》和《税务行政处罚决定书》，决定对企业处以罚款1倍罚款。《税务稽查审理报告》由审理部门负责人进行了审核签字。

2017年9月20日，由于企业未按规定期限缴纳税款，经所属税务局局长批准，稽查局依法定程序从企业银行存款中扣缴了税款、滞纳金和罚款。2017 年 9 月 21 日，解除了税收保全措施，并将有关完税凭证及调取的账簿资料送交给了企业。

2017 年 12 月 20 日，审理部门收集稽查各环节与案件有关的全部资料，整理成税务稽查案卷，归档保管。

要求：根据《税务稽查工作规程》规定，分析税务机关及稽查人员在税务稽查执法过程中存在的问题，并说明理由。

【参考答案】

问题 1：稽查组长决定张某是否稽查回避错误。应由稽查局局长决定。

被查对象要求税务稽查人员回避的，或者税务稽查人员自己提出回避的，由稽查局局长依法决定是否回避。稽查局局长发现税务稽查人员有规定回避情形的，应当要求其回避。稽查局局长的回避，由所属税务局领导依法审查决定。

问题 2：采用技术手段对企业电子信息系统进行直接检查未经稽查局局长批准。

问题 3：采用的技术手段不适当。应以不破坏该电子信息系统原始电子数据，或者影响该电子信息系统正常运行为前提。

对采用电子信息系统进行管理和核算的被查对象，可以要求其打开该电子信息系统，或者提供与原始电子数据、电子信息系统技术资料一致的复制件。被查对象拒不打开或者拒不提供的，经稽查局局长批准，可以采用适当的技术手段对该电子信息系统进行直接检查，或者提取、复制电子数据进行检查，但所采用的技术手段不得破坏该电子信息系统原始电子数据，或者影响该电子信息系统正常运行。

问题 4：稽查机关复制企业电子数据未履行必要手续。复制电子数据提供方未到场，电子数据复制到存储介质上未封存并由提供方签章等。

以电子数据的内容证明案件事实的，应当要求当事人将电子数据打印成纸质资料，在纸质资料上注明数据出处、打印场所，注明“与电子数据核对无误”，并由当事人签章。

需要以有形载体形式固定电子数据的，应当与提供电子数据的个人、单位的法定代表人或者财务负责人一起将电子数据复制到存储介质上并封存，同时在封存包装物上注明制作方法、制作时间、制作人、文件格式及长度等，注明“与原始载体记载的电子数据核对无误”，并由电子数据提供人签章。

问题5：以安装窃听器手段获取证据材料错误（无效）。

调查取证时，不得违反法定程序收集证据材料；不得以偷拍、偷录、窃听等手段获取侵害他人合法权益的证据材料；不得以利诱、欺诈、胁迫、暴力等不正当手段获取证据材料。

问题6：座谈会会议记录不能作为有效证据。如视为询问，也未依法定程序履行手续。

询问应当由两名以上检查人员实施。除在被查对象生产、经营场所询问外，应当向被询问人送达《询问通知书》。

询问时应当告知被询问人如实回答问题。询问笔录应当交被询问人核对或者向其宣读；询问笔录有修改的，应当由被询问人在改动处捺指印；核对无误后，由被询问人在尾页结束处写明“以上笔录我看过（或者向我宣读过），与我说的相符”，并逐页签章、捺指印。被询问人拒绝在询问笔录上签章、捺指印的，检查人员应当在笔录上注明。

当事人、证人可以采取书面或者口头方式陈述或者提供证言。当事人、证人口头陈述或者提供证言的，检查人员可以笔录、录音、录像。笔录应当使用能够长期保持字迹的书写工具书写，也可使用计算机记录并打印，陈述或者证言应当由陈述人或者证人逐页签章、捺指印。

问题7：稽查实施超过了法定时限未经稽查局局长批准。

检查应当自实施检查之日起60日内完成；确需延长检查时间的，应当经稽查局局长批准。

问题8：采取税收保全措施不当，不符合保全的条件。

问题9：采取税收保全措施经稽查局长批准权限错误，应经所属税务局局长批准。

检查从事生产、经营的纳税人以前纳税期的纳税情况时，发现纳税人有逃避纳税义务行为，并有明显的转移、隐匿其应纳税的商品、货物以及其他财产或者应纳税收入迹象的，经所属税务局局长批准，可以依法采取税收保全措施。

问题10：采取税收保全措施程序错误，应向纳税人送达《税收保全措施决定书》。

稽查局采取税收保全措施时，应当向纳税人送达《税收保全措施决定书》，告知其采取税收保全措施的内容、理由及依据，并依法告知其申请行政复议和提起行政诉讼的权利。

问题11：检查部门将底稿、报告等移交审理部门超过了法定时限，应在检查部门负责人审核后5个工作日内移交。

检查完毕，检查部门应当将《税务稽查报告》《税务稽查工作底稿》及相关证据材料，在5个工作日内移交审理部门审理，并办理交接手续。

问题12：作出税务行政处罚决定，未事先履行税务行政处罚告知手续。应先向企业送达《税务行政处罚事项告知书》。

拟对被查对象或者其他涉税当事人作出税务行政处罚的，向其送达《税务行政处罚事项告知书》，告知其依法享有陈述、申辩及要求听证的权利。

问题13：复议期限未满采取强制执行措施期限错误，应在下达《税务处罚决定书》后复议期限满60日后采取强制执行措施。

《行政复议法》第九条规定，公民、法人或者其他组织认为具体行政行为侵犯了其合法权益的，可以自知道该具体行为之日起60日内提出行政复议申请。

问题14：归还调取的企业账簿资料超过了法定时限，应在3个月内归还。

调取纳税人、扣缴义务人以前会计年度的账簿、记账凭证、报表和其他有关资料的，应当经所属税务局局长批准，并在3个月内完整退还；调取纳税人、扣缴义务人当年的账簿、记账凭证、报表和其他有关资料的，应当经所属设区的市、自治州以上税务局局长批准，并在30日内退还。

问题15：审理部门税务稽查案卷归档超过规定时限，应在60日内。

《税务处理决定书》《税务行政处罚决定书》《不予行政处罚决定书》《税务稽查结论》执行完毕，或者依照《税务稽查工作规程》第四十五条进行终结检查或者依照第七十一条终结执行的，审理部门应当在60日内收集稽查各环节与案件有关的全部资料，整理成税务稽查案卷，归档保管。

（四）

某市税务局稽查局选案科于2010年6月25日通过计算机选案系统筛选，确定该市万里运输公司为稽查对象。待查对象确定后，选案部门填制“税务稽查立案审批表”，附有关资料，经稽查局局长批准后立案检查。要求对该企业2009年度纳税情况进行检查，并根据要求填制了《税务稽查任务通知书》及其附件，连同案件有关资料一并送交检查科实施检查。

检查科确定由王飞、李翔、张娟三名检查人员组成检查组，由王飞任检查组长。检查组调阅了被查对象的纳税档案等资料，确定了相应的检查方案。

7月3日，检查组开始实施税务检查。检查人员向被查对象出示了税务检查证和《税务检查通知书》，并取得了相应的《税务文书送达回证》和《〈税务检查证〉出示证明》。检查人员向被查对象下达了由市税务局稽查局长签发的《调取账簿资料通知书》，调取该企业2009年度账簿、凭证、报表和其他有关资料，开具了《调取账簿资料清单》一份，详细列明了调取的资料种类、数量和所属期间等，并由双方经办人员签字，交被查对象保存。

检查过程中，检查人员根据情况，决定实施询问调查。询问前，检查人员向被询问人发出了《询问通知书》，并取得了相应的《税务文书送达回证》。询问调查由王飞、李翔负责实施，询问前向被询问人出示了税务检查证，由王飞负责提问，李翔记录。询问结束后，李翔将《询问（调查）笔录》交被询问人阅读并当场核对，被询问人认为笔录无误，在笔录最后一页签名并押印，李翔也在笔录上签署了日期并在询问人和记录人处签名。

检查过程中，检查组需要查询被查对象在银行的存款情况，派张娟持市税务局局长签发的《税务机关检查纳税人、扣缴义务人及案件涉嫌人员存款账户、储蓄存款许可证明》，到该企业开户银行进行查询，张娟向银行人员出示了税务检查证，取得了需要的资料。经查：该公司2009年部分运输业务未开具发票，未做收入，货款汇到该企业法定代表人的个人卡号上，计算少缴营业税50 000元（该公司2009年申报营业税300 000元，企业所得税70 000元，其他地方各税30 000元）。

检查过程中，检查人员复印了该企业部分账簿资料，并由该企业财务人员在复印件上写明了“此件与原件相符，由我单位提供”字样，并加盖单位公章，作为书证。

检查过程中，检查人员发现该企业有逃避纳税义务的行为，并有明显的转移、隐匿其应纳税收入的迹象，为避免国家税款流失，经市税务局局长批准，检查人应当向纳税人送达《税收保全措施决定书》，告知其采取税收保全措施的内容、理由及依据，并依法告知其申请行政复议和提起行政诉讼的权利。依法采取了查封、扣押其商品、货物及其他财产的税收保全措施。执行查封、扣押工作由王飞、张娟负责，他们通知该企业的仓库保管人员到场，查封了该企业的部分库存汽车配件、润滑油等，根据查封物品填制了《查封商品、货物及其他财产清单》，并加贴封条。对这部分查封物品，稽查人员指令该企业负责保管。

工作人员将检查中发现的问题按规定和要求制作了《税务稽查工作底稿》，交由被查对象财务负责人逐项核对，签署“情况属实”，并签字盖章。

7月15日，检查结束，检查人员整理案件资料，制作了《税务稽查报告》，认定该企业在账簿上不列收入，已构成偷税，作出补缴营业税50 000元，拟处以偷税数额50%的罚款25 000元的处理、处罚建议，并对其未按规定开具发票处以罚款9 000元的处理意见，并提交审理科审理。

审理科对《税务稽查报告》及案件证据资料进行了审查，于8月2日审理完毕，提出了同意《税务稽查报告》的意见。8月3日，审理科制作了《税务行政处罚事项告知书》，送达纳税人，并取得了相应的《税务文书送达回证》，该企业于8月4日向稽查局书面提出听证申请。稽查局决定在8月22日举行听证会，局长书面授权检查组长王飞主持听证会，于8月20日向该企业送达了《税务行政处罚听证通知书》，通知企业于8

月 22 日到市稽查局会议室举行听证。经过听证，双方对偷税认定的事实和证据的合法性、真实性无异议，但对未开发票处以罚款提出异议，稽查局未予采纳。

8 月 23 日，审理科制作了《税务处理决定书》和《税务行政处罚决定书》并报稽查局长批准，分别要求纳税人 10 日内缴纳税款和罚款。

8 月 24 日，审理科将《税务处理决定书》和《税务行政处罚决定书》交执行科签收执行。同日，执行科将《税务处理决定书》和《税务行政处罚决定书》送达被查对象处，该企业拒绝接收，并拒绝签署《税务文书送达回证》。稽查局执行人员在《税务文书送达回证》上写明了拒收理由和日期，并在送达人处签名，将税务文书留在了该企业财务科办公室，视为送达。

9 月 3 日，《税务处理决定书》和《税务行政处罚决定书》规定的税款、罚款缴款限期期满，纳税人未缴纳税款、罚款，未申请复议，也未向人民法院起诉，执行科报请市税务局长批准后，将查封的物品交依法成立的拍卖机构拍卖。9 月 10 日，拍卖结束，稽查局以拍卖所得抵缴了税款、罚款及查封、拍卖等费用。9 月 15 日，稽查局将剩余部分退还给了被查对象。

9 月 16 日，该单位对是稽查局作出的行政处罚决定不服，书面向市税务局提出行政复议申请。9 月 25 日，市局决定受理了该行政复议申请，并于 10 月 5 日将申请书副本发送给市稽查局，10 月 20 日，市稽查局提出书面答复，并提交当初作出具体行政行为的证据、依据和其他有关材料。12 月 22 日，市局作出了维持市稽查局的处罚决定的行政复议决定。

要求：根据给定的案情，指出税务机关执法中存在的问题，并说明正确做法。

【参考答案】

问题 1：《调取账簿资料通知书》应为市税务局长签发，《调取账簿资料清单》应为一式两份，税务机关和被查对象各存一份。

问题 2：被询问人在《询问（调查）笔录》上应逐页签名押印，询问人和记录人在《询问（调查）笔录》上不得互相代签名。

问题 3：到该企业开户银行查询被查对象在银行的存款情况的调查取

证应两人以上。

问题4：执行查封、扣押时应通知其法定代表人或主要负责人到场。参见《税收征收管理法》细则第六十三条。

问题5：偷税未加收滞纳金，达到移送标准未移送。参见《税收征收管理法》第六十三条、《刑法》第二百零一条。

问题6：对于该单位不开发票偷税不应再罚款。对当事人的同一个违法行为，不得给予两次以上罚款的行政处罚。参见《行政处罚法》第二十四条。

问题7：审理超时。审理部门接到检查部门移交的《税务稽查报告》及有关资料后，应当在15日内提出审理意见。参见《税务稽查工作规程》第五十条。

问题8：听证时间错误。税务机关应当在收到当事人听证要求后15日内举行听证，并在举行听证的7日前将《税务行政处罚听证通知书》送达当事人，通知当事人举行听证的时间，地点，听证主持人的姓名及有关事项。参见《税务行政处罚听证程序实施办法（试行）》第五条。

问题9：听证主持人错误。税务行政处罚的听证，由税务机关负责人指定的非本案调查机构的人员主持，当事人，本案调查人员及其他有关人员参加。参见《税务行政处罚听证程序实施办法（试行）》第七条。

问题10：罚款的缴纳期限应为15日。参见《行政处罚法》第四十六条。

问题11：留置送达应有见证人签名，方视为送达。参见《税收征收管理法实施细则》第一百零三条。

问题12：虽然《税务行政处罚决定书》规定的罚款限期期满，但纳税人行政复议申请期未满，故罚款应在诉讼期后才能强制执行。公民、法人或者其他组织认为具体行政行为侵犯其合法权益的，可以自知道该具体行政行为之日起六十日内提出行政复议申请；当事人对税务机关的处罚决定逾期不申请行政复议也不向人民法院起诉、又不履行的，作出处罚决定的税务机关可以采取强制执行措施，或者申请人民法院强制执行。参见《行政复议法》第九条、《税收征收管理法》第八十八条。

问题13：拍卖所得剩余部分应在3日内退还被执行人。参见《税收征收管理法实施细则》第六十九条。

问题 14：行政复议时间错误。市局应当在收到行政复议申请后 5 日内审查受理；市局应当自受理之日起 7 日内将行政复议申请书副本或者行政复议申请发送给稽查局；稽查局应该在自收到副本或者申请复印件之日起 10 日内做出书面答复；市局应该自受理申请之日起 60 日内做出行政复议决定。参见《行政复议法》第 17 条、第 23 条、第 31 条。

二、案例分析题

（一）

2013 年 7 月 8 日，A 市税务局稽查局通过协查信息管理系统收到 B 市税务局协查函，要求对 2012 年度 B 市某贸易公司开具给 A 市 × 制造有限公司（以下简称“ × 公司”）的发票进行协查。次日，A 市稽查局由张明、李新、王梅三人组成检查组，张明任组长，到 × 公司财务部门，出示税务检查证、下达《税务检查通知书（二）》并取得送达回证，开始发票协查。经询问、调查、复印有关资料，认定部分发票属于虚开，7 月 15 日，稽查局通过协查信息管理系统进行函复。

7 月 19 日，检查组向局长汇报称，通过协查，发现 × 公司存在税收问题，建议立案稽查。按照选案程序上报、审批、立案后，局长决定由张明等三人检查组继续实施稽查。

7 月 22 日，因已出示税务检查证、下达《税务检查通知书》，检查组到企业通报了继续稽查的事由，开始检查。该企业使用财务软件进行会计核算，检查组要求其提供 2012 年度的电子财务数据，以带回稽查局分析检查。企业财务负责人以技术手段不支持及可能影响软件运行为由拒不提供，但能够提供从财务软件中打印的纸质账簿。张明认为企业拒不提供电子财务数据，检查组不能强行取得，决定改在企业财务部门查看账簿资料。当日，张明、李新前往企业销售部门，在磅房发现企业于 2011 年启用电子秤，软件中存有历史数据，便要求打印 2011 年至今电子数据的纸质资料，由磅房人员签字并注明数据出处、打印场所及日期。同时，张明发现磅房内档案柜中存有原始出库纸质磅单，便将 2011 年至今的出库纸质磅单整理后带回稽查局，并向企业出具注明“今收到 2011

年至2013年5月出库纸质磅单共壹袋”的收据。

7月23日，检查组在案情分析时认为企业为检查设置障碍，调取资料时配合较差，存在问题可能性较大；因为调取的纸质磅单日期为2011年至今，检查组决定将检查年度调整到2011年至2013年5月，并决定调取企业2011年至今的纸质账簿资料及凭证回单位。次日，检查组制作《调取账簿资料通知书》，经稽查局长签发后到企业下达，同时填制《调取账簿资料清单》，调取其2011年至今的纸质账簿资料及凭证。

7月29日，B市税务局通过电话联系，要求取得协查取证材料。稽查局当日将协查时制作的询问笔录及复印的证据材料等寄送给对方。

8月12日，检查组根据检查情况，决定对企业部分业务往来对象实施异地调查，同时对企业有关人员开展询问。张明和李新来到调查对象集中的C市，经当税务局联系被调查企业后，开展询问、调查并复印相关资料，于8月16日返回。

王梅按计划开展询问，因询问要两人以上，经组长同意，陈佳佳加入检查组。8月13日，王梅、陈佳佳到企业财务部门，询问磅房、销售、财务三名人员，其中磅房人员临时请假，改在次日上午到稽查局会议室进行。

8月30日，检查组将调取的纸质账簿、凭证以及纸质磅单归还企业，填写相关资料，收回收据。根据检查情况，对部分账簿、凭证、磅单及其他资料进行复印取证，由企业财务人员在复制件上注明“与原件核对无误”字样并签字注明日期。

9月3日，检查组制作《税务稽查报告》，连同有关资料提交审理科。

9月11日，审理科通知检查组，稽查报告中“违法事实二”处罚建议不当，退回检查组补正。9月16日，检查组将补正后的《税务稽查报告》及有关资料再次提交审理科。9月20日，审理部门制作《税务稽查审理报告》“税务稽查审理审批表”，经局长审批后制作《税务处理决定书》和《税务行政处罚决定书》交执行科，认定企业存在偷税行为，少缴税款合计100万元，并处罚款50万元，要求企业于10日内补缴税款、滞纳金并缴纳罚款。

9月23日，两名执行人员到×公司财务部门送达《税务处理决定书》

和《税务行政处罚决定书》，企业财务负责人请假，办税人员签收后表示企业对处理结果不认同，将申请复议。

×公司在限期内未缴纳税款、罚款，于10月10日就罚款向市税务局申请行政复议，市税务局认为企业未缴纳税款，不予受理。企业缴纳税款、滞纳金后，继续就罚款向市税务局申请行政复议。市税务局复议认为市局稽查局的具体行政行为违反法定程序，决定撤销，并责令稽查局限期重新作出具体行政行为。市稽查局履行法定程序后，作出与原《税务行政处罚决定书》相同的处罚决定。

要求：

（1）根据上述资料，指出市局稽查局在执法过程中出现哪些错误行为，并说明理由。

（2）市税务局是否应该受理该复议请求？市稽查局作出与原《税务行政处罚决定书》相同的处罚决定是否符合规定？

【参考答案】

错误1：对企业实施稽查时未出示税务检查证、未下达《税务检查通知书（一）》错误。原是协查，现在是稽查，两类事情，协查时下《税务检查通知书（二）》，稽查时下《税务检查通知书（一）》，不能通用。

错误2：企业拒不提供电子财务数据时，检查组不再采取其他方法，错误。“被查对象拒不打开或者拒不提供的，经稽查局局长批准，可以采用适当的技术手段对该电子信息系统进行直接检查，或者提取、复制电子数据进行检查，但所采用的技术手段不得破坏该电子信息系统原始电子数据，或者影响该电子信息系统正常运行。”

错误3：以电子数据的内容证明案件事实的，应当要求当事人将电子数据打印成纸质资料，在纸质资料上注明数据出处、打印场所，注明“与电子数据核对无误”，并由当事人签章。

错误4：需要提取证据材料原件的，应当向当事人出具《提取证据专用收据》，由当事人核对后签章确认。注明“壹袋”错误，应注明册数。

错误5：更改检查年度无文书。应填制《税务稽查案件稽查所属期间变更审批表》报批准后更改。

错误6：市局稽查局长无批准调账权限。调取以前年度的账簿、记账凭证、报表和其他有关资料的，应当经所属税务局局长批准；调取当年的账簿等资料，应当经所属设区的市、自治州以上税务局局长批准。调账应填制《税务行政执法审批表》。

错误7：寄送证据材料错误。经检查有问题的以及委托方要求寄送取证材料的，应当在回复协查结果后5个工作日内将相关证据材料及文书复制，注明“与原件核对无误”，注明原件存放处，并加盖本单位印章后一并寄送委托方。

错误8：异地调查错误。可以参与受托地稽查局的调查取证，但不能单独进行。需要异地调查取证的，可以发函委托相关稽查局调查取证；必要时可以派人参与受托地稽查局的调查取证。受托地稽查局应当根据协查请求，依照法定权限和程序调查。

错误9：增加检查人员无文书。应填制《税务稽查案件稽查人员变更审批表》报批准后增加，并向稽查对象发出《税务事项通知书》，告知变更情况。

对磅房人员的询问，未下达《询问通知书》。除在被查对象生产、经营场所询问外，应当向被询问人送达《询问通知书》（对销售、财务人员的询问，在企业财务部门，可不下达）。

错误10：退还当年账簿、凭证超过时限，超过30日。

证据复印件取证不规范。提取证据材料复制件的，应当由原件保存单位或者个人在复制件上注明“与原件核对无误，原件存于我处”，并由提供人签章。

错误11：退回补正的理由有错误。违法事实B的处罚建议不当，不应退回补正，应当另行提出处罚意见。9月16日，检查组将补正后的《税务稽查报告》及有关资料再次提交审理科。

错误12：处罚程序违法。在作出行政处罚决定之前，应告知当事人作出行政处罚的事实、依据及理由，并告知当事人依法享有的陈述权、申辩权，要求举行听证权。

错误13：罚款的缴纳期限错误，应为15日。

错误14：文书送达，不能由办税人员签收。受送达人是法人或者其他组织的，应当由法人的法定代表人、其他组织的主要负责人或者该法人、组织的财务负责人、负责收件的人签收。

（二）

2017 年 7 月 10 日，某省某市税务局稽查局举报中心接到检举人林某实名举报，反映该市 × 商贸有限公司（以下简称 × 公司）设置“账外账”进行偷税，并提供真实财务数据存放在总经理办公室电脑中等重要线索。举报中心人员按规定受理举报并出具书面回执，全程用手机进行录音，但未告知林某。举报中心认为线索清楚，经举报中心主任批准后，列入案源信息，将全部检举材料及检举人联系方式一并移交选案科。经局长批准立案后，交由检查二科查办。

7 月 15 日，李明、王平两位检查人员对 × 公司实施税务检查。李明、王平调取 × 公司 2014 年至 2016 年账簿、凭证和对外开具的增值税专用发票记账联；采取技术手段从总经理办公室电脑中提取到“内账”数据；对仓库进行监盘，调取近年进出库单据；对公司及其法定代表人的银行账户进行检查。根据需要，检查组还到该公司在本市的购货方进行外调。7 月 18 日，由于案情复杂，稽查局增派秦峰加入检查组。8 月 20 日，检查结束，移交审理。

8 月 30 日，稽查局按规定履行告知程序后，向 × 公司下达《税务处理决定书》和《税务行政处罚决定书》，共查补税款 150 万元，其中举报线索涉及税款 100 万元。9 月 2 日，企业将税款、罚款及滞纳金缴纳入库。

9 月 16 日，举报中心主动将查办结果告知林某，并应其要求，提供了《税务处理决定书》和《税务行政处罚决定书》复印件，同时支付检举奖励 1 元。为宣传税法，举报中心征求林某口头同意后，将林某实名检举、协税护税先进事迹在官网进行宣传。

请根据上述资料，回答下列问题：

（1）稽查局举报中心的行为存在哪些不当之处？

（2）检查环节可能需制作哪些文书（请将内部文书和外部文书分开列出）？

（3）结合本案简述电子证据调取及证据固定应注意的事项。

【参考答案】

（1）稽查局举报中心的行为存在不当之处如下：

①录音应征得检举人同意。

②检举事项的处理均应经稽查局局长批准。

③税收违法行为的检举材料，由举报中心统一管理，不得直接全部提供给选案科。

④不得向本案查办无关人员提供检举人信息。

⑤不得向告知检举人全部的案件查办结果。

⑥不得向检举人提供税务处理（处罚）决定书及其复制件。

⑦宣传报道和奖励检举有功人员，未经检举人书面同意，不得公开检举人的姓名、身份、单位、地址、联系方式等情况。

⑧检举奖励过低。

⑨未经举报人要求，不应主动告知查处结果。

（2）检查环节需制作文书如下。

①外部文书：《税务稽查通知书（一）》调取账簿资料通知书、调取账簿资料清单、发票换票证、提取证据专用收据、询问通知书、询问笔录、现场笔录、稽查工作底稿、税务事项通知书、《税务稽查通知书（二）》。

②内部文书：

行政执法审批表、检查纳税人电子信息系统审批表、检查存款账户许可证明、税务稽查案件稽查人员变更审批表、稽查报告、税收违法案件证据及其他资料交接清单。

（3）电子证据调取及证据固定应注意的事项：

①提取过程。

在调取电子数据时，应做好预案。确定存放有效电子数据的计算机或服务器的地址，并控制好目标计算机，做断网处理，防止删除电子数据。

在获取电子数据时，被查对象拒不打开或者拒不提供的，可经稽查局局长批准，采用适当的技术手段对该电子信息系统进行直接检查，或者提取、复制电子数据进行检查。

提取过程如遇纳税人不配合的情形，可考虑现场录像、制作现场笔录、利用公证等中介机构等方式固定取证过程。

②固定证据。

在提取电子数据时，应至少做到双备份。提取时，应当与提供电子数据的个人、单位的法定代表人或者财务负责人一起将电子数据复制到存储介质上并封存，同时在封存包装物上注明制作方法、制作时间、制作人、文件格式及长度等，注明“与原始载体记载的电子数据核对无误”，并由电子数据提供人签章。

以电子数据的内容证明案件事实的，应当要求当事人将电子数据打印成纸质资料，在纸质资料上注明数据出处、打印场所，注明“与电子数据核对无误”，并由当事人签章。

（三）

某稽查局在检查某酒业有限公司时，发现生产完工产品成本减去产品销售成本比该酒业有限公司期末的产品库存成本多60万元。针对这一问题，稽查人员到仓库盘点部分产品，核查保管员的实物账，核对出仓库实物账上的数量比财务部门的产品账上少3 000箱（每箱成本117元）。经与“预收账款”明细账核对，预收货款的产品有153万元已经发出。原来，企业为调节以后年度利润，将收到的一部分销货款转入“预收账款”账户，减少了当年销售收入。

（1）简要说明白酒行业常见涉税问题。

（2）隐匿白酒销售数量和销售收入的主要检查方法。

【参考答案】

（1）白酒行业常见涉税问题：

①隐匿白酒销售数量和销售收入；

②利用关联销售公司低价销售，减少消费税计税依据；

③白酒用于赠送、福利、抵债等未按规定计税；

④利用收购农产品违法抵扣进项税额或违法列支原材料成本；

⑤白酒包装物不按规定计税；

⑥假借委托加工业务少计消费税；

⑦附设非独立核算门市部销售白酒未按门市部对外销售价格计税；

⑧收取品牌使用费未按规定计税；

⑨将扣减返利后的销售收入作为计税依据，少缴税款。

（2）隐匿白酒销售数量和销售收入的主要检查方法：

①分析企业产能与实际是否相符。在了解酿酒企业经济技术指标的基础上，对企业的生产经营状况和投入产出情况进行分析，结合审阅企业的资产负债表、损益表，查阅“生产成本”“产成品”“主营业务收入”明细账，对比分析各月生产成本、产品库存、销售收入等变化情况，从中找出疑点；对核算不够健全的中小企业，应对企业的设备状况、生产能力、工人工资定额、出酒率、耗能指标（如吨酒耗粮、吨酒耗电、耗水指标等）进行综合分析，核实出酒率是否正常，产销量与耗能、人工费、生产成本等是否相适应，判断是否存在隐匿产销量的可能。

②全方位调取相关涉税资料和数据。在调取财务账簿凭证的同时，注意从供应、生产、销售、厂办等各部门调取与生产经营和纳税有关的资料，如购销合同、产品规格型号标准、生产报表、各类经济技术考核指标等；同时，注意应用电子数据取证方法，调取企业财务核算电子数据和相关电子文档，从中发现问题线索。

③检查账面是否隐匿销售。

审查“生产成本”“产成品”“自制半成品”等明细账。看其对应科目是否正确，注意其贷方是否直接与“库存现金”“银行存款”科目的借方发生对应关系，判断是否存在完工产品不转库存、直接从车间发出，或虽已完工入库但直接从成品库发出不记销售的问题。

审核“银行存款”“库存现金”日记账。检查其借方是否与往来账、所有者权益、营业外收入、其他业务收入等类账户对应，而不属“主营业务收入”“应收账款”的情况，查阅其原始凭证，核实是否属于转移销售收入、价外费用，随产品销售单独计价的包装物等收入未记销售等问题。

审核往来账户、公积金账户。注意审查长期挂账、只增不减的往来账项，注意审查“预收账款”与“分期收款发出商品”“产成品”之间内在的逻辑关系及其真实性，注意审查“盈余公积”“应付福利费”账户的对应关系是否正确，核实有无转移销售问题。

④检查销售发票是否全部入账。抽查审核部分销售数额较大业务的

“销货发票”“产品出库单”等原始凭证，将原始凭证上的数额与“主营业务收入”明细账上的数额相核对；审核销售发票存根联，看有无断号或缺少的情况，查明有无销售发票不入账问题。

⑤到销售部门、成品仓库、车间实地核实。检查销售部门“销售台账”是否和财务销售账记载一致。若检查期产成品库存较大，可到仓库抽查主要产品，将实际盘存数与保管员实物账、财会人员明细账的数量相核对，看是否一致；若实际库存量小于账面结存量，进一步查证是否属销售产品既不体现销售收入，也不结转成本的情况。到生产车间进行核实，查找原料投入到产出各环节的相关原始记录，结合原材料、包装物的购进、发出情况，核实实际投入数量，半成品、成品酒的实际生产数量和入库、发出数量，落实是否存在生产的酒类产品直接从车间发货不记账问题。

⑥调查企业资金状况。在账面检查的同时，及时调查企业资金流入流出情况，可以到中国人民银行查询企业银行开户情况，核实企业是否将部分银行账号隐匿不报；对部分规模较小企业还应了解企业负责人、会计、出纳及相关人员的银行卡及储蓄存款开户情况；到有关金融机构依法查询资金收支情况，核实现金流量规模与企业申报是否相符合，并查阅有关银行传票，核实资金支付和来源的单位、金额，从中发现隐匿购料和销售收入的线索。

⑦实施调查取证。在账面检查、资金调查的基础上，必要时到有关原材料供货单位、酒类经销单位实施调查，调查有关购销合同、发票、款项收付等资料，取得账外生产和销售的证据。

（四）

某市税务局稽查局2016年8月接到群众举报，因内容详细、税收违法行为线索清楚，决定对该市A公司（增值税一般纳税人）2015年度纳税情况进行检查。选案科制作《税务稽查立案审批表》，经稽查局长批准后，将《税务稽查任务通知书》及其附件，连同案件有关资料一并送交检查科实施检查。

检查过程中，稽查人员向A公司下达了由市税务局局长签发的《调取账簿资料通知书》，调取A公司2015年度账簿、凭证、报表和其他有关资料，开具了《调取账簿资料清单》一份，详细列明了调取的资料种类、数量和所属期间等，并由双方经办人员签字，交被查对象保存。

检查期间稽查人员根据情况，决定实施询问调查。询问前，稽查人员向A公司法人王某发出了《询问通知书》。询问调查由检查员稽某负责提问、查某负责记录。询问结束后，查某将《询问（调查）笔录》交王某阅读并当场核对。王某认为笔录无误，签名并押印，查某也在笔录上签署了日期并在询问人和记录人处签名。

检查结束后，稽查局审理认定，A公司在账簿上不列收入，少缴税款30万元，已构成偷税，向A公司送达了《税务行政处罚事项告知书》，随后依法送达了税务处理、处罚等决定文书。

请根据以上资料，回答下列问题：

（1）下列对本案案源管理的各项表述中不正确的是（　　）。

A. 该案源不属于特殊案源

B. 案源部门应制作《税务稽查案源审批表》

C. 因待查对象线索明显涉嫌偷逃税的，无须通过摇号方式产生

D. 选案部门应建立立案查处类税务稽查案卷

【参考答案】A

（2）对稽查人员在实施询问调查过程中有关做法的表述不正确的是（　　）。

A. 除在被查对象生产、经营场所询问外，应当向被询问人送达《询问通知书》

B. 王某认为笔录无误后，应逐页签章、捺指印

C.《询问（调查）笔录》应当一式二份，一份送被查对象，一份装入卷宗

D. 查某不应代替稽某签名

【参考答案】C

（3）下列关于文书送达的表述中正确的是（　　）。

A. 税务文书的送达可由A公司财务负责人签收

B. 若A公司拒绝签收税务文书的，稽查局执行人员只需将税务文书留在A公司财务部办公室，即视为送达

C. 若A公司拒绝接收税务文书的，可以公告送达税务文书，自公告之日起满30日，即视为送达

D. 若A公司拒绝签收税务文书的，稽查局执行人员应当在送达回证上记明拒收理由和日期，并由稽查局执行人员和见证人签名或者盖章，将税务文书留在A公司，即视为送达

【参考答案】A

（五）

S市税务局稽查局根据日常稽查计划，于2016年6月对×商贸有限公司（以下简称×公司）2015年纳税情况进行税务稽查。

×公司为增值税一般纳税人，主要从事各种商品的批发、零售，其销售的所有商品均适用17%的增值税税率；×公司执行《企业会计准则》，每月已按照“应交增值税”“应交消费税”明细账中金额计算申报缴纳增值税和消费税，该公司已在2016年5月进行2015年所得税汇算清缴。

假设：本题中提供的资料为×公司2015年12月部分业务资料和其他会计资料，该公司并未自行调整题中设计的错漏问题，税务机关仅就给定的资料进行检查；该公司所有购进货物均取得增值税专用发票，在当月通过认证并在当月申报抵扣。

稽查人员检查后发现如下经济业务及相关资料：

（1）12月10日，摘要：采购A商品、以银行转账支付。公司账务处理如下：

借：库存商品——A商品	50 000	
应交税费——应交增值税（进项税额）	9 050	
销售费用	7 000	
贷：银行存款		66 050

注：稽查人员审核得知，外购A商品100件，取得增值税专用发票注明的价款50 000元、税额8 500元；支付运输费用取得增值税专用发票注明的价款5 000元、税额550元；A商品运抵公司后，入库前发生的挑选整理费用2 000元。A商品2015年度已累计实现销售80件。

稽查人员检查该业务后的正确处理结果是（　　）。

A. 调增应纳税所得额 7 000 元

B. 调增应纳税所得额 5 600 元

C. 调增应纳税所得额 1 400 元

D. 无须补税

【参考答案】C

（2）12 月 12 日，摘要：抵偿债务。公司账务处理如下：

借：应付账款　2 340 000

　贷：库存商品——金银首饰　1 400 000

　　资本公积　940 000

注：稽查人员审核得知，12 月 12 日以一批金银首饰抵偿 × 公司 6 个月前因购进商品的欠款 2 340 000 元，该批金银首饰的成本 1 400 000 元，若按当月同类商品的平均售价计算，该批金银首饰的不含税售价 1 900 000元；若按当月同类商品的最高售价计算，该批金银首饰的不含税售价 2 200 000 元，金银首饰消费税税率为 5%。

稽查人员检查该业务的正确处理结果是（　　）。

①应查补增值税 323 000 元；②应查补消费税 110 000 元；③应查补增值税 374 000 元；④应调增应纳税所得额 490 000 元

A. ③④　　B. ①②④

C. ②④　　D. ①④

【参考答案】B

（3）12 月 25 日，摘要：对外捐赠。公司账务处理如下：

借：营业外支出　1 521 000

　贷：库存商品　1 200 000

　　其他应付款　321 000

注：稽查人员审核得知，由于本地遭受冰冻灾害，茂源公司将库存的一批棉衣通过民政部门捐赠给贫困家庭，该批棉衣的不含税购进成本为 120 万元，本月同样商品的含税零售价为 152. 1 万元；经查实该公司无其他公益救济性捐赠支出，增值税、企业所得税申报表无该业务的申报信息；该公司 2015 年利润总额为 1 000 万元。

稽查人员检查该业务的正确处理结果是（　　）。

①捐赠棉衣未作进项转出，补缴增值税 20.40 万元；②捐赠棉衣未作视同销售，补缴增值税 22.10 万元；③应调增应纳税所得额 10 万元；④应调增应纳税所得额 42.10 万元。

A. ②④　　B. ①③

C. ②③　　D. ②

【参考答案】A

（4）12 月 31 日，摘要：补提甲设备折旧。公司账务处理如下：

借：管理费用　　19 000

　　贷：累计折旧　　19 000

注：稽查人员审核得知，12 月 31 日公司董事会批准，自 2015 年 1 月 1 日起，将用于行政管理的甲设备（2013 年 12 月投入使用）折旧年限由 10 年变更为 5 年，该设备原价为 20 万元，由于会计核算 1 至 12 月仍按 10 年计提折旧，年末改为按 5 年计提折旧。该设备按直线法计提折旧，净残值率均 5%。该设备税法规定最低折旧年限为 10 年。

稽查人员检查该业务的正确处理结果是（　　）。

A. 无须进行纳税调整

B. 应调增应纳税所得额 1 583.33 元

C. 应调增应纳税所得额 38 000 元

D. 应调增应纳税所得额 19 000 元

【参考答案】D

（5）12 月 1 日，摘要：购买上市公司股票。公司账务处理如下：

借：交易性金融资产　　150 000

　　投资收益　　3 000

　　贷：银行存款　　153 000

12 月 31 日，摘要：公允价值变动。公司账务处理如下：

借：公允价值变动损益　　10 000

　　贷：交易性金融资产　　10 000

注：稽查人员审核得知，×公司 12 月 1 日在上海证券交易所购入某上市股票 10 000 股，实际支付银行存款 153 000 元（含印花税、佣金 3 000元）。12 月 31 日该上市公司股票的公允价值为 140 000 元，经查该

公司企业所得税申报表无此业务纳税调整的信息。

稽查人员检查该业务的正确处理结果是（　　）。

A. 应调增应纳税所得额 3 000 元

B. 应调增应纳税所得额 7 000 元

C. 应调增应纳税所得额 10 000 元

D. 应调增应纳税所得额 13 000 元

【参考答案】D

（6）12 月 28 日，摘要：支付招待费。公司账务处理如下：

借：管理费用　　15 000

　　贷：银行存款　　15 000

注：稽查人员审核得知，×公司接待客户发生业务招待费 15 000 元，经查该公司 2015 年度“管理费用——业务招待费”明细账得知该公司全年业务招待费为 50 万元（含本业务的 1.5 万元），该公司 2015 年全年销售收入为 7 000 万元，该公司本年度企业所得税申报表无业务招待费纳税调整的信息。

则稽查人员检查该业务的正确结果是（　　）。

A. 应调增应纳税所得额 20 万元

B. 应调增应纳税所得额 15 万元

C. 应调增应纳税所得额 35 万元

D. 应调增应纳税所得额 50 万元

【参考答案】A

（7）12 月 31 日，摘要：支付借款利息。公司账务处理如下：

借：财务费用　　300 000

　　贷：银行存款　　300 000

注：稽查人员审核得知，×公司 2015 年 4 月 1 日向银行借款 500 万元用于建造厂房，借款期限 2 年；2015 年末向银行支付了 3 个季度的借款利息 30 万元。经查实该厂房从 2014 年 6 月 1 日开始建设并于 2015 年 12 月 30 日完工结算并投入使用，该公司将本年利息支出全部计入财务费用（厂房预计使用年限 20 年，净残值率 4%）。

稽查人员检查该业务的正确处理结果是（　　）。

A. 该公司利息支出税务处理正确，无须纳税调整

B. 厂房建造期间的利息支出 30 万元应资本化，应调增应纳税所得额 30 万元

C. 资本化的利息支出当年可计提折旧 800 元，应调减应纳税所得额 800 元

D. 资本化的利息支出当年可计提折旧 9 600 元，应调减应纳税所得额 9 600 元

【参考答案】B

（六）

2016 年 6 月 1 日，Y 市税务局第五稽查局在税务检查中发现 × 服装加工厂有逃避纳税义务行为，于是在 6 月 21 日向 × 服装加工厂下达《税务行政处理决定书》和《税务行政处罚决定书》，要求其在规定的 15 日内缴纳税款 100 000 元及其滞纳金（约 50 000 元），并处罚款 100 000 元。6 月 25 日检查人员向该企业送达处理处罚决定时发现，该企业秘密转移服装和机器设备，企图一走了之。发现这一情况以后，检查人员立即报告第五稽查局局长，稽查局长当机立断，签发扣押文书，于 6 月 27 日带领 3 名稽查人员直奔该服装加工厂生产场所，依法办理相关手续之后，扣押其机器设备 5 台，价值共计 300 000 元，并运至第五稽查局存放。至 6 月 30 日，该企业仍未缴纳税款，第五稽查局即自行将扣押的机器设备卖掉，共得款 280 000 元。第五稽查局将其中 100 000 元抵缴税款及滞纳金 47 000 元、罚款 50 000 元后，余款在 7 月 10 日返还给该企业。

请根据以上案情，指出该稽查局在执法过程中存在的问题。

【参考答案】

问题 1：扣押纳税人商品未经县以上税务局（分局）局长批准，稽查局签发扣押文书没有法律效力。

问题 2：扣押商品明显超过税款。

问题 3：拍卖所扣押的商品应在限定的纳税期限届满之后，而该稽查局在 6 月 30 日即将扣押的商品拍卖，违反《税收征收管理法》规定。

问题 4：稽查局不应自行拍卖所扣押的商品，而应交由拍卖机构拍卖。

问题5：逾期归还余款。余款应在3日内退还当事人，而稽查局在7月10日才返还给该企业。

问题6：在强制执行拍卖设备前，稽查局应当先履行催告程序。

问题7：行政罚款不能由税务机关强制执行，应当申请人民法院强制执行。

（七）

四通电子制造有限公司为增值税一般纳税人，实收资本200万元。2016年度企业全年实现收入总额9 000万元，扣除的成本、费用、税金和损失总额8 900万元，会计利润总额100万元，已缴纳企业所得税25万元。税务机关在年度申报前对企业进行纳税辅导时，发现如下问题：

（1）在收入总额9 000万元中含国债利息收入5万元，向居民企业投资收益10万元（被投资方税率25%），来自于境外甲国的投资收益16万元（已按被投资方税率20%缴纳了所得税）。

（2）当年1月向银行借款200万元购建固定资产，借款期限为2年。购建的固定资产当年8月31日完工并交付使用（不考虑该项固定资产折旧），企业支付给银行的年利息费用共计12万元，全部计入了费用。

（3）当年1月1日向境内关联企业乙企业发行债券1 000万元，按银行利率支付年利息60万元（银行利率6%），全部计入了财务费用。根据企业提供的资料，会计师事务所审核确认不符合独立交易原则。已知该企业从乙企业取得的债权性投资1 000万元，取得权益性投资200万元，乙企业实际税负低于该企业，假设该企业无其他投资方。

（4）5月2日，在销售费用中预提本年销售A产品的保修费用21万元。合同约定的保修期限为3年。

（5）6月25日，在建工程领用本企业A产品一批，成本价80万元，同类货物的售价100万元。该产品的增值税税率为17%。企业会计处理为：

借：在建工程　　97万元
　　贷：库存商品——A产品　　80万元
　　　　应交税费——应交增值税（销项税额）　　17万元

（6）7月20日，企业将300台B产品发给企业职工，每台成本价为

0.5 万元，不含税售价每台为 1 万元，企业财务处理按成本 150 万元冲减了库存商品，未确认收入。

（7）12 月转让一项自行开发专用技术的所有权，取得收入 700 万元，未作收入处理，该项无形资产的账面成本 10 万元也未转销。符合相关税收优惠条件且补办了相关备案。

（8）12 月企业购买了一项金融资产，将其划分为“可供出售的金融资产”，期末该项金融资产公允价值升高了 55 万元，企业将其计入了“公允价值变动损益”科目。

（9）已在成本费用中列支的实发工资总额为 1 000 万元，并按实际发生数列支了福利费 210 万元，上缴工会经费 20 万元并取得“工会经费专用拨缴款收据”，职工教育经费支出 40 万元。

（10）企业全年发生的业务招待费用 65 万元，业务宣传费 80 万元，符合条件的技术开发费 320 万元，全部据实作了扣除。

（11）在营业外支出中列支工商年检滞纳金 3 万元，合同违约金 6 万元，给购货方的回扣 12 万元，关联企业赞助支出 10 万元，全都据实作了扣除。

要求：请对上述问题分别进行纳税调整并计算该企业 2016 年度应补（退）所得税额。（计算时不考虑地方各税）（本题 10 分）

【参考答案】

（1）国债利息收入 5 万元，符合条件的居民企业间投资收益 10 万元，为免税收入，调减所得 = 10 + 5 = 15 万元。境外投资收益 16 万元，先作纳税调减。

（2）该企业支付给银行的年利息 12 万元全部计入财务费用，应将利息资本化，期限为 8 个月，应调增所得额为 8 万元。

（3）关联方债权投资与权益投资比例 = 1 000/200 = 5，税法规定比例为 2，乙企业实际税负低于该企业。

关联方借款准予扣除的利息 = 200 × 2 × 6% = 24（万元）

调增所得额 = 60 − 24 = 36（万元）

（4）企业预提的保修费用应增所得额 21 万元。

（5）企业在建工程领用本企业产品，不属于视同销售，无须调整。

（6）视同销售，应调增所得额 $=300\times(1-0.5)=150$（万元）

（7）转让专利所得 $=700-10=690$（万元）

应调增所得额 =（$690-500$）$=190$（万元）

（8）税法对金融资产持有期间公允价值的变动不确认，应调减应纳税所得额 55 万元。

（9）福利费扣除限额为 140 万元，实际列支为 210 万元，调增所得额为 70 万元；职工教育经费扣除限额为 25 万元，实际列支为 40 万元，纳税调增所得额为 15 万元；工会经费扣除限额为 20 万元，实际列支为 20 万元，无须调整。

三项经费应调增所得额 $=70+15=85$（万元）

（10）企业收入总额为 9 000 万元，在计算"三费"限额基数时，应增加视同销售收入 300 万元，减去收入总额中包含的国债利息 5 万元、境内投资收益 10 万元和境外投资收益 16 万元。

费用限额基础 $=9\,000-5-10-16+300=9\,269$（万元）

业务招待费扣除限额 $=9\,269\times0.5\%=46.35$（万元）

46.35 万元大于 $65\times60\%=39$ 万元，准予扣除 39 万元，应调增所得额 $=65-39=26$（万元）。

业务宣传费扣除限额 $=9\,269\times15\%=1\,390.35$（万元）

实际发生 80 万元，据实扣除。

技术开发费可加计扣除 50%，应调减应纳税所得额 160 万元。

（11）滞纳金 3 万元、给购货方的回扣 12 万元和关联企业赞助支出 10 万元不得扣除，合同违约金 6 万元可扣除，故调增所得额 25 万元。

（12）应纳税所得额 $=100-15+8+36+21+150+190-55+85+26-160+25-16=395$（万元）

（13）应补缴所得税 $=(395-190)\times25\%+16/(1-20\%)\times(25\%-20\%)+190\times25\%\times50\%-25$

$=51.25+1+23.75-25=51$（万元）

（八）

请根据所给的下列材料回答问题。

材料一：某省税务局于 2014 年 10 月发出《重大税收违法案件督办

函》，要求其下辖的甲市税务局对其管辖的A公司2012年至2013年涉税情况进行检查，并于12月31日前查明事实并作出税务处理、处罚决定。甲市税务稽查局根据收到的督办函，在3个工作日内办理了立案审批手续，并交由该局检查一科林某、郑某两位检查人员实施检查。

材料二：

（1）林某、郑某两位检查人员于2014年10月20日（假定符合规定时限）到达A公司后，出示了《税务检查通知书（一）》、各自税务检查证，送达了经甲市税务局局长审批的《调取账簿资料通知书》后，开始实施调账检查。

（2）检查人员对所调取的2012年至2013年账簿凭证，开具了《调取账簿资料清单》。同时，对所该单位未装订进凭证的20份已开具通用机打服务业发票，以及1本未开具的服务业发票，开具了《发票换票证》都予以调取。

（3）在实施检查过程中，检查人员按照规定办理了延长案件及检查时限的手续，并每30日填写《重大税收违法案件情况报告表》，向督办机关报告案件查处进展情况。期间，由于检查人员郑某被省局稽查局抽调办理其他案件，检查一科填写《税务稽查案件稽查人员变更审批表》，经批准后补充该科室张某参加A公司案的查办。

（4）2014年12月15日，检查完毕。检查部门按规定制作了《税务稽查报告》，将报告及相关证据材料移交审理部门审理。同时，检查部门按规定将所调取的账簿凭证予以了归还。由于所调取查验的发票未发现违法情形，故在归还所调取查验发票的同时，换回了已开具的《发票换票证》。

材料三：

（1）审理部门在审理过程中，认为《税务稽查报告》认定的税收违法事实清楚、证据充分，但是处理建议中所适用的规范性文件错误，于是在《税务稽查审理报告》中另行提出了税务处理意见，并将《税务稽查审理报告》提交稽查局局长审批。

（2）鉴于该案为上级督办案件，稽查局局长决定该案采取稽查局集体审理，并于2014年12月22日召开稽查局案件集体审理会议。会后，根据会议议定结果，由稽查局长签发了《税收违法案件集体审理纪要》。

（3）审理部门根据《税收违法案件集体审理纪要》，制作《税务处理决定书》。由于该案被查对象A公司不存在需要进行税务行政处罚的行为，在制作《税务处理决定书》的同时，又制作了《不予税务行政处罚决定书》。《税务处理决定书》《不予税务行政处罚决定书》经稽查局局长审批后，移交执行科执行。

（4）在将相关文书移交执行科的同时，该局于2014年12月29日制作《重大税收违法案件结案报告》，经稽查局局长批准，向省税务稽查局报告案件查处情况。

材料四：

（1）执行部门于2014年12月31日依法送达了税务文书，但被执行人未在规定的期限内依照《税务处理决定书》规定缴纳相关税款、滞纳金。

（2）鉴于被执行人A公司到期仍不履行《税务处理决定书》，经甲市税务局局长批准，甲市税务局稽查局采取税收强制执行措施，从A公司存款账户中扣缴了其未缴纳的税款、滞纳金。期间，稽查局分别向A公司存款账户开户银行和被执行人送达了《扣缴税收款项通知书》和《扣缴税收款项决定书》，在向A公司存款账户开户银行送达《扣缴税收款项通知书》时，还依照《行政强制法》的规定，制作了《现场笔录》。

请问上述材料中甲市税务稽查局在税收违法案件查处过程中存在哪些不当的行为？正确的做法应当为什么？

【参考答案】

（1）对于未开具的服务业发票，不应使用《发票换票证》调取，而应开具《调验空白发票收据》予以调取。《税务稽查工作规程》第二十六条规定，需要将空白发票调出查验时，应当向被查验的单位或者个人开具《调验空白发票收据》。

（2）检查期间变更检查人员，虽然进行了变更税务稽查人员的审批，但是未以《税务事项通知书》的形式告知被查对象。国家税务总局关于印发《税务稽查内部管理文书式样和税务稽查文书式样标准的通知》（国税发〔2011〕122号）中关于《税务稽查案件稽查人员变更审批表》的使用规定，经批准变更检查人员后，应当向稽查对象发出《税务事项通知书》，告知其稽查人员的变更情况。

（3）《税务稽查审理报告》不需提交稽查局局长审批，只需要由审理部门负责人签署审核意见。《国家税务总局关于印发税务稽查内部管理文书式样和税务稽查文书式样标准的通知》（国税发〔2011〕122号）中关于税务稽查审理报告的使用规定，《税务稽查审理报告》由审理人员制作，并由审理部门负责人签署审核意见。

（4）拟定的审理意见报请稽查局局长审批时应当使用《税务稽查审理审批表》，且应当由稽查局分管领导签署意见后，报稽查局局长批准。《国家税务总局关于印发〈税务稽查内部管理文书式样〉和税务稽查文书式样标准的通知》（国税发〔2011〕122号）中关于《税务稽查审理审批表》的使用规定："审理部门依据……审核完毕，并拟定的审理意见报请稽查局局长审批时使用"，"本审批表由审理部门填写，附《税务稽查报告》《税务稽查审理报告》，并由稽查局分管领导签署意见报稽查局局长批准"。

（5）该案为重大税收违法督办案件，不应仅由稽查局集体审理，应当提请市税务局进行重大案件审理。《重大税收违法案件督办管理暂行办法》第十一条第一款规定："承办机关稽查局应当严格依照《税务稽查工作规程》相关规定对督办案件实施检查和审理，并报请承办机关集体审理。"

（6）该案为重大税收违法督办案件，不能直接制作《税务处理决定书》。《税务行政处罚决定书》，而应先报告督办机关，在督办机关没有表示异议的情况下再制作《税务处理决定书》送达当事人执行。《重大税收违法案件督办管理暂行办法》第十一条第二款规定："承办机关稽查局应当根据审理认定的结果，拟制《重大税收违法案件拟处理意见报告》，经承办机关领导审核后报送督办机关。"第十三条第一款规定："督办机关对承办机关提出的定性处理意见没有表示异议的，承办机关依法作出《税务处理决定书》《税务行政处罚决定书》《税务稽查结论》《不予税务行政处罚决定书》，送达当事人执行。"

（7）不存在需要进行税务行政处罚的行为，不需要制作《不予税务行政处罚决定书》。《国家税务总局关于印发全国统一税收执法文书式样的通知》（国税发〔2005〕179 号）中关于《不予税务行政处罚决定书》的使用规定：“税务机关对违法行为轻微，依法可以不予行政处罚的案件；或者违反税收法律、行政法规应当给予行政处罚的行为，五年后发现的案件作出决定时使用。”

（8）审理人员不应在作出《税务处理决定书》后即制作《重大税收违法案件结案报告》，而应当在督办案件结案后制作。《重大税收违法案件督办管理暂行办法》第十七条第（一）项规定督办案件的结案条件为：“税收违法事实已经查证清楚，并依法作出《税务处理决定书》《税务行政处罚决定书》，税款、滞纳金、罚款等税收款项追缴入库，纳税人或者其他当事人在法定期限内没有申请行政复议或者提起行政诉讼的。”

（9）被执行人到期不履行《税务处理决定书》，应当依法先行进行催告，然后依法采取税收强制执行措施。《中华人民共和国行政强制法》第三十五条规定：“行政机关作出强制执行决定前，应当事先催告当事人履行义务。”

（10）稽查局对被执行人采取强制执行措施时，向被执行人送达的文书，不应为《扣缴税收款项决定书》，而应当为《税收强制执行决定书》。《税务稽查工作规程》第六十五条规定：“稽查局对被执行人采取强制执行措施时，应当向被执行人送达《税收强制执行决定书》。”第六十六条规定：“稽查局采取从被执行人开户银行或者其他金融机构的存款中扣缴税款、滞纳金、罚款措施时，应当向被执行人开户银行或者其他金融机构送达《扣缴税收款项通知书》。”

（11）稽查局扣缴税收款项时，不必制作《现场笔录》，冻结存款时才制作《现场笔录》。《中华人民共和国行政强制法》第十八条第（七）项规定，行政机关实施行政强制措施应当制作《现场笔录》；第三十条规定：“行政机关依照法律规定决定实施冻结存款、汇款的，应当履行本法第十八条第一项、第二项、第三项、第七项规定的程序，并向金融机构交付冻结通知书。”

（九）

甲房地产开发有限公司成立于 2015 年 3 月，为增值税一般纳税人，

2016年6月15日，受让一宗土地使用权，当月办好土地使用权权属证书。根据转让合同支付转让方地价款6 000万元，2016年7月该房地产开发公司将受让土地70%（其余30%尚未使用）的面积开发建造一栋写字楼。

2016年8月与乙建安公司签订建筑工程承包合同，合同金额5 000万元。2017年根据建筑承包合同和工程结算书支付给建筑公司的劳务费和材料费共计5 550万元，取得进项税550万元；2017年签订购销合同1 170万元，采购工程物资1 000万元，取得进项税170万元。因供货方被认定虚开，涉及进项税34万元需转出。进一步检查发现，该房地产公司不能提供资料证实该笔经济业务的真实性。

2017年发生的利息费用为300万元，不高于同期银行贷款利率并能提供金融机构的证明。

2017年销售部写字楼总面积的80%，共计取得销售收入22 200万元，均签订备案合同。2018年3月下旬写字楼竣工并交付，该公司将开发建造的写字楼总面积的20%转为公司的固定资产并用于对外出租，租期10年，合同租金888万元。2018年5月至12月该公司取得租金收入共计66万元，发生其他业务成本20万元。

2017公司在写字楼开发和销售过程中，共计发生管理费用800万元，取得进项税80万元；销售费用400万元，取得进项税24万元，均以银行存款支付。

2018公司共计发生管理费用400万元，取得进项税40万元；销售费用400万元，取得进项税24万元，以银行存款支付，其中，1—3月发生管理费用200万元，取得进项税20万元；销售费用170万元，取得进项税10万元。该公司将2018年12月31日确定为写字楼计税成本核算的终止日。

说明：该公司2015年至2016年可弥补亏损共计180万元。适用的城市维护建设税税率为7%，教育费附加征收率为3%（不考虑地方教育附加），契税税率为4%，其他开发费用扣除比例为5%。除题目给定的事项外无其他事项。土地增值税预征率5%，企业所得税预计计税毛利率20%，管理费不含印花税和房产税，所有税费按规定缴纳，成本费用均以银行存款支付。

要求：根据上述资料，计算回答以下问题：

（1）计算该房地产开发公司2017年应预缴纳的增值税和土地增值税，计算2018年3月（税款所属期）应缴纳的增值税。

（2）计算该房地产开发公司2017年及2018年3月（所属月）应缴纳的城建税和教育费附加。

（3）计算该房地产开发公司2016年应缴纳的契税和印花税、2017年印花税和2018年房产税。

（4）计算该房地产开发公司的土地增值税时应扣除的土地成本。

（5）计算该房地产开发公司的土地增值税时应扣除的开发成本。

（6）计算该房地产开发公司的土地增值税时应扣除的开发费用。

（7）计算该房地产开发公司销售写字楼土地增值税的收入额。

（8）计算该房地产开发公司销售写字楼土地增值税的增值额。

（9）计算该房地产开发公司销售写字楼应补缴纳的土地增值税。

（10）计算2017年和2018年应缴纳的企业所得税。

（11）分年度写出上述业务会计分录。

【参考答案】

（1）2017年应预缴纳的增值税＝22 200÷（1＋11%）×3%

＝600（万元）

依据《关于房地产开发企业销售自行开发的房地产项目增值税征收管理暂行办法》（国家税务总局公告2016年第18号）。

2017年应预缴纳的土地增值税＝（22 200－600）×5%＝1 080（万元）

依据《关于营改增后土地增值税若干征管规定的公告》（国家税务总局公告2016年第70号）。

2018年3月应缴纳的增值税＝（22 200－70%×80%×6 000）÷（1＋11%）×11%－（550＋170－34＋80＋24＋30）－600＝447.03（万元）

依据《房地产开发企业销售自行开发的房地产项目增值税征收管理暂行办法》（国家税务总局公告2016年第18号）。

（2）该房地产开发公司2017年应缴纳的城建税和教育费附加＝600×（7%＋3%）＝60（万元）

该房地产开发公司 2018 年 3 月应缴纳的城建税和教育费附加 = 447.03 ×（7% +3%）=44.70（万元）

依据《中华人民共和国城市维护建设税暂行条例》（国发〔1985〕19 号）、《中华人民共和国征收教育费附加暂行规定》（国发〔1986〕50 号）。

（3）2016 年应缴纳的契税 =6 000 ×4% =240（万元）

参见《中华人民共和国契税暂行条例》（国务院令第 224 号）。

2016 年应缴纳印花税 =6 000 ×0.5‰ +5 000 ×0.3‰ =4.5（万元）

2017 年应缴纳印花税 =22 200 ×0.5‰ +1 170 ×0.3‰

=11.1 +0.351 =11.451（万元）

2018 年应缴纳的印花税 =888 ×1 ×1‰ =0.888（万元）

参见《中华人民共和国印花税暂行条例》（国务院令第 11 号）。

2018 年应缴纳的房产税 =66 ÷（1 +10%）×12% =7.2（万元）

参见《中华人民共和国房产税暂行条例》（国务院令第 546 号）。

（4）该房地产开发公司计算土地增值税时应扣除的土地成本 =70% ×80% ×（6 000 +240）=3 494.4（万元）

（5）该房地产开发公司计算土地增值税时应扣除的开发成本 =（5 000 +1 000 −34 ÷17%）×80% =4 640（万元）

（6）该房地产开发公司计算土地增值税时应扣除的开发费用 =300 × 80% +（3 494.4 +4 640）×5% =646.72（万元）

（7）该房地产开发公司计算土地增值税时的收入额 =22 200 ÷（1 + 11%）+70% ×80% ×6 000 ÷（1 +11%）×11% =20 332.97（万元）

（8）该房地产开发公司计算土地增值税时可扣除项目 =3 494.4 +4 640 +646.72 +（3 494.4 +4 640）×20% +（60 +44.70）=10 512.70（万元）

土地增值税增值额 =20 332.97 −10 512.70 =9 820.27（万元）

（9）计算增值率 =9 820.27 ÷10 573.36 ×100% =93%

适用 40% 税率，速算扣除数 5%。

转让写字楼应缴纳的土地增值税 =9 820.27 ×40% −10 512.70 ×5%

=3 402.47（万元）

应补缴土地增值税 =3 402.47 −1 080 =2 322.47（万元）

参见《中华人民共和国土地增值税暂行条例》(国务院令第138号)、《关于营改增后土地增值税若干征管规定的公告》(国家税务总局公告2016年第70号)。

(10) 2017年应缴纳的企业所得税=[22 200÷(1+11%)×20%-60-11.451-800-400-1 080-180]×25%=367.14(万元)

2018年企业所得税应缴纳税所得额=[22 200÷(1+11%)-(3 494.4+4 640+300×80%)-22 200÷(1+11%)×20%]+66÷(1+10%)-20-44.70-0.888-7.2-400-400-2 322.47=4 490.34(万元)

2018年应缴纳企业所得税=4 490.34×25%=1 122.59(万元)

(11) 会计分录。

①2016年:

借:开发成本——土地成本——土地征用及拆迁补偿费　6 000
　贷:银行存款　6 000
借:开发成本——土地成本——土地征用及拆迁补偿费　240
　税金及附加　4.5
　贷:银行存款　244.5

②2017年:

借:开发成本——建安成本、基础设施等　6 000
　应交税费——应交增值税(进项税额)　720
　贷:银行存款　6 720
借:开发成本——开发间接费　300
　贷:应付利息　300
借:银行存款　22 200
　贷:应交税费——待转销项　2 200
　　预收账款　20 000
借:应交税费——预交增值税　600
　应交税费——土地增值税　1 080
　应交税费——城建税及教育费附加　60
　税金及附加　11.451

贷：银行存款 1 751.451

注意：房地产企业，“预交税款”的期末余额在纳税义务发生之前不能结转入“未交增值税”。

借：营业外支出 34

贷：应交税费——应交增值税（进项税额转出） 34

借：销售费用 800

管理费用 400

应交税费——应交增值税（进项税额） 104

贷：银行存款 1 304

借：应交税费——所得税 367.14

贷：银行存款 367.14

③2018 年：

借：开发产品——写字楼 10 668

贷：开发成本——建安成本、基础设施等 6 000

开发成本——土地成本——土地征用及拆迁补偿费 4 368

开发成本——开发间接费 300

借：预收账款 20 000

贷：主营业务收入 20 000

借：主营业务成本 8 534.4

贷：开发产品——写字楼 8 294.4

借：应交税费——待转销项 2 200

贷：应交税费——应交增值税（销项税额） 2 200

销项税额抵减金额 = 6 000 ÷（1 + 11%）× 11% × 70% × 80% = 332.97（万元）

借：应交税费——应交增值税——销项税额抵减 332.97

贷：主营业务成本 332.97

借：销售费用 170

管理费用 200

应交税费——应交增值税（进项税额） 30

贷：银行存款　400

借：应交税费——应交增值税（进项税额转出）　34

应交税费——应交增值税（销项税额）　2 200

贷：应交税费——未交增值税　447.03

应交税费——预交增值税　600

应交税费——应交增值税——销项税额抵减　332.97

应交税费——应交增值税（进项税额）　854

借：应交税费——未交增值税　447.03

贷：银行存款　447.03

注：如果月末“应交税费——未交增值税”在贷方，说明纳税申报还需要补税（如上例所示）；如果预交增值税余额足够大的时候，可以抵减预缴税额，无须缴纳税款，相应的也无须确认“应交税费——未交增值税”，“应交税费——预交增值税”会存在借方余额，该余额即为可用于未来抵扣的金额，这是同其他行业企业增值税核算最大的不同之处。

借：银行存款　66

贷：其他业务收入　60

应交税费——应交增值税（销项税额）　6

借：其他业务成本　20

贷：累计折旧等　20

借：销售费用　230

管理费用　200

应交税费——应交增值税（进项税额）　34

贷：银行存款　464

借：所得税费用　1 122.59

贷：应交税费——应交企业所得税　1 122.59

后　记

为了深入探索新时代税务教育培训的新思路和新方法，通过案例解析和实践操作等形式帮助税务干部提高业务水平和专业能力，中央财经大学税收教育研究所组织策划、编著了“税务干部培训教学题例精解”丛书。

中央财经大学税收教育研究所从全国税务系统邀请了数位既有丰富税收实践经验又有扎实理论基础的专家和业务骨干，于2018年2月在西安召开专题研讨会，集中讨论了编写大纲和具体要求；此后，又以不同形式组织各分册撰稿人对初稿进行了数次讨论和修订。

本套丛书首发《综合管理》《税收政策法规》《税务稽查》《纳税服务》四个分册。其中，《税务稽查》分册由国家税务总局邢台市税务稽查局景志伟执笔；《纳税服务》分册由国家税务总局陕西省税务局闫强执笔；《综合管理》和《税收政策法规》两个分册由中央财经大学税收教育研究所组织编写。中央财经大学贾绍华教授、首都经济贸易大学丁芸教授、原北京市国家税务局副巡视员焦建华女士、国家税务总局国际税务司原副巡视员王更生先生分别对相关分册进行了细致审核，提出了宝贵的修改意见。

本套丛书的编著得到了国家税务总局原副局长程法光先生

和郝昭成先生的悉心指导；郝昭成先生并作序。中央财经大学学术委员会主任李俊生教授、副校长马海涛教授、财政税务学院汤贡亮教授对本套丛书的编著给予了关怀和指导；贾绍华教授为本套丛书的策划、组织编写和出版倾注了大量心血，提出教材创意和编写思路，组织各位撰稿人、审稿人多次讨论修改大纲，审核修改稿件，协调出版工作。国家税务总局陕西省税务局张东先生，国家税务总局天长市税务局姜培忠先生，上海高顿教育集团董事长李锋先生、税务研究院执行院长杨赢女士给予了鼎力支持和帮助。

在这套丛书即将付梓面世之际，恰逢祖国七十华诞，时值中央财经大学建校七十周年！让我们在习近平新时代中国特色社会主义思想和十九大精神的指引下，紧紧围绕税收中心工作和当前税收工作主题、主线、主业，以《2018－2022 年全国税务系统干部教育培训规划》为遵循，为我国税务教育培训工作做出应有的贡献！

编　者

2019 年 4 月